전쟁인가 현상유지인가

: 미중 패권경쟁의 논쟁과 실상

전쟁인가 현상유지인가

: 미중 패권경쟁의 논쟁과 실상

김 관 옥 지음

War or Status Quo?

: Theoretical Controversy and Reality of US-China Hegemonic Competition

Kim, Kwanok

리북

■ 서 문

탈냉전이후 부상을 거듭하는 중국과 2008년 서브프라임 모기지 사태 발생 이후 쇠퇴국면에 진입한 미국은 최근 본격적인 패권경쟁을 벌이고 있다. 장기간의 경제적 부상을 바탕으로 국력을 강화해온 중국은 2000년대 중반 이후 기존의 미국 중심의 국제질서를 수용하는 도광양회 기조에서 벗어나 미국패권에 대한 견제를 증대 시키고 있다. 1990년대 후반부터 중국의 부상을 '중국위협론'의 시각에서 우려하던 미국도 2000년대 중반 이후 중국에 대한 견제를 본격화하고 있다.

특히 미국이 2008년 경제위기에 직면한 이후 남 · 동중국해 영유권분쟁에서의 중국의 공세적 행태는 미국과의 경쟁관계를 직간접적인 갈등관계로 전환시키는 계기로 작용했다. 2010년 동중국해에서의 중일(中-日) 간 조어도 영유권분쟁과 2012년 남중국해에서의 중-필리핀 영유권분쟁 상황에서 촉발되었던 미중갈등은 최근 중국이 남중국해에 인공섬을 구축하고 군사기지화를 추진하면서 남중국해에서의 미중 간 군사대치 국면으로 악화되고 있다. 더욱이 2016

년 초 미국이 북한의 4차 핵실험과 장거리탄도 미사일 발사 강행을 배경으로 한국에 사드(고고도미사일방어체계, Thaad) 배치를 결정하자 중국은 강력히 반발하며 미중관계의 긴장 수위가 증대되고 있다.

미국과 중국 사이의 경쟁적 또는 상호 견제적 관계는 군사, 안보 분야에 국한되어 있지 않다. 중국은 국제통화기금(IMF) 지배구조 개선 요구 등 미국의 독점적 국제금융패권에 대해 비판을 제기했으며 동시에 2014년 미국 중심의 IMF와 아시아개발은행(ADB)에 대항하는 신개발은행(NDB)과 아시아인프라투자은행(AIIB) 등의 창설을 주도했다. 미국도 '중화경제권'의 확장에 대한 견제와 억제를 위해 세계 최대의 자유무역지대인 환태평양동반자협정(TPP)을 2015년 타결했으며 이에 대해 중국도 역내포괄적경제동반자협정(RCEP) 창설을 주도적으로 추진하고 있다. 미중경쟁은 외교, 에너지, 사이버, 해양, 소프트파워, 우주항공 등 다양한 분야로 급속히 확장되고 있다. 즉 미국과 중국은 모든 분야 치열한 경쟁을 전개하고 있는 것이다.

이러한 미중경쟁은 단순한 특정 국가 간의 경쟁이 아니다. 미중경쟁은 쇠퇴하는 패권국과 부상하는 도전국 사이에 모든 분야에서 전개되고 있는 패권경쟁이다. 역사적으로 세계적 패권국과 도전국의 관계는 대부분 비극적 결과를 보여 왔다. 전쟁을 통해 패권국 교체가 이루어져 왔던 것이다. 그러나 일부 국제정치 연구들은 이런 역사적 반복을 부정하고 있다. 예컨대 일부 학자는 미국패권은 역사적으로 존재하지 않았던 독특한 것이며 현상유지가 가능하다고 주장하며 일부는 국제제도 또는 높은 양국 간 상호의존성 등이 현상유지를 가능하게 한다고 강조한다.

따라서 현재 미중 간 패권경쟁 상황에서 국제정치학계에서 가장 관심을 끄는 부분도 미중관계가 어떻게 전개될 것인가에 모아지고 있다. 미국과 중국의 두 초강대국(super power) 간의 관계는 세계정치 자체를 규정한다는 점에서 양국관계에 대한 학문적 관심은 미중경쟁이 치열해 질수록 급속히 증폭되고 있다. 특히 미국과 중국의 사이에서 정치, 안보적으로 미국에 의존되어 있고 경제적으로 중국에 의존되어 있어 '불일치 딜레마' 상황에 처해 있는 한국의 입장에서 미중관계의 변화는 국가의 생존과 번영에 치명적 영향을 미칠 수 있다는 점에서 이에 대한 연구는 필수불가결한 것이다.

전쟁인가 현상유지인가? 이 책의 제목이기도 하지만 미중패권경쟁의 경로와 미래에 대한 질문이다. 패권전쟁 역사의 반복인가? 역사상 존재하지 않았던 미국의 초패권의 유지인가? 이도 아니면 영국과 미국 사이에 전개되었던 평화적 패권교체가 미중관계에서도 발생하는 것인가?

이런 질문은 이미 많은 미중관계 연구들에서 제기되고 있다. 그러나 이런 질문에 대한 답변들은 상충적이며 여전히 논쟁의 상태에 있다. 즉 미중패권경쟁에 대한 전망은 전쟁에서 현상유지까지 다양하게 제기되고 있는 것이다.

따라서 이 책은 미중관계에 대해 기존에 제시된 국제정치 이론들을 소개하고 이들을 주요 분야의 경험적 연구를 통해 검증할 목적에서 저술되었다. 즉 미국과 중국이 주요 분야에서 어떤 요인에 의해 어느 정도 경쟁적 관계를 형성하고 있는지를 종합적으로 파악함으로서 기존 이론들 주장의 적실성을 평가하고 이런 경험적 연구결과를 바탕으로 향후 전개될 미중관계를 전망하는 것이 이 책의 목적인 것이다.

이러한 학문적 연구 목적 외에도 이 책은 개인적 소망에 의해서도 추진되었다. 국제정치를 공부하는 한국인으로서 안타까움과 무력감을 느낀 것은 저자만이 아니라고 생각한다. 독립 70주년이 지났지만 여전히 통일은 요원하고 국력은 수백 배 증가했지만 여전히 강대국 구도 속에서 벗어나지 못하고 있다. 양극체제 하에서의 미소패권경쟁의 산물인 한국전쟁이 발발한 지 올해로 66년이 지났다. 그러나 70년 가까이 지난 현재도 한반도를 둘러싼 국제정치구도는 큰 변화가 없으며 단지 소련이 중국으로 대체되었을 뿐이다. 미중패권경쟁의 한가운데에 있는 한국은 과거를 반복해서는 안 된다. 한국은 미중패권경쟁의 논쟁과 실상을 충분히 이해하고 한반도 평화를 촉진하는 역할을 수행해야 한다. 따라서 이 책이 미중패권경쟁의 내용과 정도를 이해하여 '평화 촉진자'로서의 한국의 역할을 고민하기 위한 기초 자료로서 활용되길 희망한다.

이런 희망과는 달리 이 책은 몇 가지 한계를 가지고 있다. 우선 미중 간 경쟁이 벌어지고 있는 모든 분야를 포함하지 못하고 있다. 이 책은 군사, 안보, 외교, 금융 및 통화, 무역, 해양 등 주요 분야의 미중경쟁에 대해 다루고 있지만 경쟁이 초기 단계에 있는 자료 확보에 어려움이 있는 분야에서의 미중패권경쟁에 대한 연구는 포함시키지 못했다. 예컨대 북극해 및 남극에서의 미중경쟁, 우주항공분야 그리고 소프트파워 분야는 제외되었다.

둘째, 이 책은 미중패권경쟁에 대한 이론과 실제 연구에 집중하고 있기 때문에 한국이 미중경쟁의 환경에서 추진해야 할 전략적 대안에 대한 연구는 포함하고 있지 않다. 한국의 한반도 통일과 '평화 촉진자' 역할에 대해서는 새로운 저술이 필요하다.

이 책은 3년간의 저술 과정을 통해 완성되었다. 그 과정에 도움을 준 모든 분들께 감사를 드린다. 우선 미중관계에 있어 미국 측 입장에 대해 지속적인 조언을 주신 미국 델라웨어대학교의 Robert Denemark 교수님께 감사드린다. 중국 대외정책에 대한 지식이 부족했던 저자에게 중요한 조언을 아끼지 않았던 계명대학교 김옥준교수님께도 감사드린다. 아울러 본 저자의 '미중패권경쟁' 과목을 수강하면서 진지한 논쟁과 질문을 함으로써 저자를 일깨워 주었던 계명대 수강 학생들에게도 고마운 마음을 전한다. 또 저술과정에서 조언과 지원을 아끼지 않았던 신정록 조선일보 논설위원, 이우경 유니엠대표 그리고 송종원 변호사에게도 고마움을 전한다. 특히 짧은 시간에 제목 선정부터 교정, 출판까지 도움을 준 이재호 리북 대표께도 감사드린다.

이 책은 사랑하는 나의 가족에게 바친다. 언제나 끊임없이 가족 걱정과 기원을 해주시는 아버지 김봉두 님과 어머니 박홍미 님께 감사드린다. 무엇보다도 힘든 일, 슬픈 일, 기쁜 일들을 함께 하며 힘이 되어 준 아내 만희와 힘든 상황에서 자신의 목표를 위해 최선을 다하고 있는 은지와 태훈에게 고마움과 애틋한 마음을 전한다.

2016년 6월

김 관 옥

■ 차 례

서 장

미중관계의 변화
: 힘, 제도, 정체성의 변화

Ⅰ. 서론

최근 국제정치 연구는 단연코 미중관계에 대한 연구로 압도되고 있다. 냉전기간 동안 국제정치 연구는 양극체제를 이루었던 미국과 소련의 관계에 장기간 집중되었고 특히 양국 간 군사적 대결이 대다수 연구의 대상이 되었다. 즉 전시체제와 유사했던 냉전기의 미소관계는 군사적 대결의 양상을 보였기 때문에 이에 대한 연구도 상대를 압도하기 위한 군비경쟁 또는 이례적인 군축협상에 집중되었고 따라서 군사 이외의 사안에 대한 연구는 제한적이었다.

국제정치의 주요 연구 대상은 소련의 붕괴와 더불어 미국의 패권에 대한 연구로 급속히 이전되었다. 특히 어느 조건에서 또 언제까지 미국패권이 유지되는 지 또는 쇠퇴할 것인지에 대해 많은 국제정치연구들이 전개되었다. 1980년대부터 본격적으로 전개된 미국의 경제적 쇠퇴는 미국패권 유지 여부에 대한 연구를 촉발시킨 계기가 되었다. 따라서 1990년대 중반까지 국제정치학계의 학문적 관심은 미국과 다른 국가와의 관계보다는 미국패권의 유지 여부에 모아지는 경향이 뚜렷했다.

그러나 이렇듯 단극적 국제질서에 기반해 미국과 서방세계를 주요 대상으로 전개되었던 국제정치 연구들은 중국의 급속한 부상과 더불어 미중관계에 대한 연구로 이동했다. 1990년대 말 중국의 부상에 따른 미중 간 힘의 분배상태의 변화와 더불어 미국과 중국의 대외정책과 이에 따른 미중관계로 국제정치의 학문적 관심이 집중되기 시작했다.

이러한 미중관계에 대한 연구는 30년 가까이 지속되고 있고 그 연구 분야 및 범위도 냉전기간 동안 군사분야에 집중된 미소관계

연구와는 달리 군사 및 안보분야는 물론 금융 및 통화, 무역, 사이버, 에너지 등 미국과 중국이 경쟁을 전개하는 다양한 분야에 대한 연구로 확대되고 있다.

이렇듯 국제정치에 있어 다양한 분야에서 미중패권경쟁의 중요성이 급격히 증대되면서 국제정치학자들은 물론 정책결정자와 학생 그리고 일반시민들에게까지 연구와 관심의 대상이 되고 있다. 특히 미국과 중국의 경쟁이 격화되고 심화되면서 부정적 영향을 받을 수밖에 없는 한국의 입장에서는 미중패권경쟁에 대한 체계적인 분석과 정확한 이해가 다른 어느 국가보다 필요한 상황이다. 북한의 연이은 핵실험과 장거리탄도미사일 발사로 인한 한반도안보의 높은 불안정성은 한국의 미국에 대한 정치·군사적 의존도를 높이고 있고 2008년 서브프라임 모기지 사태 발생이후 지속되고 있는 세계적 경제 불황은 유일한 고도성장 국가인 중국에 대한 한국의 경제의존도를 증가시키고 있다.

이러한 한국의 미국과 중국에 대한 높은 의존도는 양국의 경쟁이 치열해질수록 한국의 독자적 선택의 여지를 줄이는 딜레마의 상황에 빠지게 한다.[1] 예컨대 미국의 한국에 대한 사드배치 결정으로 한국의 입지가 대폭 축소된 경험이 있듯이 미중이 최악의 경우 군사적 충돌을 벌일 경우 한국의 생존은 보장받기 어려울 수 있는 것이다. 이렇듯 미중패권경쟁은 한국과 한반도에 직접적인 영향을 미친다는 점에서 그 내용과 정도 그리고 방향성에 대한 정확하고 체계적인 이해가 요구되는 것이다.

미중관계는 다른 어떤 국가들 간의 관계보다도 부침이 많은 양상

---

1) 김관옥, 『동아시아 '불일치 딜레마' 외교』, 서울: 리북, 2013, pp. 20-21.

을 보여 왔다. 2차 세계대전 당시 일본을 패퇴시키기 위해 미국과 중국은 협력관계를 유지했지만 중국공산화와 더불어 적대적 관계로 전환되어 결국 한국전쟁에서 적국으로서 전쟁의 상대가 되었다. 이러한 적대관계는 '공동의 적'인 소련견제를 위해 전략적 관계로 변화했고 탈냉전 이후 협력적 관계로 강화되었지만 중국의 급속한 부상과 더불어 다시 경쟁관계로 변화되었다.

이렇듯 잦은 변화 속에서 전개되어 온 미중관계는 여러 가지 요인들의 영향을 받아 왔다. 냉전 초기 미소의 양극체제가 미중관계를 규정했다는 주장이 있는가 하면 미소 중심의 이데올로기 대결구도가 결정적 요인이라는 주장도 있다. 하지만 같은 양극체제의 냉전 구조에서 1972년 이후 미국과 중국의 전략적 제휴는 이런 요인들의 설명력을 취약하게 한다. 즉 '적'의 '적'은 '동지'라는 정체성의 변화가 소련을 '공동의 적'으로 규정하며 미중관계를 새롭게 구성했다는 주장이 제기되는 것이다. 그러나 이런 미중 협력관계는 중국의 부상으로 인한 양국 간 힘의 비대칭성 축소로 다시 경쟁관계로 전환되었다는 주장이 제시되고 있다.

미중관계에 대한 이런 여러 주장들은 다른 요인을 배경으로 미중관계를 분석하는 국제정치이로들의 차이에 근거한다. 즉 현실주의 이론들은 미중 간 힘의 분배상태의 변화가 미중관계의 변화를 추동했다고 주장하고 있는가 하면 자유주의이론들은 국제제도적 변화가 미중관계의 변화의 원인이라고 주장하고 있다. 아울러 구성주의 이론은 미중의 서로에 대한 정체성이 미중관계의 변화를 이끌어 내고 있다고 주장하는 것이다. 즉 주요 국제정치이론들은 미중관계의 변화는 미중 간 힘의 분배상태의 변화, 국제제도의 변화 또는 정체성의 변화 등에 의해 전개되었다는 것이다.

따라서 본 서장은 미중 간 힘의 분배상태의 변화, 국제제도의 변화 그리고 정체성의 변화에 대해 살펴봄으로서 미중관계가 어떤 요인에 있어 어느 정도 변화되었는지를 파악하여 미중관계의 특징과 경향을 규정한다.

II. 힘의 분배상태의 변화

미국은 2008년 서브프라임 모기지 사태 발생으로 경제적 역량이 급격히 쇠퇴했고 반면 중국은 30년 가까운 장기간에 걸친 고도 경제성장으로 부상하면서 양국 간 힘의 분배상태 변화에 대한 논쟁이 전개되었다. 소위 '쇠퇴론자'들과 '대안론자'들과의 논쟁으로서 '쇠퇴론자'들은 미국이 중국에 비해 상대적으로 쇠퇴하고 있다고 주장하고 있는[2] 반면 '대안론자'들은 미국은 여전히 강건하며 경쟁적 이점을 보유함으로써 쇠퇴하지 않았다고 주장한다.[3]

우선 '쇠퇴론자'들은 쇠퇴를 미중 간의 경제적 및 군사적 역량의

2) Christopher Layne, "The Waning of U.S. Hegemony– Myth or Reality? A Review Essay," *International Security*, Vol. 34, No. 1, Summer 2009, pp. 147–172; Arvind Subramanian, "The Inevitable Superpower: Why China's Rise is Sure Thing," *Foreign Affairs*, Vol. 90, No. 5, September/October, 2011, pp. 66–78; Gideon Rachman, "American Decline: This Time It's for Real," *Foreign Policy*, No. 184, January/February 2011, pp. 59–65; National Intelligence Council, *Global Trends 2025: A Transformed World*, Washington D.C.: NIC, 2008.

3) Joseph Nye, *The Future of Power*, New York: Perseus, 2011, Chap. 6; Daniel Drezner, "China Isn't Beating the US," *Foreign Policy*, No. 184, January/February 2011; Michael Beckley, "China's Century? Why America's Edge Will Endure," op. cit.

격차 축소로 정의한다. 즉 초강대국들 사이에서 발생하는 쇠퇴는 상대적 관점에서 파악되어야 하는 것이며 한 국가의 경제, 군사적 역량의 증가 속도가 다른 국가의 그것보다 빠르며 결과적으로 양국 간 역량의 격차가 줄어들 때 쇠퇴가 발생한다고 정의하는 것이다. 따라서 미국이 여전히 절대적 역량에서 우위에 있다고 해도 미국의 중국에 대한 상대적 역량이 감소했다는 점에서 쇠퇴를 주장한다. 미국국가정보위원회(National Intelligence Council)는 미국의 경제, 재정 그리고 국내정치적 제약요소가 미국의 역량을 감소시키는 상황에서 중국 등 주요 강대국들의 부상이 미국의 상대적 쇠퇴를 만들어 다극화 국제질서가 형성된다고 주장한다.[4] 아빈드 서브라마니안(Arvind Subramanian)은 1870년부터 2030년까지 미국과 중국 등 주요 강대국들의 국내총생산(GDP), 무역량 그리고 채권 또는 채무 정도의 3가지 기준을 통해 역량을 분석함으로서 미국의 쇠퇴와 중국의 부상을 주장하였다.[5] 조슈아 쉬프린슨(Joshua Shifrinson)은 쇠퇴는 미국과 중국의 군사 및 경제적 역량의 상대적 차이의 축소라고 주장하며 그 예로 1991년에 미중 간 GDP 격차가 15:1 이었던 것이 2011년 2:1로 축소되었고 군사비 격차도 같은 기간 약 25:1에서 5:1 감소되었다고 강조했다.[6]

이와 같이 '쇠퇴론자'들은 미국과 중국 사이 역량의 차이의 축소를 미국의 쇠퇴로 규정하고 있고 이는 미국과 중국의 목표가 충돌하는 상황에서 중국이 자국의 이해관계를 추구하는 것을 쉽게 하는

4) National Intelligence Council, *op. cit.*, p. vi.
5) Arvind Subramanian, "The Inevitable Superpower: Why China's Rise is Sure Thing," pp. 67-70.
6) Joshua R. Itzkowitz Shifrinson, "Correspondence: Debating China's Rise and U.S. Decline," pp. 175-176.

것이며 또는 미국이 자국의 이익을 추구하는데 있어 중국의 힘에 의해 제약받을 수 있다는 것을 의미한다고 주장한다. 이에 따라 '쇠퇴론자'들은 양국관계도 힘의 균형상태를 전제로 전망한다.

반면, '대안론자'들은 미국과 중국의 역량 격차가 크기 때문에 미국은 쇠퇴하는 것이 아니라고 주장한다.[7] 미국의 쇠퇴는 미중간 역량의 절대적 차이가 줄었을 때 발생하는 것인데 미국은 중국에 대해 여전히 중요한 수준의 역량 격차를 보이고 있다는 것이다. 특히 '대안론자'들은 '쇠퇴론자'들의 미국은 공공재와 같은 패권국의 부담과 세계화를 통한 기술의 확산 등으로 불가피하게 쇠퇴한다는 주장을 부정한다. 미국은 패권국으로서의 부담을 지기도 하지만 동시에 최대의 이익 수혜국이며 특히 투입되는 비용보다 이득이 크기 때문에 쇠퇴가 구조적으로 발생하지 않는다고 주장한다.[8] 윌리엄 월포스(William Wohlforth)는 미국은 영국 같은 과거의 패권국들과 달리 양적, 질적인 면에서 전례가 없는 역량의 격차를 보이고 있고 이런 역량을 고유의 지정학적 위치에 전용하는 능력을 보여주고 있다고 강조한다.[9] 마이클 베클리(Michael Beckley)는 미국과 중국의 경험적 역량비교연구에서 경제, 노동, 혁신, 연구, 기술 그리고 국방역량 등 다양한 기준을 제시하며 미국은 이들 중 다수의 조건에서 중국에 대해 상당한 격차를 보이고 있다고 강조함으로서 미국의

---

7) Sheena Chestnut and Alastair Johnston, "Is China Rising?" in Eva Paus, Penelope Prime, and Jon Western, eds., *Global Giant: Is China Changing the Rules of the Game?* New York: Palgrave, 2009, Chap. 12.

8) Michael Mastanduno, "System Maker, Privilege Taker: U.S. Power and the International Political Economy," *World Politics*, Vol. 61, No. 1, 2009, pp. 121-154.

9) William Wohlforth, "The Stability of a Unipolar World," p. 17.

쇠퇴를 부정했다.[10]

유사한 맥락에서 조셉 조페(Josef Joffe)는 미국이 압도적인 군사력과 교육 역량을 가졌고 특히 세계 많은 국가들이 미국의 초강대국 역할을 요구하고 있기 때문에 쇠퇴하지 않을 것이며 국력을 단순히 경제성장률과 등치시키는 것은 오류라고 주장했다.[11] 에드워드 루트웍(Edward Luttwak)은 미래의 패권국 경쟁은 인적자본, 사회적 신뢰 그리고 제도적 완결성 분야에서 전개된다고 주장하며 이에 대해 미국은 교육의 혁신능력, 사회적 안정성, 공동체 통합성, 중앙정부와 하위정부들의 역동적 결합력 등에서 다른 어떤 국가보다 강력한 역량을 보유하고 있기 때문에 패권적 위상을 미래에도 유지할 것이라고 강조하고 있다.[12] 파리드 자카리아(Freed Zakaria)는 미국이 쇠퇴한 것이 아니라 나머지 국가들 특히 중국과 인도 등 아시아의 부상이 있었다고 주장함으로서 미국의 쇠퇴를 부정했으며 크리스토퍼 레인(Christopher Layne)은 중국의 부상에 대한 예측은 미래에도 지금과 같은 성장 속도를 가정하는 것을 전제로 하기 때문에 미중 간 세력 전이는 잘못된 가정이라고 주장한다.[13]

따라서 '대안론자'들은 '쇠퇴론자'들이 주장하는 패권국의 부담과

---

10) Michael Beckley, "China's Century? Why America's Edge Will Endure," pp. 55-75.

11) Josef Joffe. "The Default Power: The Faulse Prephecy of America's Decline," *Foreign Affairs*, Vol. 88, No. 5, September/October 2009, pp. 21-35.

12) Edward Luttwak, "The Declinists, Wrong Again," *American Interest*, Vol. 4, No. 2, November/December 2008, p. 13.

13) Freed Zakaria, *The Post-American World*, New York: W.W. Norton, 2008; Christopher Layne, "The Waning of U.S. Hegemony- Myth or Reality? A Review Essay," p. 164.

세계화로 인한 미국의 쇠퇴를 부정하며 오히려 미국은 중국과의 상당한 수준의 절대적 역량 격차를 보이고 있고 특히 패권적 위상을 이용하여 국제체제를 미국의 이익 방향으로 조정하고 세계화를 통해 경쟁력의 이점을 활용하기 때문에 향후에도 패권적 역량을 유지할 수 있다고 주장한다.

이렇듯 미국의 쇠퇴와 중국의 부상이라는 양국 간 세력전이에 대한 논쟁은 중국의 부상이 아니라 미국의 쇠퇴 여부에 모아지고 있다. '쇠퇴론자'들이나 '대안론자'들 모두 중국의 부상을 인정하지만 양국 간 미국과 중국 역량의 상대적 비율의 변화에 집중하느냐 절대적 역량의 격차를 기준으로 하는가에 따라 구분되는 것이다. 즉 '대안론자'들은 미국과 중국 사이의 역량의 절대적 격차가 감소되었을 때만을 쇠퇴로 인정하는 것이고 '쇠퇴론자'들은 양국 간 역량의 상대적 분배에 초점을 맞춰 중국이 미국보다 역량이 빠르게 강화된다면 쇠퇴가 발생했다고 보는 것이다.

미국과 중국의 군사적, 경제적 역량을 경험적으로 비교해 보면 우선 국방비는 1988년 미국이 5,867억 달러였으며 중국은 1989년에 202억 달러에 머물렀고 2015년 현재 미국은 5,960억 달러 중국은 2,144억 달러에 이르고 있다.[14] 이는 미국은 국방비가 23년간 정체되어 있고 중국은 약 10배 증가했음을 보여주는 것이다. 따라서 양국 간 국방비 격차도 1989년 약 25배 차이를 상회했으나 2015년 현재 3배가 안 되는 수준으로 축소된 것이다. 같은 기간 경제력을 측정할 수 있는 국내총생산(GDP)은 1989년 미국은 5조 6천억 달러, 중국은 4,500억 달러였으나 2015년 미국은 약 18조 달러 중국은

14) Stockholm International Peace Research Institute, http://www.sipri.org/research/armaments/milex/milex_database (03/20/2016 검색).

11조 3천억 달러로 변화했다.[15] 이는 1989년 미국과 중국의 경제력이 10배가 훨씬 넘는 차이를 보였으나 2015년에는 약 1.5배를 상회하는 수준으로 양국의 경제력의 격차가 대폭 축소되었음을 보여준다.

2015년 현재 미국과 중국의 군사, 경제적 역량의 차이는 대폭 축소되었다. 하지만 GDP와 군사비의 절대적 규모는 여전히 차이를 보이고 있다. 특히 이런 격차가 중국 건국 해인 1949년 이후 현재까지 계속되고 있다는 점은 양국 간 역량의 격차를 누적적으로 평가해야 한다는 것이다. 따라서 미국과 중국 역량의 상대적 격차는 축소되고 있지만 아직 상당한 수준의 절대적 차이는 존재한다고 평가할 수 있다.

그러나 힘(power)을 한 국가가 자국이 원하는 바를 상대국이 하게 하거나 하지 못하게 하는 능력이라고 정의할 때 이런 수치적 비교도 필요하지만 현실에서 미국과 중국이 자국이 원하는 바를 얼마나 상대국의 제약 없이 실현하거나 또는 상대국으로 하여금 수용하게 하는 지를 평가하는 것이 더 실제적인 역량 평가일 것이다.

III. 국제제도적 변화

탈냉전 이후 국제제도의 중요성은 더욱 강화되고 있는 추세다. 2차대전 이후 미국 주도로 형성되고 유지되어 온 국제제도들은 규범 또는 원칙으로 정착하며 국가들의 행태에 중요한 영향을 미치고

---

15) *IMF World Economic Outlook*, October 2015. https://www.imf.org/external/pubs/ft/weo/2015/02/pdf/text.pdf (03/20/2016 검색)

있다. 국제제도를 통해 제도화된 행동규범은 관행으로 자리 잡으면서 정통성을 획득하고 경로의존(path dependence)적 관성을 확보하여 국제관계에 효력을 발휘한다.

이러한 국제제도는 미국에 의해 주도되어 왔고 미국의 이익과 가치를 반영해 왔다.[16] 국제연합(UN), 세계무역기구(WTO), 국제통화기금(IMF) 등 국제정치, 국제무역, 국제금융 및 통화의 규범을 제공하는 국제기구들은 미국이 선호하는 정책과 의사결정구조 속에서 전개되어 왔다. 소련의 붕괴와 함께 시작된 단극적 국제질서의 탈냉전 기간에는 미국이 주도하는 국제제도의 영향력이 더욱 증대되었다. 특히 미국이 2008년 서브프라임 모기지 사태 발생으로 경제적 쇠퇴에 직면하면서 자국의 역량 감소를 G-20 및 핵안보정상회의와 같은 다자적 국제제도를 통해 보완하려는 목적에서 미국의 국제제도 강화 노력은 계속되고 있다.

중국은 냉전기간 동안 국제제도에 대해 상대적으로 수동적 태도를 보여 왔으며 따라서 국제연합에 대해서도 적극적 역할을 수행하기 보다는 자국의 이해관계가 달려 있는 사안들에 국한하여 개입하는 정책들을 추구해 왔다.[17] 미국 주도의 국제제도에 대한 참여는 결국 미국의 이익에 부합하는 것이며 자국의 주권을 침해 받는 것이라고 간주한 중국은 냉전기간 동안 국제제도에 대해 폐쇄적으로 접근했다.

---

16) 김연각, 김진국, 백창재 역, Joshua Goldstein 저, 『국제관계의 이해』, 서울: 인간사랑, 2002, pp. 332-334.

17) Jianwei Wang, "Managing Conflict: Chinese Perspectives on Multilateral Diplomacy and Collective Security," in *In the Eyes of the Dragon: China Views the World*, ed. by Yong Deng and Fei-Ling Wang, New York: Rowman & Littlefield, 1999, p. 83.

그러나 국제제도에 대한 중국의 수동적 태도와 전략은 탈냉전 및 지속적인 국력 신장과 더불어 변화하기 시작했다. 중국의 국제제도에 대한 전략 변화는 국제제도가 미국에 대한 견제와 중국의 정치, 경제적 이익을 증진시키는 기능을 수행할 수 있다는 인식에서 비롯되었다. 미국이 대다수의 국제제도 형성과 운영에 주도적 역할을 수행하며 영향력을 행사했지만 새로운 의사결정체제와 운영원칙의 도입으로 다수의 참여국가들에 의한 미국 견제가 가능하다는 중국의 인식이 국제제도에 대한 전략 변화를 가져왔다.18) 중국의 2002년 WTO 가입과 2012년 '역내 포괄적 경제동반자협정(RCEP)' 주도가 보여주듯이 국제제도가 제공하는 경제적 이익은 중국이 보다 적극적으로 국제제도에 참여하게 하는 동기로 작용했다. 아울러 중국이 선호하는 원칙과 가치를 국제제도에 이입함으로서 국제사회 운영에 있어서의 중국의 정치적 영향력을 강화할 수 있다는 점도 중국의 국제제도에 대한 접근 변화를 추동했다. 즉 미국이 주도하는 국제사회 운영원리와 원칙에 대항해 중국이 선호하는 운영원칙이 적용되는 국제제도를 확충함으로서 국제정치적 영향력을 강화하려는 목적도 중국의 전략 변화를 가져오는데 기여했다.

이런 맥락에서 미중관계 변화에 대한 분석을 위해서는 국제제도가 어느 국가에 의해서 주도되고 있고 어떻게 변화되고 있는지에 대한 이해가 필요하다. 우선 국제사회 전반에 영향력을 행사하는 UN은 미국이 여전히 주도권을 행사하고 있지만 최근 중국도 역할을 적극적으로 확대하고 있다. 중국의 국내외정책을 규정하는 가장 중요한 문건인 중국공산당 전국대표대회 제17차 보고서는 UN헌장

---

18) 한석희, "중국의 다극화전략, 다자주의외교, 그리고 동북아시아 안보," 『국제지역연구』, 제11집, 1호, 2007, pp. 358-361.

의 정신과 원칙 준수를 강조함으로서 중국이 UN의 국제정치적 역할 및 위상 강화에 적극적으로 개입하겠다는 것을 확인했다. 이는 미국이 UN을 일방적으로 주도하게 방치하지 않겠다는 것이며 중국이 거부권을 보유한 UN안보리 상임이사국으로서 UN의 정책결정과 역할에 상당한 영향을 행사하겠다는 것이다. 이런 기조 아래 중국은 북한과 이란에 대한 UN제재 과정에서 상당한 영향력을 행사하는 등 UN에서의 역할 강화로 미국을 견제하고 있다.

이런 경향은 IMF에서도 나타나고 있다. 2008년 서브프라임 모기지 사태 발생 이후 미국과 유럽의 경제적 쇠퇴로 경제역량 분배상태의 변화가 발생하자 중국은 IMF와 세계은행 등이 미국과 유럽에 의해 과도하게 지배당하고 있다고 주장하며 지배구조 변화를 요구했다. 이에 IMF 이사회는 중국을 포함한 신흥국가들의 지분과 투표권을 확대시키는 지배구조 변화를 의결했고 결국 중국은 현재 IMF의 6.44%의 지분과 6.11%의 투표권을 확보했다.[19]

그러나 상당 기간 미국의회가 이 IMF 의결을 비준하지 않자 중국은 기존 국제금융기구를 견제하는 새로운 기구 창설을 추진하기 시작했다. 2014년 중국은 IMF와 같은 '위기대응기금'을 설치하는 신개발은행(NDB)[20] 창설을 주도했으며 동시에 미국이 주도하는 세계은행 및 아시아개발은행을 견제하는 아시아인프라투자은행(AIIB)를 창설함으로서 국제금융제도에 있어서 중국의 영향력을 대폭 강화했다.

---

19) IMF, "IMF Member's Quotas and Voting Powers, and IMF Board of Governors," May 20, 2016. http://www.imf.org/external/np/sec/memdir/members.aspx (2016/5/20 검색)

20) 신개발은행은 '브릭스개발은행'으로 더 잘 알려진 국제금융기구로서 중국, 러시아, 인도, 브라질, 남아프리카공화국 등이 참여하고 있다.

이러한 중국의 기존 국제제도에 대한 역할 강화와 새로운 국제제도 구축은 국제무역, 안보 그리고 지역 현안에 있어서도 활발하게 적용되고 있다. 2002년 WTO에 가입함으로서 국제무역체제에 본격적으로 편입한 중국은 다수의 국가들과도 자유무역협정을 체결했다. 더욱이 최근에는 미국이 환태평양동반자협정(TPP) 체결을 주도하자 중국도 이에 대응하여 아시아지역의 자유무역지대인 역내 포괄적 경제동반자협정(RCEP) 구축을 주도적으로 추진하고 있다. 안보분야에서도 중국은 러시아와 중앙아시아국가들과 함께 상하이협력기구(SCO)를 창설하여 매년 합동군사훈련을 실시하고 있으며 북핵문제 해결을 위해서도 6자회담 등의 구성을 주도했다.

이와 같이 중국은 자국의 가치와 이익을 반영하고 미국을 견제하기 위해 기존 국제지도에 개입의 강도를 높이고 있으며 동시에 미국이 주도하는 국제제도를 견제하기 위한 목적에서 새로운 국제제도를 구축하는데도 집중하고 있다.

중국의 국제제도에 대한 적극적인 개입전략의 목적과는 달리 미국은 경제력이 쇠퇴하는 상황에서 다른 국가들의 협력을 통해 미국 중심의 기존 질서를 유지하려는 목적에서 국제제도를 활용하고 있다. 이를 위해 미국은 UN과 NATO 그리고 IMF 등 미국이 주도하는 국제제도에 대한 장악력을 유지하면서 국제현안 해결에 미국이 일방적으로 개입하기 보다는 국제제도의 활용을 통한 해결을 추진하고 있다.

미국은 기존의 국제제도가 이러한 목적을 달성하는데 한계를 보이는 경우 새로운 국제제도를 도입하기도 했다. 미국은 서브프라임 모기지 사태로 미국과 유럽경제가 동시에 위기에 직면하면서 G-7이 더 이상 세계경제 문제를 해결할 역량이 부족하자 G-7을 G-20로 확대하여 위기극복을 추진하고 있다. 아울러 북한과 이란 등의 핵개발로 인한 핵확산방지를 위해서도 기존의 국제원자력에너지기구(IAEA) 외에 50여개국이 참여하는 핵안보정상회의를 개최함으로서 핵확산방지의 제도화를 강화하고 있다. 즉 미국은 기존 국제제도는 지속적으로 활용하고 있으며 동시에 새로운 국제제도를 도입하여 미국 중심의 국제질서 유지를 추진하고 있는 것이다.

중국이 부상하면서 국제제도의 변화도 발생하고 있다. 국제제도에 대해 수동적 또는 폐쇄적으로 접근했던 중국이 기존 국제제도에서의 역할 강화와 새로운 국제제도 창설 등에 집중하면서 미국의 일방적인 국제제도 주도는 감소 추세이다. 그러나 중국이 주도하는 국제제도의 영향력과 역할은 미국 주도의 기존 국제제도에 비해 여전히 취약한 수준이라는 점에서 국제제도의 구조와 원칙의 근본적 변화는 아직 발생하지 않은 것이다.

그러나 미국과 중국의 국제제도 역할 강화와 새로운 국제제도 도입 추진은 양국 간 국제제도 주도권 경쟁을 넘어 국제정치의 다자화와 규범화를 강화하는 효과를 양산한다는 점에서 양국의 일방적 행태를 제어하는 효과를 보일 수 있다. 즉 양국 간 갈등을 군사적 수단을 통해 해결하기 보다는 국제제도를 통해 접근한다는 점에서 양국의 국제제도 강화전략은 기존 질서의 급격한 변화를 방지하는 효과를 보일 수 있다.

IV. 정체성 변화

미국과 중국의 자국과 상대국에 대한 정체성은 여러 차례에 걸쳐 변화되어 왔다. 자국과 상대국의 위상과 역할을 규정하는 정체성은 비물질적 요소로서 국제정치에 상당한 영향을 미치고 있다. 예컨대 2차대전 기간동안 '주적(主適)'의 정체성을 가졌던 미국과 일본은 현재 서로 핵심적 '우방'으로 규정하고 있다. 서로에 대한 정체성은 적대적 관계, 경쟁적 관계, 협력적 관계를 구성하는데 결정적인 효과를 발휘한다. 즉 우방으로 서로를 규정하는 미국과 일본은 협력적 관계를 유지하고 있으며 냉전 기간 동안 '주적'의 정체성을 규정한 미국과 소련은 대결적 관계를 유지했던 것이다.

그러나 이런 정체성은 국가 간 상호작용에 따라 변화한다. 미국과 중국의 정체성도 양국 간 상호작용에 따라 변화를 거듭했다. 2차대전 당시 '주적'인 일본에 대항하기 위한 협력적 상호작용이 '연합국'이라는 동일한 집단정체성을 규정하였다면 중국 공산화 이후 이데올로기를 기준으로 상호 적대적 상호작용을 이어가다 결국 한국전쟁에서 전쟁을 했던 미국과 중국은 '적국'의 정체성으로 변화했던 것이다.

그러나 한국전쟁의 상호작용을 통해 구성된 미중 간 적대적 정체성도 중국과 소련 간의 정체성이 적대적으로 변하며 소련에 대한 미국과 중국의 정체성이 동일해지면서 변화되기 시작했다. '핑퐁외교'로 알려진 미국과 중국의 상호작용은 '공동의 적'인 소련 견제를 위한 전략적 협력국의 정체성을 규정하는데 기여했다. 특히 등소평 집권 후 중국이 개혁개방과 더불어 친서방정책을 본격적으로 추진하면서 미중 간 협력적 정체성이 자리잡기 시작했고 탈냉전은 이런 정체성을 공고화하여 클린턴정부는 중국을 '전략적 동반자'로 규정했다.[21)]

---

21) U.S. Department of Defense, The United States Security Strategy for the East Asia-Pacific Region, 1995.

그러나 1990년대부터 중국의 급속한 국력 신장으로 인해 미국에서 '중국위협론'이 확산되면서 중국의 정체성이 다시 논란의 대상이 되었다.[22] 즉 부상하는 중국은 궁극적으로 미국 중심의 기존질서를 타파하는 '현상타파국' 또는 '도전국'이 될 것이라는 것이다. 이러한 미국의 중국에 대한 정체성 변화는 중국 국력의 지속적인 증가와 더불어 강화 되었다. 더욱이 1995-1996년 사이 대만 총통선거 과정에서 중국이 대만의 독립국가 주장을 억제하기 위해 대만 부근에 미사일 실험 발사를 강행하자 이에 대해 미국이 대만해협에 항공모함 2척을 급파하는 상호작용은 미국은 중국을 '도전국'으로 중국은 미국을 '강권적 패권국'으로 규정하게 하는데 기여했다.[23]

이러한 과정에서 집권한 부시정부는 중국을 '전략적 경쟁자'로 규정함으로서 중국의 정체성을 변화시켰으며 중국과의 협력을 강조했던 오바마정부도 중국에 대한 '경쟁자'의 정체성을 유지하고 있다.

중국도 시진핑정권의 등장과 더불어 미중관계를 대등한 입장에서 양국의 핵심이익을 보장하는 조건에서 협력적 관계를 유지하는 '신형대국관계'로 규정함으로서 미국의 패권국 정체성을 부인하고 있다. 즉 중국은 미국의 일방적 우위와 주도적 역할정체성을 부인하고 중국의 초강대국 정체성 수용을 요구하고 있는 것이다.

이렇듯 미국과 중국의 상호 정체성은 2차대전 당시 '협력국'에서 냉전기간 동안 '적대국'으로 변화되었고 1972년 상해코뮤니케 발표

---

22) Aaron Friedberg, "The Future of the U.S.-China Relations: Is Conflict Inevitable?" *International Security*, Vol. 30, No. 2, Fall 2005, pp. 17-22.

23) *Defense News Weekly*, May 28, 2006. http://www.chinawatch.co.kr/chinawatch.php3?_Number=32563(2014/4/30 검색)

이후 '협력국'으로 전환되었으며 1990년대 중반 이후 다시 '경쟁국'으로 바뀌는 등 상당한 변화 속에서 전개되고 있다.

이러한 미국과 중국의 상호 정체성 변화는 최근 실시된 여론조사에서도 확인되고 있다. 2012년 갤럽(Gallup)과 중국의 〈China Daily〉 신문이 공동으로 실시한 미중관계에 대한 여론조사결과 미국국민의 80%와 여론지도층의 88%가 양국의 긴밀한 관계를 선호하는 것으로 조사되었지만 중국의 국제적 영향력의 확대에 대해서는 미국국민은 61%, 여론지도층은 63%가 부정적 입장을 표시했다.[24) 더욱이 다수의 미국국민(76%)과 여론지도층(78%)은 미중관계의 가장 큰 장애물로 양국 간 신뢰의 부족을 들었으며 중국의 군사력 증강이 미국안보를 위협한다고 인식(미국국민, 51%, 여론지도층 60%)하고 있는 것으로 나타났다.

카네기국제평화재단과 중국전략적문화촉진협회가 2013년 공동으로 실시한 여론조사에서도 미중 간 신뢰의 부족이 양국관계를 어렵게 하는 가장 중요한 요인으로 지목되었다. 특히 미국과 중국의 지도자층(미국정부지도자층 2%, 중국정부지도자층 27%)과 일반국민들(미국국민 15%, 중국국민 12%) 일부만이 상대국에 대해 '적대국'의 정체성을 규정하고 있지만 서로를 '동반국'으로 규정하는 수치도 미국국민 16%와 중국국민 12% 그리고 미국정부지도자층 15%와 중국정부지도자층 5% 정도만이 동의함으로서 비교적 낮게 나타나고 있다. 반면 미국과 중국의 다수의 지도자층(미국정부지도자층 78%, 중국정부지도자층 63%)과 국민들은(미국국민

24) Gallup, "Americans see benefits of close U.S.-China relations," April, 17, 2012. http://www.gallup.com/poll/153911/AmericansBenefitsClose ChinaRelations.aspx (2016/5/27 검색)

66%, 중국국민 45%) 상대국을 '경쟁국'으로 인식하고 있다.[25] 이는 양국이 상대국에 대해 '경쟁국'의 정체성을 규정하고 있음을 확인하는 것이다.

미국과 중국의 역할정체성도 상호 상충되는 결과를 보이고 있다. 미국 일반국민의 74%와 중국 일반국민의 45%는 미중 공동의 리더십을 선호하는데 반해 미국정부지도층의 65%는 현재와 같이 미국이 유일한 초강대국 역할을 수행해야 한다고 인식하고 있으며 중국 정부지도층의 76%는 미국과 중국이 힘의 균형을 이루어야 한다고 믿고 있다.[26] 이는 미국정부는 현상유지를 선호하는데 반해 중국정부는 현상변화를 선호하는 것을 명확히 보여주는 것이며 따라서 미국은 자국을 유일한 패권국으로 규정하는데 반해 중국은 미국과 중국을 함께 대등한 초강대국으로 규정하는 것이다. 이렇듯 미국과 중국은 양국관계의 중요성을 강조하면서도 서로가 선호하지 않는 역할정체성을 규정함으로서 양국 간 경쟁을 불가피하게 하고 있다.

V. 연구의 구성

이 책은 총 9장으로 구성되어 있다. 서장에서는 미중관계에 영향을 미치는 양국 간 힘의 분배상태의 변화, 국제제도의 변화 그리고

25) Carnegie Endowment for International Peace and China Strategic Culture Promotion Association, "US-China Security Perceptions Survey, Findings and Implications," Washingron D.C.: Carnegie Endowment for International Peace, 2013, pp. 10-12. (2016/5/28 검색) http://carnegieendowment.org/files/us_china_security_perceptions_report.pdf

26) *ibid.*, pp. 24-25.

양국 간 정체성의 변화를 살펴봄으로서 미중관계의 특징과 경향을 파악한다. 즉 미중관계에 영향을 미치는 요인들에 대한 분석을 통해 미중관계를 둘러싼 환경적 요인들의 변화를 이해한다. 제1장에서는 미중패권경쟁을 설명하는 기존 국제정치이론들의 논쟁에 대해 논의한다. 우선 미중패권경쟁은 불가피하게 상호 대결적 정책을 채택하게 하고 결과적으로 전쟁을 동반한다고 주장하는 공격적 현실주의이론을 살펴본다. 둘째, 무정부상태에서 안보의 중요성을 강조하지만 미중 간 패권전쟁의 회피를 주장하는 방어적 현실주의이론의 주장을 소개한다. 셋째, 미중 간 세력전이를 전제하여 부상하는 도전국에 의한 전쟁 발발을 주장하는 세력전이이론과 쇠퇴하는 패권국에 의한 전쟁을 주장하는 패권전쟁이론의 주장을 서술한다. 넷째, 미중 간 전쟁 또는 대결보다는 협력 및 현상유지를 강조하는 국제제도이론과 상호의존이론의 주장에 대해 조망한다. 다섯째, 미국과 중국의 상호 정체성을 미중패권경쟁의 원인으로 규정하고 양국관계를 설명하는 구성주의이론을 살펴본다.

다음으로 미국과 중국의 안보 및 외교분야에서의 경쟁관계를 분석한다. 제2장에서는 미중외교패권경쟁에 대해 연구한다. 미국의 재균형외교와 중국의 균형외교 또는 신형대국관계를 비교, 분석함으로서 양국 간 외교경쟁을 분석한다. 제3장은 미국과 중국의 군사, 안보분야에서의 패권경쟁을 연구한다. 특히 중국의 반접근/지역거부전략과 미국의 전 영역접근전략에 대한 비교, 분석을 통해 양국 간 군사경쟁의 실상을 이해한다. 제4장은 미국과 중국의 사이버패권경쟁에 대해 살펴본다. 미국의 사이버자유와 중국의 사이버주권의 원칙이 충돌하는 상황에서 양국 간 사이버안보 역량강화를 위한 전략에 대해 연구한다. 제5장은 미국과 중국의 해양패권경쟁에 대해 분석한다. 해양패권은 패권국의 필수 조건으로 간주되는 상황에서 미국이 채택한 대양해군전략과 중국이 추진하고 있는 요새함대/견제함대 및 대양해군전략에 대해 비교적으로 연구한다.

그리고 미국과 중국의 경제분야에서의 패권경쟁에 대해 연구한다. 이에 제6장은 미국과 중국의 금융 및 통화 분야에서의 패권경쟁을 분석한다. 미국이 금융패권을 유지하는 차원에서 추진하는 G-20정상회의와 이에 대한 중국의 AIIB 및 NDB 창설에 대해 연구한다. 제7장은 미국과 중국의 무역패권경쟁에 대해 소개한다. 미국은 중국무역에 대한 견제를 위해 TPP를 주도 및 확대하고 있고 중국은 이에 대항해 RCEP를 주도하고 있다. 즉 TPP와 RCEP의 비교, 분석을 통해 양국 간 무역패권경쟁을 파악한다. 제8장은 미국과 중국의 에너지패권경쟁에 대해 연구한다. 미국은 패권국의 필요조건인 에너지통제권 유지를 추진하고 있고 반대로 중국은 미국의 통제권에서 벗어나 에너지안보를 확보하려는 경쟁을 전개하는 양국 간 에너지경쟁 양상을 살펴본다.

제9장은 결론으로서 위의 분야별 미중패권경쟁 사례연구들의 결과를 바탕으로 미중패권경쟁에 대한 기존 국제정치이론들 주장의 적실성을 비교적으로 평가하고 이를 배경으로 향후 전개될 미중패권경쟁의 양상과 방향에 대해 전망한다.

제 1 장

미중 패권경쟁의 이론적 접근
: 전쟁 vs 현상유지

I. 서론

현재 국제정치에 있어 가장 많은 학문적 관심을 불러 모으고 있는 것은 미국과 중국의 패권경쟁이다. 지난 30여 년간의 중국의 급속한 성장은 기존의 미국 중심의 단극적 국제질서를 변화시키며 양국 간의 경쟁을 촉발하고 있다. 예컨대 미국과 중국은 남중국해에서 중국의 인공섬 군사기지 건설을 두고 군사적 대치 상황을 연출하고 있으며 미군의 사드 한국배치 문제에 대해서도 한국을 사이에 두고 양국 모두 강경한 입장을 유지하고 있다. 경제적으로도 중국은 아시아인프라투자은행(AIIB)과 신개발은행(NDB) 등을 창설해 IMF 등 미국 중심의 금융질서에 도전하고 있으며 미국도 중국경제를 견제하기 위해 환태평양동반자협정(TPP)을 주도하고 있다. 미국과 중국은 다양한 분야에서 치열한 경쟁을 전개하고 있는 것이다. 이러한 국제구조적 변화에 따른 미중 간 경쟁관계는 국제질서의 중요한 변화를 수반하고 있으며 이와 관련된 학문적 연구도 집중적으로 이루어지고 있다. 특히 2008년 서브프라임 모기지 사태 발생으로 미국의 국력이 쇠퇴하는 추세를 보이자 미중 간 세력전이의 가능성과 양국의 상대국에 대한 정책 그리고 이에 따른 양국 관계 등에 대해 학문적 관심이 모아지고 있다.

미중패권경쟁에 대한 연구는 서로 깊이 연결되어 있는 두 가지 영역에서 전개되고 있다. 첫째, 미중 간 세력전이가 실질적으로 발생하고 있는 것인가에 대한 연구가 전개되고 있다. 이는 미국의 쇠퇴와 중국의 부상이 미중 간 세력전이의 상황까지 불러올 정도로 진행되었는가에 대한 논쟁이다. 일부는 미국이 여전히 패권적 역량을 보유하고 있고 따라서 중국과의 국력차이도 유지되고 있다고 주장한[27] 반면 일부는 미국의 쇠퇴는 분명한 사실이며 중국의 지속적 부상에 따라 양국 간 국력의 비대칭성은 감소하고 있다고 강조하고 있다.[28]

둘째, 이러한 미중 간 세력전이의 발생에 대한 논란은 불가피하게 미국과 중국의 상대국에 대한 정책과 이에 따른 양국관계에 대한 논쟁으로 확산되었다. 즉 미중 간 세력전이 과정에서 미국과 중국이 상대국에 대해 어떤 정책을 추진하는가에 대한 연구들이 집중적으로 전개되고 있으며 이런 연구는 결국 향후 전개될 미중 패권경쟁의 양상에 대한 논쟁으로 연결되고 있다.

우선 미중 간 세력전이가 발생하지 않았다고 주장하는 연구들은 미국이 기존의 개입정책을 유지할 것이며 당연히 기존 질서가 유지된다고 강조한다.[29] 반면 세력전이가 발생하고 있다고 주장하는 연구들은 크게 두 가지 연구로 구분된다. 일부는 세력전이가 발생했지만 미중관계는 큰 변화 없이 경쟁과 협력을 병행하는 현재와 같은 추세로 전개될 것이라고 보는 견해를 제시하고 있고 다른 일부는 세력전이가 발생하면 기존 패권국은 패권을 유지하기 위해, 도전국은 기존 질서에 대한 불만으로 상대국에게 적대적 정책을 취함으로써 갈등과 대립관계가 형성된다고 주장한다. 이 연구들은 양국 간 세력전이가 갈등과 대립의 근본 원인이라고 주장하는 데는 동의하지만 분쟁의 주체에 대해 다른 주장을 제기하는 것이다. 즉 일부

27) Michael Beckley, "China's Century? Why America's Edge Will Endure," *International Security*, Vol. 36, No. 3, Winter 2011/2012.
28) Joshua R. Itzkowitz Shifrinson, "Correspondence: Debating China's Rise and U.S. Decline," *International Security*, Vol. 37, No. 3, Winter 2012/ 2013.
29) William wohlforth, "The Stability of Unipolar World," *International Security*, Vol. 24, 1999, p. 7.

는 세력전이의 과정에서 부상하는 도전국이 기존 질서에 대한 불만족도가 증가하면서 현상변경의 목적에서 공격적 정책을 추구하고 결과적으로 갈등과 대립이 발생한다고 주장한다.[30] 반면 일부는 세력전이의 과정에서 도전국보다는 기존 질서를 유지하고자 하는 패권국이 남은 우월한 역량을 바탕으로 먼저 도전국을 공격함으로서 양국 간 갈등과 대립이 발생한다고 주장한다.[31]

하지만 세력전이라는 힘의 분배상태의 변화 요인과 무관하게 일부 이론들은 향후 미중관계를 다른 요인들을 통해 전망하고 있다. 우선 일부 연구들은 강대국들 본연의 행태에 집중함으로서 미중관계를 전망하고 있다. 일부는 무정부상태의 국제관계에서 국가들은 절대적 안보를 추구하며 그 조건이 패권국이기 때문에 공격적인 행태를 추진하게 된다고 주장한다.[32] 따라서 부상하는 도전국과 기존 패권국의 충돌은 피하기 어렵다는 것이다. 반면 무정부상태의 국제질서 하에서 안보를 추구하는 국가들도 반드시 패권을 추구하여 공격적 행태를 전개하지는 않는다는 주장도 제기되고 있다. 이들은 국가들은 자국의 안보를 지킬 수 있을 정도의 힘을 추구하기 때문에 공격적이기 보다는 방어적 전략을 채택한다고 주장한다.[33] 따라서 이 이론은 미중관계가 반드시 충돌로 이어지지 않는다고 강조한다. 상반된 주장을 하는 이 이론들은 무정부상태라는 국제체

30) A.F.K., Organski, *Power Transition: Strategies for the 21st Century*, New York: Chatham House, 2000.

31) Robert Gilpin, *War and Change in World Politics*, New York: Cambridge University Press, 1983.

32) John J. Mearsheimer, *The Tragedy of Great Power Politics*, New York: Norton, 2001.

33) Kenneth Waltz, *Theory of International Politics, Reading, Mass.*: Addison-Wesley, 1979.

제적 요인의 효과를 함께 강조하면서도 향후 전개될 미중관계는 다르게 주장하고 있는 것이다.

또 다른 연구들은 미중관계를 갈등적이기 보다는 협력과 경쟁이 공존하는 관계로 전개될 수 있다고 주장한다.[34] 국제제도는 패권국은 물론 도전국에게도 이익이 되는 기능을 제공하며 기존 패권국도 국제제도의 규범과 규칙 하에서 스스로 규제(self-restraint)하는 행위를 하기 때문에 이익을 향유하는 도전국도 기존의 패권국 중심 질서를 용인한다는 것이다.[35] 아울러 일부는 양국 간의 상호의존성에 주목하여 동아시아의 높은 상호의존성이 미국과 중국의 공격적 행태를 억제함으로서 현재와 같은 수준의 경쟁을 유지할 것으로 전망한다.[36]

위에 적시한 합리성에 기반을 둔 물질적 접근이론들과는 달리 일부는 미중관계를 양국의 상대국에 대한 정체성 요인에 집중하여 설명하고 있다. 따라서 이들은 미국과 중국은 상대국에 대해 경쟁적 정체성을 규정하고 있기 때문에 향후 전개될 양국관계도 그에 따라 경쟁적 관계가 될 것이라고 주장한다.[37]

그럼 미국과 중국은 궁극적으로 전쟁을 통한 패권경쟁을 전개하는

---

34) John Ikenberry, "Democracy, Institutions, and American Restraint," in Ikenberry, John, ed., *American Unrivaled: The Future of the Balance Power,* Ithaca, N.Y.: Cornell University Press, 2002, pp. 214-223.

35) John Ikenberry, *After Victory: Institutions, Strategic Restraint, Rebuilding Order after Major Wars, Princeton,* NJ: Princeton University Press, 2001; John Ikenberry, Order and Imperil Ambition. Cambridge: Polity, 2006.

36) John Ikenberry, "From Hegemony to the Balance of Power: The Rise of China and American Grand Strategy in East Asia," *International Journal of Korean Unification Studies,* Vol. 23, No. 2, 2014.

37) Gilbert Rozman, *Misunderstanding Asia,* New York, NY: Palgrave MacMillian, 2015; Gilbert Rozman, ed., *National Identitys and Bilateral Relations: Widening Gaps in East Asia and Chinese Demonization of the United States,* Stanford, Cal.: Stanford University Press, 2013.

가? 기존 미국 중심의 질서 하에서 미국과 중국이 협력과 경쟁을 유지하는가? 또는 중국으로의 자연스러운 패권이전은 가능한 것인가?

위에 언급한 다양한 이론들은 이런 질문에 대해 매우 상이한 주장들을 제기하고 있는 것이다. 향후 전개될 미중관계에 대한 이런 다양한 주장들은 현재 긴밀하게 전개되고 있는 미중관계를 감안한다면 체계적으로 정리되고 이해되어야 할 필요성이 크다. 특히 사드 한국배치, AIIB 및 TPP 가입 그리고 남중국해 영유권 분쟁 등 미중 간 갈등이 한국의 선택을 강요하는 상황에서 향후 전개될 미중관계에 대한 다른 예측은 이에 대한 해법도 다르게 제시하기 때문에 미중관계에서 '불일치 딜레마'의 상황에 처해있는 한국의 대외정책적 차원에서도 심도 있는 논의가 전개될 필요가 있는 것이다. 학문적으로도 각각의 이론들은 미중관계에 대해 매우 다른 예측을 제시하고 있기 때문에 주요 국제정치이론들의 이론적 적실성 평가를 위해서도 종합적인 분석이 요구되는 것이다.

이런 맥락에서 본 장은 미국과 중국의 상대국에 대한 정책과 그에 따른 미중관계에 대한 기존 이론들의 주장을 체계적이고 종합적으로 분석하고 비교적으로 유형화함으로써 미중관계의 현재를 설명하고 미래를 전망하는 접근이론에 대한 이해를 돕는다.

II. 주요 이론들의 미중관계에 대한 주장

미국과 중국의 힘의 분배상태 변화에 대한 논쟁과 더불어 향후 전개될 미중관계에 대한 논쟁도 매우 치열하게 전개되고 있다. 미중 간 세력전이 여부에 대한 논쟁도 결국 양국관계가 어떻게 전개될 것인가로 연결되기 때문에 미중관계 전망에 이론적 논쟁이 모아지고 있는 것이다. 특히 이론들은 미중관계의 전개 형태에 대해 기존의 현상유지부터 패권전쟁까지 다양하게 제기되고 있고 패권국과 도전국의 역할도 다르게 규정하고 있기 때문에 본 연구는 두 가지 기준으로 이론적 연구들을 유형화한다. 즉 본 연구는 물리적 충돌의 가능성 여부와 패권국의 교체 여부 등의 조건들을 중심으로 미중관계를 접근하는 국제정치이론들의 주장들을 종합적으로 설명한다.

1. 공격적 현실주의이론

공격적 현실주의이론은 신현실주의 계통이론으로서 국가 간 힘의 분배상태가 국제정치를 규정한다고 주장한다. 그 이유는 보호체계가 존재하지 않는 무정부상태의 국제정치 환경이 국가들로 하여금 안보에 집중하게 하기 때문이라는 것이다. 무정부상태의 국제질서에서 국가들의 관계는 세력의 분배에 따라 결정되기 때문에 힘의 무한경쟁을 불러오며 경쟁의 패자는 안보불안과 멸망에 직면하게 된다는 것이다. 따라서 약한 국가는 강한 국가를 두려워하며 강한 국가는 부상하는 국가를 두려워한다고 강조한다. 따라서 대부분의 약한 국가들은 항시 무정부상태에서 안보의 취약성에 불안해야 하지만 강대국들은 이런 안보의 취약성을 제거하는 최종적 순간까지 경쟁해야 하는 비극적 상황에 있다는 것이다.[38)]

공격적 현실주의이론은 무정부상태에서의 강대국들의 행태에 대한 원천적 원인 설명에 집중한다. 무정부상태에서 국가안보를

---

38) John J. Mearsheimer, *op. cit.*, p, 21.

확보하기 위해서는 상대적인 권력 지위의 극대화가 필요하기 때문에 강대국들은 끊임없이 권력의 극대화를 추구한다는 것이다. 결국 강대국들은 패권국의 위상이 안보를 지킬 수 있는 최상의 조건임을 인식하기 때문에 궁극적으로 패권국이 되고자 권력 신장을 끊임없이 추구하게 되고 자연스럽게 공격적이 될 수밖에 없다는 것이다. 따라서 공격적 현실주의이론은 '상대적 역량'의 중요성을 강조하고 자국의 힘을 강화하고 상대의 힘을 약화시키기 위해 군사적으로 상대국을 공격하는 위험감수의 행위를 한다는 것이다. 즉 상대적 역량의 우위를 점하기 위해 국가들은 자국 군사력과 동맹체제를 강화하지만 이와 더불어 경쟁국과의 직접적 전쟁이라는 공격적 행태를 통해서도 상대적 우위를 차지하려 한다는 것이다. 공격적 현실주의이론은 강대국들이 전쟁과 같은 무력의 수단을 통해서라도 상대의 역량을 약화시킴으로서 '상대적 힘의 우위'를 확보하려 한다는 것이다.[39]

이런 맥락에서 부상하는 도전국은 국력이 증가하는 한 최종적으로 패권국이 되려고 하기 때문에 현상타파적인 행태를 할 수밖에 없는 것이고 따라서 부상하는 중국은 공격적 행태를 전개한다는 것이다.[40] 공격적 현실주의이론은 안보를 극대화하려는 강대국들은 해당 지역에서 경쟁적 강대국의 존재를 거부하며 지역을 압도하

39) *ibid.*, pp. 147-152.

40) *ibid.*, p. 400; Kenneth N. Waltz, "Structural Realism after the Cold War," *International Security*, Vol. 25, 2000, p. 44-79; Elizabeth Economy, C. "The Game Changer: Coping With China's Foreign Policy Revolution," *Foreign Affairs*, Vol. 89, No. 6, November/December 2010; Robert, Kaplan, "The Geography of Chinese Power: How Far Can Beijing Reach on Land and at Sea," Foreign Affairs, Vol. 89, No. 3, May/June 2010.

는 질서를 추구한다고 강조한다. 이에 중국도 아시아 지역에서 패권적 위상을 확보하기 위해 미국을 아시아 지역에서 밀어내게 된다는 것이다. 따라서 중국은 역량이 강화되면서 아시아 지역에서의 미국과의 패권경쟁을 전개하고 더 나아가 공격적인 행태를 취하게 된다는 것이다.[41]

공격적 현실주의이론은 이러한 논리는 기존 패권국에도 동일하게 적용된다고 강조한다. 강대국들은 궁극적으로 패권국 위상 확보를 위해 끊임없이 국력을 신장하기 때문에 궁극적으로 기존 패권국은 도전국과의 경쟁에 인내를 보이지 않고 도전국의 역량을 약화시키는 행위를 한다는 것이다. 따라서 기존 패권국인 미국은 아시아 지역에서의 패권적 위상 유지를 위해 중국을 아시아지역에서 경쟁을 전개할 수 없는 수준의 역량으로 약화 될 때까지 강력히 봉쇄할 것이라고 주장한다.[42] 이런 측면에서 공격적 현실주의이론의 대표 학자인 존 미어셰이머(John Mearsheimer)는 미국은 중국에 대해 냉전시대의 소련에 대해 취했던 것과 동일한 정책을 취할 것이라고 주장했다.[43]

결과적으로 공격적 현실주의이론은 미국과 중국 사이의 전쟁의 가능성을 강하게 주장하는 것이며 전쟁의 주체는 도전국일 수도 또는 기존 패권국일 수도 있다고 강조하는 것이다. 따라서 전쟁의 결과가 패권국 변동 여부를 결정짓게 되는 것이다.

---

41) John J. Mearsheimer, "The Rise of China Will Not Be Peaceful at All," *The Australian*, November 18, 2005.

42) Fareed Zakaria, *From Wealth to Power: The Unusual Origins of America's World Role*, Princeton, N.J.: Princeton University Press, 1999; Richard J. Bernstein and Ross Munro, "China I: The Coming Conflict with America," *Foreign Affairs*, Vol. 76, No, 2, March/April 1997, pp. 18–32.

43) John J. Mearsheimer, "China's Unpeaceful Rise," *Current History*, April 2006, p. 162.

2. 방어적 현실주의이론

방어적 현실주의이론도 국제환경을 무정부상태로 간주한다. 따라서 자력구제의 상태에서 국가들은 안보에 집중한다는 주장은 공격적 현실주의이론과 동일하다. 그러나 어느 정도의 힘이 안보에 충분한가에 대해 공격적 현실주의이론과 차이를 보이고 있다. 방어적 현실주의이론도 안보를 위협하는 힘에 대해 이에 상응하는 전력을 확보하는 것을 강조하기 때문에 국가들은 안보딜레마를 벗어날 수 없다는 것을 인정한다. 그러나 다른 강대국의 안보위협에 대한 우려가 반드시 대상 국가들이 공격적 행태를 취하는 것으로 이어지는 것은 아니고 단지 자국을 보호하는데 집중하게 한다는 것이다.[44] 특히 국가들은 제한적 역량을 바탕으로 안보를 지켜야 하기 때문에 종종 방어적 전략이 안보를 위한 최적의 방안이 될 수 있다는 것이다.[45]

방어적 현실주의이론도 무정부상태에서 안보를 위해서는 필요한 경우 상대국을 먼저 공격하는 것도 고려하는 것을 인정하지만 안보딜레마가 항상 전쟁의 가능성을 높인다고는 믿지 않는 것이다. 이는 방어적 현실주의이론이 안보딜레마가 항상 물리적 충돌을 야기 시킬 수 있다는 전제를 수용하지 않는 것을 보여주는 것이다. 즉 방어적 현실주의이론은 국가들은 특정한 조건에서만 공격적인 행태를 취하기 때문에 국가의 첫 번째 목적은 힘의 극대화가 아니라 국제체제에서 자국 위상의 유지를 통한 안보 달성이라고 본다.[46]

---

44) Kenneth Waltz, *op. cit.*

45) Sean Lynn-Jones, "Realism and America's Rise: A Review Essay," *International Security*, Vol. 23, No. 2, 1998, pp. 157-158.

따라서 국가들은 안보를 확보하기 위해 대내적 군비확충과 대외적 동맹결성 등 충분한 상대적 힘을 추구하지만 공격적 현실주의이론의 주장과 같이 공격을 위한 그 이상의 힘을 구축하기 위해 불필요한 노력을 경주하지 않는다는 것이다.[47)]

제프리 탈리페로(Jeffrey Taliaferro)는 안보딜레마가 고치기 어려운 조건임에는 분명하지만 '구조적 수정 요인'들이 작용할 경우 안보딜레마 효과를 감소시켜 방어적 전략을 채택할 수 있다고 주장한다.[48)] 탈리페로는 양극체제 또는 다극체제와 같은 전체적인 범위에서의 힘의 분배상태 요인보다 '구조적 수정 요인'이 보다 직접적으로 국가들의 행태에 영향을 미친다고 주장하며 그 변수로 '공격-수비 균형' '지리적 근접성' '자원에 대한 접근성' 등을 제시하고 있다.[49)] 즉 상대국가가 공격형 무기 중심의 군사력을 보유하고 지리적으로 인접해있으며 가용 자원의 접근성이 용이할 경우 안보딜레마 효과가 극대화되어 공격적 행태를 전개하지만 반대의 경우 방어적 전략이 안보 달성에 충분하기 때문에 위험부담을 증대시키는 공격적 행태를 취할 이유가 적다는 것이다.

따라서 방어적 현실주의이론은 미국과 중국의 방어적 전략 채택에 따른 공존의 가능성을 주장한다. 찰스 글래스(Charles Glaser)는 탈리페로가 제시한 '구조적 수정요인'들을 통해 미국과 중국 모두 안보를 확보할 수 있는 구조적 조건들을 갖고 있기 때문에 물리적 충돌을 회피하고 양국 간 힘의 분배상태에 맞게 영향력을 조정하며 공존

46) Kenneth Waltz, *op. cit*, p. 126.
47) *ibid.*, pp. 118-127.
48) Jeffrey Taliaferro, "Security-Seeking Under Anarchy: Defensive Realism Revisited," *International Security*, Vol. 25, No. 3, Winter 2000/2001, p. 131.
49) *ibid.*, p. 137.

한다고 강조한다.[50] 우선 미국과 중국은 태평양을 사이에 두고 분리되어 존재하기 때문에 재래식 공격으로부터 비교적 쉽게 방어할 수 있다. 아울러 글래스는 미중 양국은 상대에게 강력한 보복을 가할 수 있는 핵능력을 갖춤으로서 상대의 공격을 억지할 수 있다고 주장한다.

이런 맥락에서 일부 방어적 현실주의이론가들은 중국의 부상에 따라 발생한 미중 간 힘의 분배상태를 반영하여 중국의 영향력 확대를 미국이 수용할 것을 제언하고 있다. 특히 미국이 중국의 영향력 확대를 인정할 때 중국은 미국에 대해 공격적이지 않을 것이며 양국이 공격적 행태를 자제할 것이라는 것이다. 글래서는 미국은 중국이 핵심이익이라고 규정하는 대만에 대해 미국의 안전보장을 철회함으로써 현재의 미국 중심의 아시아 질서를 유지할 수 있다고 주장하고 있으며 휴 화이트(Hugh White)도 미국은 새로운 기반(on a new basis) 위에서 아시아에서의 중국과 권력을 공유하고 중국의 역할 확대를 인정하는 것이 미국에 유리한 현재 질서를 유지할 수 있는 방안이라고 주장한다.[51] 이렇듯 방어적 현실주의이론은 구조적 수정 요인들에 의해 안보딜레마의 효과가 감소되어 미국과 중국의 안보가 위협받지 않는 상황에서 양국이 공격적 행태를 취할 이유가 충분치 않기 때문에 양국관계는 힘의 분배상태의 변화에 따라 평화적으로 조정되며 유지될 것이라고 주장하는 것이다.

결과적으로 방어적 현실주의이론은 미국과 중국 사이의 전쟁의

---

50) Charles Glaser, "A U.S.-China Grand Bargain?: Hard Choice between Military Competition Accommodation," *International Security*, Vol. 39, No. 4, Spring 2015, p. 53.

51) *ibid.*, p. 61; Hugh White, *The China Choice: Why America Should Share Power*, Victory, Australia: Black Inc. 2012, p. 5.

가능성을 상당히 배제하는 것이며 중국의 위상 강화와 역할 확대 등을 미국이 인정하는 등 중국과의 권력의 공유를 통해 현상유지를 어느 정도 달성할 수 있다고 보는 것이다. 따라서 방어적 현실주의 이론은 향후 전개될 미중관계에서 전쟁의 가능성과 패권국의 변동의 가능성을 비교적 낮게 평가하고 있는 것이다.

3. 세력전이이론

공격적 현실주의이론과 방어적 현실주의이론은 패권국의 쇠퇴 여부를 전제하지 않고 무정부상태의 효과의 차이를 전제로 미중관계를 설명했다면 세력전이이론과 이후 다룰 패권전쟁이론은 힘의 분배상태의 변화 요인이 미중관계를 설명하는 가장 중요한 기준이다.

세력전이이론(theory of power transition)은 현실주의이론과 같이 힘의 요소를 강조하지만 고정된 국가 간 힘의 분배상태의 정태적 비교보다는 장기적이며 역동적인 변화에 따라 나타난 상대적 역량에 초점을 맞추고 있으며 특히 현실주의이론이 고려하지 않는 도전국의 기존 질서에 대한 인식의 요인이 매우 중요한 변수로 활용되고 있다. 케네스 오간스키(Kenneth Organiski)는 산업화를 통해 일부 강대국이 기존의 패권국의 역량과 유사한 수준으로 역량이 증대 될 때, 전쟁의 가능성이 커진다고 주장하고 특히 부상하는 도전국이 기존 질서에 대해 얼마나 불만을 많이 가지는지가 양국 간의 군사적 대결의 가능성을 가늠하는 기준이 된다고 주장한다.[52] 세력전이이론은 국제사회를 국가들의 상대적 역량을 기준으로 서열화된 위계적 질

52) A.F.K Organski, *World Politics*, New York: Alfred Knopf, 1968, pp. 342-369.

서로 가정하고 가장 강력한 국가인 지배국이 국제체제의 규범과 질서를 구축한다고 가정한다.[53] 지배국 중심의 질서에서 산업화의 속도에 따라 발생한 경제성장 속도의 차이가 강대국과 지배국의 국력 격차를 축소하여 궁극적으로 도전국의 역량이 지배국의 그것을 따라잡는 세력전이 현상이 발생한다는 것이다. 세력전이이론은 이러한 세력전이의 과정에서 도전국의 기존 질서에 대한 불만족도의 수준이 높을 경우 도전국에 의한 전쟁이 발생한다고 주장한다. 즉 기존 질서에 불만족하는 강대국의 역량이 급속히 증가하여 지배국의 수준을 넘어서는 직후가 전쟁이 발생할 가능성이 가장 크다는 것이다.[54] 그러나 반대로 도전국과 지배국의 세력전이가 발생한다고 해도 만약 부상하는 강대국이 기존 질서에 대한 만족도가 높을 경우 평화로운 세력전이가 가능한 것이다.[55] 그러나 다수의 연구들은 기존 패권국과 도전국의 대결은 평화적으로 해결되지 않는 경우가 대부분이라고 주장한다.[56] 따라서 세력전이이론은 지배국과 도

---

53) Jacek Kugler and A.F.K Organski, *The War Ledger*, Chicago, Il.: University of Chicago Press, 1980, p. 21.

54) 오간스키는 1958년 저서에서 도전국의 역량이 패권국의 그것에 근접할 때가 전쟁이 발생할 가능성이 가장 높은 시기로 규정했지만 쿠글러와 오간스키의 1989년 저서에서는 이 주장을 오류로 인정하고 도전국의 역량이 기존 패권국의 역량을 넘어선 직후로 수정했다. Jacek Kugler and A.F.K Organski, *Power Transition: A Retrospective and Prospective Evaluation Handbook War Studies*, Boston: Unwin Hyman, 1989, pp. 182-183

55) 오간스키는 평화적 세력전이를 위한 네 가지 조건을 제시했다: 첫째, 도전국이 체제 내 리더십을 구축하지 않을 경우; 둘째, 도전국이 영토적 확장을 추구하지 않을 경우; 셋째, 도전국과 패권국이 장기간 협력관계를 유지했을 경우; 넷째, 쇠퇴하는 패권국이 전쟁 중이어서 도전국의 지원이 필요한 경우. A.F.K Organski, *op. cit.*, pp. 361-363.

56) Steve Chan, China, *the U.S., and the Power-Transition Theory: A Critique*. New York, NY: Routledge, 2007; Aaron L. Friedberg, "The

전국 사이의 세력전이의 과정에서 도전국의 기존 질서에 대한 불만족 여부가 전쟁 또는 평화적 세력전이를 결정짓는다고 주장하는 것이다.

이런 맥락에서 세력전이이론은 산업화를 통한 급속한 경제성장으로 국력의 전환적 성장단계를 넘어서는 중국은 이미 미국과의 국력 차이를 상당 수준 좁혀가고 있으며 궁극적으로 세력전이 현상이 발생할 것으로 간주한다. 그러나 세력전이이론은 도전국에 의한 전쟁은 도전국 역량이 패권국의 역량을 넘어선 직후에 발생한다고 주장하고 있기 때문에 현재와 같이 미국의 역량이 상대적으로 강한 상황에서는 아직 전쟁의 가능성은 낮은 것이다. 그러나 세력전이이론은 중국의 급성장세가 유지된다면 세력전이의 상황에서 전쟁은 발생한다고 주장하는 것이다. 세력전이이론은 중국의 기존 질서에 대한 불만족도가 전쟁의 필요조건이라고 주장한다. 중국이 미국 중심의 기존 질서에서 급성장을 성취했고 아직 더 많은 이익을 취하려는 입장이라는 점에서 불만족도가 매우 높은 것은 아니지만 중국이 '핵심이익'이라고 주장하는 남 · 동중국해 영유권분쟁, 대만문제, 미중간 사이버 갈등, 국제금융 및 통화체제에서의 미국과의 갈등 그리고 해양질서에 대한 불만 등 다양한 분야에서 불만을 표시하고 있다는 점은 평화적 세력전이보다는 전쟁의 가능성을 더 높게 하는 것이다.

따라서 세력전이이론은 미국과 중국의 전쟁 가능성을 높게 보는 것이며 전쟁의 주체는 도전국이며 현상유지보다는 패권국의 변동을 강조하고 있다.

Future of U.S.–China Relations: Is Conflict Inevitable?" *International Security*, Vol. 30, No. 2, Fall 2005, p. 19.

4. 패권전쟁이론

패권전쟁이론도 세력전이이론과 같이 미국과 중국의 힘의 분배 상태의 변화 요인을 중심으로 향후 전개될 미중관계를 설명한다. 세력전이이론이 도전국의 부상에 초점을 두고 패권국과 도전국의 관계를 연구했다면 패권전쟁이론은 패권국의 변화를 기준으로 양자관계를 설명한다. 따라서 패권전쟁이론에서 패권국과 도전국과의 관계는 패권국의 쇠퇴 여부가 관건이다.

패권전쟁이론은 패권국은 반드시 쇠퇴한다고 전제한다. 패권국이 쇠퇴하는 이유는 국제사회를 운영하기 위해 제공하는 '공공재'에 있다. 패권국은 자국 중심의 국제질서를 유지하기 위해 안보, 금융, 무역 등 다양한 분야에서 '공공재'를 제공하고 모든 다른 국가들은 패권국이 제공하는 공공재의 혜택을 받게 됨으로써 불균등한 성장이 발생할 수밖에 없고 결과적으로 패권국은 다른 국가들에 대해 상대적으로 쇠퇴할 수밖에 없다는 것이다.[57] 특히 패권유지를 위한 '과도한 확장'이 패권국이 감내할 수 있는 경제역량의 수준을 벗어나면서 쇠퇴하게 되고 반면에 강대국들은 경제성장에 집중하면서 성장률의 차이가 발생한다는 것이다.

이렇듯 구조적으로 쇠퇴하는 패권국은 패권유지를 위해 '악의적 패권(malevolent hegemony)'로 전환되면서 공공재 제공을 축소하고 그 부담을 타 국가에게 이전시키는 행위를 전개한다. 아울러 패권전쟁이론은 쇠퇴하는 패권국은 현상유지를 위해 잠재적 패권도전국이 역량을 극대화하기 이전에 예방적 공격을 감행할 가능성이 높다고

57) Robert Gilpin, *op. cit.*, pp. 159-184.

주장한다.[58] 이에 로버트 길핀(Robert Gilpin)은 예방전쟁(prevent war)의 가장 중요한 원인은 강대국들 사이의 불균등 성장에 있다고 주장한다.[59] 쇠퇴하는 패권국이 도전국을 파괴하거나 약화시키기 위해 예방전쟁을 일으킨다는 것이다. 데일 코프랜드(Dale Copeland)는 무정부상태에서 기존 패권국은 부상하는 도전국을 신뢰할 수 없기 때문에 자국이 깊은 쇠퇴에 진입했다고 간주할 때 도전국이 더 우월한 역량을 보유하기 전에 예방전쟁을 일으킨다고 주장한다.[60]

이런 맥락에서 패권전쟁이론은 미국의 쇠퇴로 인한 미중 간 힘의 분배상태의 비대칭성의 축소가 미국으로 하여금 중국의 부상을 억제하는 봉쇄정책을 추진하고 궁극적으로 중국을 공격하게 된다는 것이다. 특히 쇠퇴에 직면한 미국은 중국 주변의 동맹국들과의 관계를 강화하고 이들의 기여와 역할을 확대함으로써 자국 역량의 소진을 늦추면서 기존의 패권적 위상을 유지한다고 주장한다. 이런 목적에서 미국은 '아시아로의 회귀(pivot to Asia)'와 같은 군사적 역량을 아시아로 결집시키는 중국봉쇄전략을 채택했고, 궁극적으로 깊은 쇠퇴의 상태로 진입할 경우에는 우월한 역량이 소진되기 전에 중국에 대해 예방전쟁을 일으킨다는 것이다.[61]

---

58) *ibid.*, pp. 192-194 & 197.

59) *ibid.*, p. 94.

60) Dale C. Copeland, "Neorealism and Myth of Bipolar Stability: Toward a New Dynamic Realist Theory of Major War," in Benjamin Frankel, ed., *Realism: Restatement and Renewal*, New York: Frank Cass & Co., 1996, p. 32.

61) Jack S. Levy, "Declining Power and Preventive Motivation for War," *World Politics*, Vo. 40, October 1987, pp. 82-107; Randall Schweller, "Domestic Structure and Preventive War: Are Democracies More Pacific?" *World Politics*, Vol. 44, January 1992, pp. 235-269.

그러나 패권전쟁이론가들의 일부는 미국의 쇠퇴를 인정하지 않고 미국이 절대적 힘의 우위에 있기 때문에 향후 미중관계도 기존의 질서 속에서 전개될 것이라고 주장한다. 스테판 브룩스(Stephen Brooks)와 윌리암 월포스(William Wohlforth) 등은 미국의 비대칭적 힘의 우위가 여전하며 중국을 포함한 대부분의 국가들은 미국이 제공하는 안보적, 경제적 공공재의 혜택을 보고 있기 때문에 도전국은 군사적 역량을 물론 도전의 동기도 충분하지 않다고 강조한다.[62] 즉 이들은 미국이 쇠퇴하지 않았기 때문에 패권의 존재와 역할을 통한 현상유지가 이루어진다고 보는 것이다. 따라서 소련이 전쟁 없이 약화되었듯이 중국이 미국의 예방전쟁의 대상이 되지 않을 수 있다는 것이다.

패권전쟁이론은 미국의 쇠퇴여부를 기준으로 향후 전개될 미중관계에 대해 두 가지 상반된 설명을 제공하고 있다. 우선 미국이 급격한 쇠퇴를 경험할 경우 미국은 남아 있는 우월한 군사역량을 바탕으로 중국에 대한 예방전쟁을 주도할 것이라는 주장과 아직 미국이 쇠퇴하지 않았기 때문에 현상이 유지될 것이라는 주장이다.

이런 맥락에서 패권전쟁이론은 미국의 본격적 쇠퇴를 전제할 때 미중 간 전쟁의 가능성을 강조하고 있고 그 전쟁의 주체는 쇠퇴하는 미국이라고 주장한다. 미국의 급격한 쇠퇴가 없을 경우에는 전쟁 발생 가능성도 사라진다고 본다. 따라서 패권전쟁이론은 향후 전개될 미중관계는 미국쇠퇴 여부에 따라 갈등과 전쟁 또는 현상유지의 상반된 상황을 경험하게 되고 패권국의 변동 여부도 이에 연계되어

62) Stephen Brooks and William Wohlforth, *World Out of Balance: International Relations and the Challenge of U.S.* Primacy, Princeton, N.J.: Princeton University Press, 2008; Stephen Brooks and William Wohlforth, "American Primacy in Perspective," Foreign Affairs, Vol. 81, No. 4., July/August 2002, pp. 20-33.

있다고 주장한다.

5. 상호의존이론과 신자유주의이론

자유주의계통 이론들은 향후 전개될 미중관계에 대해 가장 낙관적인 전망을 제시하고 있다. 자유주의 이론들인 상호의존이론과 신자유주의 국제제도이론은 각각 경제적 상호의존과 국제제도의 기능 등의 요인들에 의해 무정부상태의 효과가 감소되어 갈등을 피하고 협력적 관계를 유지한다고 주장한다. 자유주의 이론은 현실주의이론들이 집중했던 미중 간 힘의 분배상태 또는 양국 간 세력전이와 같은 힘의 요소보다는 양국 간 협력을 통해 발생하는 이익의 요소에 집중한다. 이에 브루스 러셋(Bruce Russett)과 존 오닐(John Oneal)은 경제적 상호의존, 국제기구의 기능 그리고 민주화 등이 국가들로 하여금 협력적인 대외정책을 추진하게 하고 이런 맥락에서 협력적 미중관계의 가능성을 주장했다.[63]

우선 상호의존이론은 증가된 경제적 상호의존성이 공통의 이해관계를 형성하여 정치적 갈등의 가능성을 줄이고 결과적으로 군사력의 활용 가능성도 감소한다고 주장한다.[64] 국가들은 자국의 '절대적 이익' 증진에 집중하기 때문에 이익이 보장되는 조건이라면 국가들은 협력을 주저하지 않는다는 것이다.[65] 그러나 로버트 코헨

---

63) Bruce Russett and John Oneal, *Triangulating Peace: Democracy, Interdependence, and International Organization*, New York: W.W. Norton, 2001.

64) Robert Keohane and Joseph Nye, *Power and Interdependence: World Politics in Transition*, Boston: Little Brown & Co., 1977, p. 28.

65) Robert Keohane and Lisa Martin, "The Promise of Institutional Theory,"

(Robert Keohane)과 조셉 나이(Joseph Nye)는 경제적 상호의존성이 국가들로 하여금 자동적으로 상대를 공격하지 못하게 하여 협력을 이끌어내는 것이 아니라 군사적 방법을 사용하는 것보다 경제적 방법이 목적 성취에 있어 상대적 비용이 적게 들고 더 효과적이기 때문에 국가들은 군사적 대결을 기피한다고 주장한다.66) 이렇듯 코헨과 나이는 경제적 상호의존성의 의한 자동적 협력관계 형성을 부인하고 오히려 상호의존성은 양국이 협력을 통해 대규모 이익을 예상한다고 해도 경쟁을 불러온다고 강조한다.67)

둘째, 신자유주의 국제제도이론은 무정부상태에서 발생하는 높은 불확실성을 국제제도의 기능을 통해 완화시킴으로써 국가들이 협력적 관계를 추구한다고 주장한다. 즉 국제제도가 배신자 처벌 등의 기능으로 협력의 환경을 조성하고 국가 간 협력을 통한 '절대적 이익'이 제공되는 한 국가들은 국제제도가 규정한 원칙과 규범에 따라 협력적인 행태를 취한다는 것이다.68) 따라서 국제기구에 참여하는 국가들은 국제제도가 규정한 원칙과 규범에 행동의 제약을 받게 되어 일방적인 행태를 취하기 어렵다. 패권국도 국제제도 규범과 원칙 속에서 스스로를 제약하며 다자적 우위를 발휘하기 때문에 다른 국가들은 이를 수용하며 협력적인 관계가 유지된다는 것이다.69)

이런 맥락에서 상호의존 이론가들은 중국이 이미 다른 국가들과

International Security, Vol. 20, No. 1, 1995, pp. 34-35.

66) Robert Keohane and Joseph Nye, "Power and Interdependence Revisited," *International Organization*, Vol. 41, No. 4, 1987, p. 731.

67) Robert Keohane and Joseph Nye, *op. cit.*, p. 10.

68) Robert Keohane, *After Hegemony*, Princeton: Princeton University Press, 1984.

69) John Ikenberry, *op. cit.*; Stephen Walt, *Taming American Power: The Global Response to U.S. Primacy*, New York: W.W. Norton, 2005.

의 높은 수준의 경제적 상호의존성을 보이고 있고 중국의 급속한 경제성장 유지가 미국을 포함한 다른 국가에 의존되어 있기 때문에 군사적 수단을 통한 현상타파를 시도할 동기가 크지 않다고 지적한다.[70] 특히 중국이 높은 대외의존도를 보이고 있고 기존 세계경제질서에서 가장 큰 이익을 수혜하고 있기 때문에 현상에 대한 급격한 변화를 추진하지 않는다는 것이다. 이에 상호의존 이론가들은 2008년 서브프라임 모기지 사태 발생 이후 경제적 위기를 겪고 있는 미국도 기후변화, 테러와의 전쟁, 자유무역질서 유지 등 다양한 분야에서 중국과 상호의존 되어 있어 중국과의 협력 없이 목적을 달성할 수 없는 상태에 있기 때문에 협력적 미중관계가 전개될 것이라고 전망한다.[71] 즉 상호의존 이론가들은 높은 수준의 경제적 상호의존성이 양국 간의 갈등을 억제하고 협력적 정책을 유도함으로써 현상유지의 양국관계가 유지된다고 주장한다.[72]

따라서 상호의존이론은 미중 간 군사적 충돌의 가능성을 비교적 낮게 보며 기존 질서의 현상유지 상태에서 미국과 중국이 협력과 경쟁을 병행하는 방향에서 자국의 절대적 이익을 극대화할 것이라고 주장한다.

신자유주의 국제제도이론도 상호의존이론과 같이 미중 간 군사적 충돌의 가능성을 낮게 평가하고 국제제도를 통한 협력적 관계

---

70) Christopher Findlay and Andrew Watson, “Economic Growth and Trade Dependency in China,” in David Goodman and Gerald Segal, eds., China *Rising: Nationalism and Interdependence*, New York: Rougtledge, 1997, pp. 107-133.

71) John Ikenberry, “From Hegemony to the Balance of Power: The Rise of China and American Grand Strategy in East Asia,” *op. cit.*, p. 59.

72) James L. Richardson, “Asia-Pacific: The Case for Geopolitical Optimism,” National Interest, No. 38, Winter 1994/1995, pp. 28-39.

유지를 강조한다. 즉 상호의존이론이 절대적 이익을 추구하는 국가들의 '합리적 계산'에 의해 협력적 관계가 유지된다고 주장한다면 국제제도이론은 국제제도가 특정 분야에서 '준(準) 국가 상위 권위체'의 역할을 수행함으로서 국가들로 하여금 협력적 행태를 취하게 한다는 것이다. 중국과 미국은 다수의 국제기구와 국제레짐 등에 참여하고 있고 이런 국제제도들은 '게임의 규칙을 따르는 행위'를 촉구 또는 강제함으로써 양국의 외교정책적 행태를 일방적이지 않게 제어하여 협력적 미중관계가 유지될 수 있다는 것이다.[73]

중국이 과거와는 달리 UN, WTO, IMF 등 기존 국제제도에 있어서의 역할을 강화하고 AIIB, NDB, 상하이협력기구(SCO) 등 새로운 국제제도를 주도적으로 창설하고 있기 때문에 규칙-준수적 또는 협력적 행태를 취한다는 것이다. 신자유주의 국제제도이론은 북한 핵 위기해결을 위해 미국과 중국이 6자회담이라는 국제제도를 통해 협력한 것은 국제제도가 협력을 촉진한 사례라고 주장한다.[74] 미국도 경제적 위기를 겪고 있는 상황에서 미중전략경제대화(US-China Strategic and Economic Dialog), G-20 그리고 핵안보정상회의 등 다자적 국제제도를 통해 문제해결을 추진하고 있다는 점에서 중국과의 협력적 관계를 유지할 것으로 전망한다. 이런 맥락에서 일부 국제제도이론가들은 미국에 대해 미국우위의 현상을 유지하는 상태에서 부상한 중국의 아시아지역에서의 위상과 영향력을 수용하고 제도

---

73) Qianqian Liu, "China's Rise and Regional Strategy: Power, Interdependence, and Identity," *Journal of Cambridge Studies*, Vol. 5, No. 4, 2010, pp. 82-84.

74) Christopher P. Twomey, "Missing Strategic Opportunity in U.S. China Policy Since 9/11," in *Asian Survey*, Vol. XLVII, No. 4, July/August 2007, p. 553.

화하는 타협전략을 제언한다.[75)]

신자유주의 국제제도이론은 미중 간 전쟁의 가능성을 비교적 낮게 보며 강력해진 중국의 위상과 영향력을 인정하는 정도에서 기존 질서의 현상유지가 가능하다고 주장한다. 오히려 미국과 중국 사이에 국제제도화 경쟁이 발생하고 이는 현상유지 또는 매우 점층적인 변화를 수반을 전제한다. 즉 상호의존이론의 주장과 같이 국제제도이론도 미중관계를 현상유지의 환경 속에서 협력과 경쟁이 함께 전개된다고 주장하며 현실주의이론들의 주장과는 달리 전쟁 및 패권국의 교체 등에는 부정적 입장이다.

6. 구성주의이론

구성주의이론은 현실주의 및 자유주의 계통이론과 같이 힘 또는 이익과 같은 물질적 요인이 아닌 인식적 요인이 미중관계를 규정한다고 주장한다. 미국과 중국의 관계가 힘의 분배상태 또는 '절대적 이익'의 요인에 의해 외부적으로 결정되는 것이 아니라 양국 간 상호작용을 통해 형성된 상대에 대한 정체성에 의해 결정된다는 것이다. 즉 구성주의이론은 미중관계가 외생적으로(exogenously) 주어진 것이 아니라 행위자들과 구조의 상호작용을 통해 내생적으로(endogenously) 구성되고 변화된다는 것이다.[76)]

구성주의이론은 국가들의 상호작용에 영향을 미치는 국제구조

75) John Ikenberry, "From Hegemony to the Balance of Power: The Rise of China and American Grand Strategy in East Asia," p. 60.

76) Alexander Wendt, "Anarchy is What States Make of It," *International Organization*, Vol. 46, No. 2, 1992, p. 416.

도 사회적으로 구성된다고 주장한다. 현실주의이론들이 국가들의 상호작용에 영향을 미치는 무정부상태를 외생적으로 주어진 구조로 전제한다면 구성주의이론은 국가들의 상호작용 속에서 내생적으로 구성되는 '사회적 구조'로 파악한다. 알렉산더 웬트(Alexander Wendt)는 "무정부상태는 그 자체로는 '텅 빈 그릇'이며 고유의 논리가 없다"고 주장한다.[77] 즉 무정부상태의 내용은 국가들의 상호작용에 의해서 구성되는 것이다. 따라서 구성주의이론은 무정부상태도 현실주의이론이 주장하는 '만인의 만인에 대한 투쟁상태(all against all)'와 같은 홉스적(Hobbsian) 무정부상태도 있지만 국가들의 상호작용의 결과에 따라 적대적 관계가 아닌 경쟁자의 관계로 인식하는 로크적(Lockean)상태 그리고 친선적 관계로 간주하는 칸트적(Kantian) 상태 등으로 다르게 구성될 수 있다고 주장한다.[78]

구성주의이론은 국가들의 상호작용에 의해 구조가 형성되고 이런 구조의 영향 속에서 전개되는 국가들의 상호작용 결과가 상대국에 대한 정체성을 형성함으로서 이해관계를 새롭게 규정하고 그에 따라 행동을 결정한다고 주장한다.[79] 웬트 등 구성주의자들은 정체성(identity)이 국가의 대외적 행태를 규정하는데 가장 중요한 요소라고 강조한다.[80] 상호작용이 역할정체성을 구성 또는 재구성하여

77) Alexander Wendt 저, 박건영 외 역, 『국제정치의 사회적 이론』, 서울: 사회평론, 2009. p. 354.

78) *Ibid.*, pp. 368-438.

79) Alexander Wendt, "Anarchy is What States Make of It," *op. cit.*, pp, 403-407; Ted Hopf, "The Promise of Constructivism in International Relations Theory," *International Security*, Vol. 23, No. 1, 1998, pp. 186-187; 전재성, "구성주의 국제정치이론에 대한 탈근대론과 현실주의 비판 고찰," 『국제정치논총』, 제50집 2호, 2010, p. 50.

80) Alexander Wendt, "Identity and Structural Change in International Politics,"

국익을 규정하게 하고 이에 따라 국가의 행태가 유지되거나 변화한다는 것이다.[81]

이에 구성주의이론은 미중관계를 현실주의이론 또는 자유주의이론과 같이 일방적으로 대결적 관계 또는 협력적 관계로 설명하지 않는다. 미중관계는 양국의 상호작용에 따라 결정된다고 간주한다. 즉 양국의 상호작용이 구조를 형성하고 그 환경 속에서의 상호작용이 정체성을 형성하면서 미중관계는 구성되고 변화된다고 주장한다. 한국전쟁에서의 미국과 중국의 전쟁이라는 상호작용은 홉스적 무정부상태를 구성했으며 이 환경에서 전개된 상호작용은 상호 적대적 정체성을 구성하며 대결적 관계를 유지했다. 그러나 중소분쟁 이후 소련이라는 공동의 적이 등장하면서 소련견제라는 동일한 역할정체성이 규정되면서 협력적 관계로 전환되었다는 것이다.

그러나 이런 소련이라는 '공동의 적'이 탈냉전과 함께 사라지고 중국이 장기적인 고속성장을 이어가면서 부상하자 새로운 정체성이 형성되기 시작했다. 즉 중국의 부상과 더불어 중국은 스스로를 '강대국'이라는 정체성을 부여하고 있으며 '패권국'의 정체성을 가진 미국도 부상하는 중국과의 상호작용을 통해 중국을 더 이상 '협력국'이 아닌 '경쟁국'으로 규정함에 따라 양국은 각각 초강대국의 역할정체성을 규정하여 협력보다는 경쟁의 관계가 구성되었다는 것이다. 특히 구성주의이론에게 있어 정체성은 자국에 의해 형성된 관념과 타국과 공유하는 관념을 포함하는 내적 및 외적 구조로 구성

---

in Yosef Lapid and Friedrich Kratochiwil ed., *The Return of Culture and Identity in IR Theory*, Boulder: Lynne Reinner, 1996, pp. 48-51.

81) 박건영 외 역, *op. cit.*, pp. 318- 339; 신욱희, "구성주의 국제정치이론의 의미와 한계," 『한국정치학회보』, 제32집 2호, 1998, pp. 154-155.

되어 있는 데 미국과 중국은 이념적 동질성 등이 결여됨에 따라 역할정체성을 바탕으로 '타국'과 '자국'을 일체화시켜 '같은 국가'와 같이 동일한 정체성이 구성되는 '집단정체성'을 확보하는데 실패하여 협력적 관계를 유지하기 어렵다는 것이다.[82)]

이런 맥락에서 구성주의이론은 미국과 중국은 경쟁적인 로크적 무정부상태에서 경쟁국의 정체성을 통해 경쟁적 관계를 전개할 것이라고 주장한다. 특히 중국이 스스로 아시아지역에서의 '초강대국' 정체성을 규정[83)]하고 미국과도 대등한 입장에서 공존하는 '신형대국관계론'의 G-2 정체성을 주장하고 있기 때문에 '패권국' 정체성을 유지하고 있는 미국과 경쟁관계가 구성될 수밖에 없다는 것이다. 따라서 미중관계가 '주적(主敵)'의 정체성을 규정했던 미국과 소련과의 전면적인 군사 대결적 관계는 아니지만 '초강대국' 또는 '패권국'이라는 역할정체성의 충돌에 의해 경쟁적 관계가 유지될 것이라고 주장한다.

따라서 구성주의이론은 미중 간 전쟁의 가능성이 높게 보지는 않지만 완전히 부정하지도 않는 것이다. 즉 양국의 상호작용의 결과에 따라 정체성이 변화되기 때문에 전쟁의 가능성도 배제하지 않는 것이다. 그러나 현재 미국과 중국의 상호작용이 경쟁과 협력이 병행되는 양상으로 전개되고 있고 '주적'보다는 '경쟁국' 또는 '책임있는 강대국'의 정체성이 구성되어 있기 때문에 전쟁의 불가피성을 주장하지는 않는다. 같은 맥락에서 구성주의이론은 패권국의 급격한 교체보다는 미국과 중국이 지금까지 전개했던 상호작용과 같이 현상유지 수준에서 점층적 변화를 전망한다.

---

82) Alexander Wendt, "Identity and Structural Change in International Politics," in Yosef Lapid and Friedrich Kratochiwil ed., *op. cit.*, pp. 55–56.

83) Gilbert Rozman, ed., *op. cit.*, 2013.

III. 결론

미국과 중국의 향후 관계에 대해 〈표 1〉에서 살펴보는 바와 같이 국제정치이론들은 매우 다른 주장들을 제시하고 있다. 미국과 중국의 힘의 분배상태의 변화에 초점을 두고 양국관계를 설명하는 세력전이이론과 패권전쟁이론 그리고 공격적 현실주의이론은 모두 양국 간 전쟁을 불가피한 과정으로 전제하고 있다. 이 이론들은 과거의 패권국의 역사에 기반을 두고 패권국과 도전국 간의 관계를 설명하고 있기 때문에 미중관계도 예외일 수 없다는 것이다. 단지 전쟁이 어느 요인에 의해 발생하고 구체적인 발생 시기 그리고 전쟁의

〈표 1〉 미 · 중관계에 대한 국제정치이론들의 주장

	공격적 현실주의	방어적 현실주의	세력전이 이론	패권전쟁 이론	상호의존이론/ 국제제도이론	구성주의 이론
전쟁 가능성	중국에 의한 필연적 발생	특정한 조건에서 전쟁 회피 가능	세력전이 직후 중국에 의한 전쟁 발생	세력전이 이전 미국에 의한 예방 전쟁 발생	부정적	배제하지 않지만 높지 않음
협력 가능성	불가능	가능성 낮음	가능성 낮음	미국의 패권적 역량 유지 상태에서 가능	가능	가능
무정부 상태 효과	완전한 무정부상태	무정부상태 인정 그러나 구조적 수정 요인에 의해 효과 완화	힘을 기준으로 위계적 질서	미국 쇠퇴로 인한 불평형 상태 이후 효과 발생	상호의존과 국제제도를 통해 효과 감소	경쟁적인 로크적 무정부 상태
현상유지 여부	부정적	가능	부정적	부정적	가능	가능
평화적 패권교체 여부	불가능	부정적	불가능	불가능	가능	가능

주체가 누구인가에 대해서는 서로 다른 주장을 제시하고 있다. 그러나 전쟁 가능성을 높이 보는 공격적 현실주의이론, 세력전이이론 그리고 패권전쟁이론은 공통적으로 대략의 전쟁 발생 시점을 기존 패권국과 도전국의 역량의 격차가 현저히 줄어드는 상황으로 보고 있다. 현재 미국과 중국의 역량의 절대적 격차가 상당한 수준으로 유지되고 있는 상황에서는 전쟁 가능성은 매우 낮다는 것이다. 그러나 양국의 절대적 역량 격차가 급격히 좁혀질 경우 남 · 동중국해 또는 대만 등의 문제로 전쟁이 발생할 가능성이 크다는 것이다. 즉 미중 간 힘의 분배상태가 어떻게 유지 또는 변화되는지가 양국 간 전쟁 발생 가능성에 가장 중요한 조건이라는데 이 이론들 사이에 이견이 없는 것이다.

그러나 소련이 전쟁없이 사라지고 영국과 미국의 패권국 교체가 전쟁 없이 이루어진 것과 같이 미중 간 전쟁이 발생하지 않을 수 있다는 주장도 제기되고 있다. 상호의존이론과 국제제도이론은 '절대적 이익'에 집중하는 국가가 '핵전쟁'이라는 예상되는 이익보다 비용이 매우 클 것으로 예상되는 전쟁을 시도하지 않는다는 것이다. 특히 현재와 같이 미국과 중국이 거의 모든 분야에서 높은 수준의 상호의존도를 보이고 상대국 없이 독자적으로 자국의 목표를 달성하기 어려운 상황에서 전쟁을 감행하기 어렵다는 것이다. 특히 방어적 현실주의이론은 지리적 조건과 공격-방어 균형 등의 요인들이 미국과 중국 각각의 안보를 보장하는 상황에서 서로 공격할 이유가 많지 않다고 주장한다. 경제위기 회복에 집중해야하는 미국과 경제성장의 '연착륙'에 고심하는 중국이 자국의 안보를 넘어 막강한 상대를 공격할 동기가 없다는 것이다. 아울러 구성주의이론도 미국과 중국이 서로 상대에 대해 '주적'의 정체성을 규정하지 않고 있고

'전략적 동반자' 또는 '전략적 경쟁자'로 규정하고 있기 때문에 냉전 시대의 미소관계와는 달리 경쟁과 협력을 동시에 추구하는 경쟁적 관계로 주장한다.

결론적으로 미중관계를 설명하는 국제정치이론들의 공통점은 아직은 미중 간 전쟁이 발생할 가능성은 매우 낮다는 것이다. 그러면 미중관계는 어떻게 전개될 것인가?

공격적 현실주의이론만 제외하고 대부분의 이론들은 무정부상태 효과가 완화되는 것으로 평가하며 따라서 양국 간 협력의 가능성도 긍정적으로 보고 있다. 이는 과거 냉전기의 대결적 미소관계와는 달리 협력과 경쟁이 함께 전개된다는 것을 의미한다. 즉 미국은 패권국 지위 유지를 위해 절대적 이익 증진을 위한 중국과의 협력도 전개하며 동시에 중국의 부상을 견제하기 위한 봉쇄정책 등을 병행한다는 것이다. 중국도 지속가능한 경제성장을 위한 미국과의 협력은 수용하지만 동시에 미국의 개입을 거부하는 '핵심이익'을 확대함으로써 대등성을 강화한다는 것이다. 즉 대부분의 이론들은 미중관계가 전면적인 대결로 전개되기보다는 경쟁이 주도하지만 일부 협력이 수용되는 전략적 관계로 가정하는 것이다.

따라서 다양한 국제정치이론들이 미중관계에 대해 상반된 주장들을 제시하고 있지만 단기적으로는 미중 간 군사적 충돌 가능성이 낮다는 것과 향후 미중 간에 치열한 경쟁이 전개될 것이라는, 두 가지 측면에서 공통점을 찾을 수 있다.

제 2 장

미중 외교패권경쟁

: 재균형외교 vs 균형외교

I. 서론

취임 직후 '새로운 관여의 시대(the new era of engagement)'를 선언하며 야심찬 외교를 전개할 것으로 예상되었던 미국 오바마정부는 집권과 더불어 심각한 경제위기에 직면하자 G-20 및 핵안보정상회의와 같은 다자외교와 함께 G-2와 같은 양자외교를 동시에 전개했다.[84] 서브프라임 모기지 사태 발생으로 인한 미국 경제의 급격한 쇠퇴는 오바마정부의 외교에 제약요인으로 작용했고 결과적으로 계획된 외교 노선에서 이탈하는 효과를 발휘했다. 경제위기 극복이 최대 과제였던 오바마정부는 다른 국가들과의 협력적 외교를 전개했다. 특히 부상하는 중국의 협력을 기대하며 G-2외교에 집중했다. 오바마정부의 이러한 외교는 조지 부시정부의 외교와는 상당한 차이를 보이는 것이었다. 부시정부가 힘을 바탕으로 한 대중국 봉쇄정책을 추진했었다면 오바마정부는 중국을 국제관계를 공동으로 책임지는 동반자적 국가로 가정했던 것이다.

그러나 이런 오바마정부의 중국에 대한 협력 지향적 외교는 2010년부터 변화되기 시작했다. 오바마대통령은 중국이 적극적으로 반대하는 대만에 대한 무기판매와 달라이 라마 면담 결정을 시작으로 외교기조의 전환을 가져왔다.[85] 2011년부터 '아시아 회귀(pivot to Asia)' 또는 '재균형 정책(rebalancing policy)'을 외교기조로 규정하면서

---

84) The White House, Office of the Press Secretary, "Remarks of President Barack Obama–Address to Joint Session of Congress," February 24, 2009. https://www.whitehouse.gov/the-press-office/remarks-president-barack-obama-address-joint-session-congress (2016/4/20 검색)

85) 조선일보, 2010년 2월 1일. http://www.chosun.com/site/data/html_dir/2010/02/01/2010020101693.html (2016/4/20 검색)

중국과의 외교경쟁에 집중하기 시작했다.[86)]

이런 맥락에서 오바마정부는 천안함사건, 조어도 영유권분쟁, 남중국해 영유권분쟁 등 중국이 직간접적으로 관련된 사안들에 대해 적극 개입하며 한미동맹, 미일동맹, 미-필리핀동맹 등 기존 동맹을 강화하는 외교를 전개하기 시작했다. 아울러 베트남, 인도, 말레이시아, 인도네시아 그리고 싱가포르 등에 대해서도 협력외교를 확대하고 있다. 더 나아가 2012년부터는 중국의 오랜 동맹국인 미얀마와 관계개선을 시작했으며 2015년 4월에는 이란과의 핵문제를 타결했고 같은 해 12월에는 쿠바와 관계정상화를 이뤄냈다.

즉 오바마정부는 '재균형'의 차원에서 기존 동맹국들은 물론 다수의 비동맹관계의 아시아 국가들과도 관계를 강화하는 외교를 전개하고 있으며 더 나아가 과거 적대적이었던 국가들과의 관계개선에 대해서도 외교력을 집중하고 있는 것이다.

반면 중국은 시진핑의 집권과 더불어 '신형대국관계론' 및 '일대일로(一帶一路)' 등 초강대국의 면모를 과시하는 외교정책들을 제시하고 있다. 2013년 5월 시진핑 중국주석은 미국 오바마대통령과의 정상회담에서 공식적으로 '신형대국관계론'을 주장함으로서 미국과의 대등한 공존과 중국 '핵심이익'에 대한 국제적 수용을 강조했다. 시진핑정부의 '신형대국관계론'은 갑자기 등장한 새로운 개념은 아니지만 시진핑정부부터 체계적이고 추진되기 시작했다는 점에서 현 중국정부의 최우선의 외교기조로서 평가된다.

---

86) The White House, Office of the Press Secretary, "Fact Sheet: Advancing the Rebalance to Asia and the Pacific," November 16, 2015. https://www.whitehouse.gov/the-press-office/2015/11/16/fact-sheet-advancing-rebalance-asia-and-pacific (2016/4/20 검색)

2012년 시진핑부주석의 방미과정에서 처음 제기된 '신형대국관계론'은 과거 패권국과 도전국과의 관계와 같이 대결적 관계를 지양하고 미국과 중국이 대등한 입장에서 신뢰를 바탕으로 각국의 '핵심이익'을 보장하며 국제적 역할의 공조를 강조한다.[87] 즉 신형대국관계론은 미중 각국의 핵심이익 보장이라는 '대등'과 '균형' 위에서의 공존과 협력을 주장하는 것이다.

이러한 중국의 '초강대국외교' 또는 '균형외교'는 등소평정부 시기부터 유지되었던 '도광양회' 정책기조를 탈피한 것이다. 즉 미국과의 대결을 기피하고 내실을 다지는 데 중점을 두던 외교에서 중국의 '핵심이익'을 확대, 강조하는 외교기조로 전환된 것이다. '균형외교'는 후진타오정부 후반기부터 이미 전개되기 시작했다. 예컨대 2009년 코펜하겐 기후협약 당사국 총회에서 중국은 미국의 협정체결 요구를 정면으로 거부했고 유엔안보리의 이란제재 강화에 대한 미국의 요구도 묵살했다. 특히 2010년 조어도 분쟁 및 천안함 사건 등에서 미국의 개입에도 불구하고 일본과 한국에 대해 강경한 입장을 유지했으며 2012년에는 남중국해 영유권분쟁에서 미국의 필리핀 지원에도 불구하고 한 달 넘게 필리핀과의 대치를 이어갔다.

중국의 '균형외교'는 시진핑 집권과 더불어 보다 체계화되고 제도화되는 경향을 보인다. 앞서 언급한대로 '균형외교'는 '신형대국관계론'으로 정립되어 최우선의 외교기조로 자리 잡았으며 이를 제도적으로 지탱하는 정책들이 제시되고 있다. 우선 중국은 미국과의 군사적 역량의 균형을 위해 러시아 등과의 군사협력을 강화하는

---

87) Vice President Xi Jinping Attends the Welcome Luncheon Hosted by the U.S. Friendly Groups and Deliver a Speech, February 16, 2012. http://www.china-embassy.org/eng/zmgxss/t906012.htm

외교를 전개하고 있으며 경제적 균형을 위해 아시아인프라투자은행(AIIB), 신개발은행(NDB) 그리고 역내포괄적동반자협정(RCEP) 등을 창설 및 주도하고 있다. 특히 최근에는 중국 영향력의 '서진(西進)'을 제도화하는 '일대일로' 정책을 제시함으로서 미국의 '아시아 회귀'정책에 대한 '균형'의 의도를 명확히 하고 있다.

왜 미국과 중국은 과거보다 상호 견제적인 외교를 매우 적극적으로 전개하는가? 어떤 요인이 미국과 중국으로 하여금 경쟁적 외교를 전개하게 하는가? 어떤 이론적 접근법이 미국과 중국의 이러한 외교를 보다 적절히 설명하는가?

따라서 본 연구는 미중 간의 외교경쟁의 원인을 규명하고 적실성 있는 접근법을 파악하는데 목적이 있다. 본 연구는 이러한 미국의 '재균형외교'와 중국의 '균형외교'는 패권경쟁의 일환이며 치열한 외교경쟁은 양국의 정체성의 변화와 역할정체성 충돌에서 발생한다고 주장한다. 이에 미중 외교경쟁을 분석하기 위해 본 연구는 이론적 접근법으로 구성주의이론을 채택한다. 구성주의이론은 미국과 중국이 상대국의 정체성을 '경쟁국'으로 규정하고 동시에 자국의 정체성을 '패권국' 또는 '지역 패권국'으로 규정함으로서 아시아 지역에서 역할정체성이 충돌함으로서 본격적인 외교경쟁을 전개한다고 주장한다. 따라서 본 연구는 미국과 중국의 상호 정체성의 변화에 집중해서 미국과 중국의 외교경쟁을 접근한다.

이런 취지에서 본 연구는 미중 간 외교경쟁을 분석하기 위해 이론적 접근법으로 채택한 구성주의이론의 주장에 대해 먼저 소개한다. 둘째, 미중 간 외교경쟁의 양상을 파악하기 위해 우선 미국 오바마정부의 '재균형외교'의 내용과 전개과정에 대해 연구한다. 특히 오바마정부가 '재균형외교'를 추진하게 된 배경적 요인을 규명하는

데 초점을 두고 연구한다. 셋째, 중국 시진핑정부의 '균형외교'를 '신형대국관계론', '일대일로' 등을 중심으로 분석한다. 즉 중국이 '신형대국관계론'으로 대표되는 '대등외교' 또는 '균형외교'를 추진하게 된 원인 규명에 집중한다. 마지막으로 미국의 '재균형외교'와 중국의 '균형외교'에 대한 연구를 바탕으로 본 연구가 접근법으로 제시한 구성주의이론의 적실성을 평가한다.

II. 이론적 논의

'균형'과 '재균형'은 힘의 분배상태의 변화 또는 유지를 의미하는 것이고 따라서 군사력이라는 힘의 요소로 국제정치를 설명하는 현실주의이론의 주요 개념으로 간주된다. 탈냉전 이후 미국이 유일한 패권국으로 등장하면서 케네스 왈츠(Kenneth Waltz)와 같은 신현실주의이론가들은 중국 등과 같은 강대국들이 군비증강 및 동맹을 통해 미국패권에 대항하는 반패권 세력균형을 이루는 행태를 전개할 것이라고 경고한바 있다.[88] 그러나 신현실주의이론은 세력균형이 특정국가들에 의해서 의도적으로 전개되기 보다는 국가들의 안보추구의 내재적 속성에 의해 구조적으로 형성된다고 가정한다. 즉 무정부상태에서 국가들은 자국의 안보에 집중하게 되어 패권국에 대한 안보 취약성을 감소시키기 위해 국가들은 자동적으로 패권국에 균형을 이루는 정책을 추구한다는 것이다,

반면 전통적 현실주의이론은 세력균형을 국가들의 자유의지에

88) Kenneth Waltz, "Structural Realism After the Cold War," International Security, Vol. 25, No. 1, Simmer 2000, pp. 27-39.

바탕을 두는 외교의 산물로 주장한다. 한스 모겐소(Hans Morgenthau)와 같은 전통적 현실주의자들은 국가를 인간에 내재되어 있는 객관적 법칙에 의해 지배받는 존재로 간주함으로서 인간의 이기성과 권력욕이 국가의 행태를 지배한다고 확대 해석한다.89) 따라서 국가들은 국가이익을 극대화하는 행위를 전개하게 되고 결국 다른 국가들과의 분쟁에서 벗어날 수 없다는 것이다. 더욱이 이기적인 국가들은 '만인의 만인에 대한 투쟁 상태'인 무정부상태에 존재하기 때문에 이기성과 무정부상태가 국가들로 하여금 더 강한 힘을 추구하게 한다는 것이다.90) 따라서 전통적 현실주의이론에 의하면 미국과 중국의 외교경쟁은 더 강한 힘을 추구하기 위한 갈등이며 유리한 세력균형을 확보하기 위한 경쟁이다. 즉 전통적 현실주의이론은 미국과 중국이 각기 자국에게 보다 유리한 세력균형을 형성하기 위한 목적에서 의도적으로 '재균형외교'와 '균형외교'를 전개한다는 것이다.

그러나 물질적 역량의 요인에 집중하는 현실주의이론들은 미중 간 힘의 분배상태의 변화가 발생하지 않은 상태에서 양국 외교의 변화를 설명하기 어렵다. 특히 힘의 분배상태 요인 외에 미국과 중국의 외교정책에 영향을 미치는지 다른 요인들에 대해 설명력을 갖기 어렵다는 한계가 있다. 즉 현실주의이론들은 미중 간 힘의 분배상태 변화가 없는 상태에서 발생하는 외교기조의 변화와 비물질적 요인이 양국 외교경쟁에 미치는 영향에 대해서는 충분한 설명을 제공하기 어려운 것이다.

---

89) Hans Morgenthau, *Politics Among Nations: The Struggle for Power and Peace*, Boston: McGraw-Hill, 1954, pp. 4-10.

90) Jack Donnelly, *Realism and International Relations*, Cambridge, U.K.: Cambridge University Press, 2000, p. 10.

반면 본 연구가 이론적 접근법으로 채택한 구성주의이론은 미중간 힘의 분배상태에 기반을 두는 구조적 요인과 더불어 비물질적인 인식적 요인을 함께 강조한다. 미국과 중국의 경쟁적 외교관계는 양국 간 힘의 분배상태의 변화라는 물질적 요인뿐만 아니라 이를 바탕으로 전개된 양국 간 상호작용 속에서 구성되었다는 것이다. 즉 구성주의이론은 미국과 중국의 외교경쟁은 외생적으로(exogenously) 주어진 것이 아니라 미국과 중국 그리고 구조의 상호작용 속에서 내생적으로(endogenously) 구성되었다는 것이다.[91)]

알렉산더 웬트(Alexander Wendt)는 구조와 행위체들 사이의 상호작용이 행위체의 정체성을 구성하고 그 정체성에 따라 국익이 새롭게 규정됨에 따라 외교기조가 유지 또는 변화된다고 주장한다.[92)] 힘의 요소가 국가의 행태와 외교기조를 사전에 규정한다는 현실주의이론과는 달리 구성주의이론은 국가들의 상호작용에 따라 정체성이 형성되고 이를 기반으로 국가의 외교기조와 행태가 구성 또는 재구성된다는 것이다. 구성주의이론은 국가이익을 규정하는 정체성이라는 인식적 요인이 국가의 외교기조 결정에 가장 중요한 영향을 미친다고 강조한다.[93)] 웬트는 생존, 자율, 경제적 복지, 집단적 자긍심 등 국가의 재생산을 위한 객관적 이익을 제시하고 있지만 결국 이런 국익들의 우선순위는 정체성에 따라 변화될 수 있다고 주장한

---

91) Alexander Wendt, "Anarchy is What States Make of It," *International Organization*, Vol. 46, No. 2, 1992, p. 416.

92) 박건영 외 역, Alexander Wendt 저,『국제정치의 사회적 이론』, 서울: 사회평론, 2009, pp. 9-11.

93) Alexander Wendt, "Identity and Structural Change in International Politics," in Yosef Lapid and Friedrich Kratochiwil ed., *The Return of Culture and Identity in IR Theory*, Boulder: Lynne Reinner, 1996, pp. 48-51.

다.[94] 따라서 미국과 중국의 외교도 양국 간 상호작용에 따른 정체성에 따라 변화되거나 유지될 수 있다는 것이다.

특히 구성주의이론은 국가들의 정체성을 타 국가와의 상호작용에 의해서만 구성되는 역할정체성과 이런 역할정체성을 바탕으로 '자국'과 '타국'의 일체화 여부를 결정하는 집단정체성으로 구분한다.[95] 예컨대 중소분쟁 이후 냉전기간 동안 소련이라는 공통의 적을 대응하는 상황에서의 미중 간 상호작용은 상호 '협력국'이라는 정체성을 구성하게 했지만 상호의존성, 공동운명, 동질성 등이 독립변수로 작용하여 양국의 정체성을 일체화시키는 집단정체성은 구성하지 못했던 것이다.[96]

특히 구성주의이론은 국가들의 상호작용에 영향을 미치는 구조도 사회적으로 구성된다고 주장한다. 즉 국가들의 상호작용에 영향을 미치는 무정부상태도 일률적으로 '만인에 대한 만인의 투쟁상태'와 같은 전면적인 적대적 상태가 아니라 국가들의 상호작용에 따라 다른 성격의 무정부상태가 구성된다는 것이다. 이에 구성주의이론은 무정부상태도 국가들의 상호작용에 따라 적대적인 홉스적(Hobbsian) 무정부상태, 경쟁적인 로크적(Lockean) 상태 그리고 친선적 관계로 간주하는 칸트적(Kantian) 상태 등으로 다르게 구성될 수 있다고 주장한다.[97]

이런 맥락에서 구성주의이론은 미중관계는 과거 냉전기간 동안의 미국과 소련의 적대적인 홉스적 무정부상태가 아닌 경쟁적인

94) 박건영 외 역, Alexander Wendt 저, *op. cit.*, pp. 329−334.

95) *ibid.*, pp. 318−339.

96) Alexander Wendt, "Identity and Structural Change in International Politics," *op. cit.*, pp. 55−56.

97) 박건영 외 역, Alexander Wendt 저, *op. cit.*, pp. 368−438.

로크적 무정부상태에서 전개되고 있다고 주장한다. 차이메리카(Chimerica) 현상이 보여주듯이 미국과 중국은 서로를 제거의 대상 또는 적대의 대상이라기보다는 경쟁과 협력이 공존하는 경쟁적 상태에서 상호작용이 전개된다는 것이다.[98)]

따라서 구성주의이론은 미국과 중국의 외교경쟁을 양국 간 상호작용에 따른 정체성의 변화에서 기인한다고 주장한다. 협력적 정체성을 구성하는데 기여했던 '공동의 적'인 소련이 사라지고 중국이 급격히 부상하면서 양국의 정체성도 변화했다. 특히 중국의 지속적인 부상으로 중국은 스스로 '강대국'의 정체성을 규정했으며 '패권국'의 정체성을 가진 미국도 중국과의 상호작용을 통해 중국의 정체성을 '경쟁국'으로 변화하며 양국 간 '외교경쟁'이 전개되었다는 것이다. 즉 부상을 거듭하는 중국이 아시아지역에서의 영향력을 확대하며 스스로 '초강대국' 정체성을 규정했고 서브프라임 모기지 사태 발생으로 경제적 쇠퇴에 직면한 미국은 중국을 더 이상 '협력국'이 아닌 '경쟁국'으로 규정함에 따라 각각 초강대국의 역할정체성을 규정하는 미국과 중국은 경쟁적 외교를 전개하게 된다는 것이다.[99)]

따라서 중국의 새로운 정체성이 중국으로 하여금 미국과 대등한 관계를 추구하는 '균형외교'를 전개하게 했으며 '패권국'의 정체성을 유지하는 미국도 '도전국' 또는 '경쟁국'의 정체성을 가진 중국을

---

98) Niall Ferguson, "Niall Ferguson Says U.S.–China Cooperation Is Critical to Global Economic Health," *The Washington Post*, November 17, 2008. (2016/4/19검색) http://www.washingtonpost.com/wp-dyn/content/article/2008/11/16/AR2008111601736.html

99) Gilbert Rozman, ed., *National Identities and Bilateral Relations: Widening Gaps in East Asia and Chinese Demonization of the United States*, Stanford, Cal.: Stanford University Press, 2013.

견제하는 '재균형외교'를 채택하게 되었다는 것이다. 미국과 중국의 '패권국' 또는 '지역 초강대국'이라는 역할 정체성의 충돌에 의해 치열한 외교경쟁이 전개된다는 것이다.

III. 미국 오바마정부의 '재균형외교'

오바마대통령은 2009년 1월 취임 연설에서 경제회복과 패권국으로서의 미국의 역할을 강조하는 새로운 책임의 시대(new era of responsibility)를 주장했다.[100] 이에 오바마정부는 군사력 중심의 하드파워 외교를 전개했던 조지 부시정부와는 달리 외교(Diplomacy)와 개발(Development)을 군사력과 더불어 미국외교의 핵심적 수단으로 강조하기 시작했다.[101] 특히 경제위기를 극복하고 미국의 패권적 위상을 유지하기 위해 오바마대통령은 역동적으로 발전하고 있는 아시아지역과의 협력관계에 집중하는 차원에서 본인을 "미국의 첫 번째 대통령"으로 규정했다.[102] 오바마대통령은 이미 집권 전에 발간한 그의 저서 『담대한 희망(The Audacity of Hope)』에서 아시아와의 관계의 핵심은 중국이며 중국과의 핵심은 경제관계로 규정한바 있다.[103] 이에 경제

100) The White House, Office of the Press Secretary, "President Barack Obama's Inaugural Address," January 21, 2009. (2016/3/29 검색) https://www.whitehouse.gov/blog/2009/01/21/president-barack-obamas-inaugural-address

101) Richard Armitage and Joseph S. Nye. *A Smarter, More Secure America*, Washington DC: CSIS, 2007, pp. 5-14.

102) The White House, Office of the Press Secretary, "Remarks by President Barack Obama at Suntory Hall," November 14, 2009. (2016/3/29 검색) https://www.whitehouse.gov/the-press-office/remarks-president-barack-obama-suntory-hall

위기 속에서 출범한 오바마정부는 아시아지역을 위기 극복을 위한 성장동력으로 간주하고 중국과의 협력을 강화하는 외교를 전개하기 시작했다.

이런 맥락에서 힐러리 클린턴(Hillary Clinton)국무장관도 집권 초기부터 아시아는 물론 세계적 범위에서의 중국 역할의 중요성을 강조하며 미중 간 협력의 필요성과 상호 이익적 측면을 주장했다.[104] 클린턴국무장관의 이러한 중국에 대한 역할 인식은 2009년 2월에 있었던 미중 외교부장관 회담에서 보다 구체적으로 적시되었다. 클린턴장관은 미중 협력의 심화와 확대를 강조하며 세계경제 위기 극복 등 국제사회 다양한 분야에서의 양국의 지도적 역할을 강조하며 양국 간 협력의 제도화를 위한 투 트랙의 고위급 전략경제대화(high-level strategic and economic dialogue) 추진도 제안했다.[105] 이러한 미국의 중국에 대한 정체성은 오바마대통령의 연설에서도 보다 선명하게 드러났다. 2009년 미중전략경제대화에서 오바마대통령은 미중관계가 21세기 세계를 규정할 만큼 중요하다고 강조하며 미국의 중국봉쇄 주장을 거부하고 중국을 협력적 동반자로 규정했다.[106]

---

103) Barack Obama, *The Audacity of Hope: Thoughts on Reclaiming the American Dream*, New York: Random House, 2006.

104) Hillary Clinton, "U.S.-Asia Relations: Indispensible to Our Future," Remarks at the Asia Society, New York, February 13, 2009. (2016/3/29 검색) http://www.state.gov/secretary/20092013clinton/rm/2009a/02/117333.htm

105) Hillary Clinton, "Toward a Deeper and Broader Relationship With China: Secretary of State Hillary Rodham Clinton's Remarks with Chinese Foreign Minister Yang Jeichi," Beijing, February 21, 2009. http://www.humanrights.gov/secretary-clinton-toward-a-deeper-and-broader-relationship-with-china.html

106) Barack Obama, "Remarks by the President at the U.S./China Strategic and Economic Dialogue," Washington D.C., July 27, 2009. (2016/3/29 검색)

즉 오바마정부는 집권 초기 중국을 G-2의 위상으로 인정하며 세계경제위기를 함께 극복할 전략적 동반자로 간주하며 다양한 분야에서의 협력외교를 전개했던 것이다. 따라서 오바마대통령은 중국에 대한 협력적 동반자의 정체성을 바탕으로 경제회복, 에너지, 핵확산방지 그리고 테러와 같은 초국가적 위협 등의 분야에서 양국 간 협력을 강조했다.[107] 특히 오바마정부는 경제위기 상황에서 집권했기 때문에 조속한 경제회복을 위해 중국의 경제협력을 적극적으로 요구했던 것이다.

이런 맥락에서 오바마대통령은 중국에 대한 '책임있는 강대국'이라는 정체성에 기반하여 2009년 11월 중국 방문 과정에서 중국에 대해 환율 재평가와 무역불균형 개선, 기후변화문제, 북한 및 이란 핵문제 등에 대한 협력을 요청했다.[108] 그러나 오바마정부의 환율 재평가 요청 등에 대해 중국은 거부의사를 분명히 했다.[109] 더욱이 미국이 함께 요구했던 기후변화와 이란 및 북한 핵문제에 대한 협력 요청에도 부정적 입장을 견지했으며 반대로 후진타오 중국주석은 중국의 '핵심이익'과 '주요 관심사'에 대한 미국의 존중을 요구했다.[110] 특히 같은 해 12월에 코펜하겐에서 있었던 유엔 기후변화회의에서도 원자바오 중국총리가 두 번이나 오바마대통령과의 면담

---

https://www.whitehouse.gov/the-press-office/remarks-president-uschina-strategic-and-economic-dialogue

107) *ibid.*

108) 손병권, "오바마행정부 등장 이후 미중관계의 전개양상과 전망," JPI 정책포럼, 2010년 6월, p. 1.

109) Reuters, November 16, 2009. (2016/3/29 검색) http://www.nineoclock.ro/obama-says-washington-not-trying-to-contain-china/

110) 손병권, *op. cit.*, pp. 8-9.

을 기피했음은 물론 오바마대통령의 구속력 있는 검증레짐(verification regime) 창설제안도 거부하고 탄소배출량에 대한 감축안도 제시하지 않은 것은 중국의 협력의지를 의심하게 했다.[111]

미국의 협력 요구에 대한 중국의 이러한 대응은 중국을 '책임 있는 강대국' 또는 G-2의 전략적 동반자로 간주했던 오바마정부의 중국에 대한 정체성을 변화시키는데 기여했다. 즉 오바마정부의 중국에 대한 정체성이 전임 정부인 조지 부시정부의 '전략적 경쟁자'의 정체성으로 회귀되기 시작했던 것이다. 특히 2010년 초반부터 발생된 구글(Google) 해킹에 대한 양국 간 논란은 미국의 중국에 대한 정체성 변화를 강화시키는 요인으로 작용했다.

중국에 대한 '경쟁국'의 정체성 규정은 빠르게 오바마정부의 외교기조의 변화를 불러왔다. 2010년 1월 29일 오바마정부는 대만에 대한 60억 달러 규모의 무기수출을 결정했으며 중국과의 관계를 감안해서 연기했던 오바마대통령의 달라이 라마의 면담도 무기수출 결정 당일 함께 발표했다.[112]

이러한 미국의 대중국 정체성 변화는 2010년에 발생한 중일 간 조어도 영유권분쟁과 천안함 사건 등에서 나타난 중국의 행태로 더욱 가속화되었다. 2010년 3월에 발생한 천안함 사건으로 한미해군이 서해에서 합동훈련을 실시하려하자 중국은 적극적으로 반대입장을 분명히 했으며 2010년 9월 일본과의 영유권분쟁에서도 군사

---

111) Bonnie Glaser, "U.S.-China Relations: Obama-Hu Summit: Success or Disappointment?" Comparative Connection, January 2010, p. 7. http://csis.org/files/publication/0904qus_china.pdf (2016/4/7/ 검색)

112) 연합뉴스, 2010년 2월 1일. (2016/4/7/ 검색) http://www.yonhapnews.co.kr/bulletin/2010/02/01/0200000000AKR20100201167400009.HTML

적 수단을 사용할 의지를 보이며 공격적인 행태를 이어갔다. 더욱이 2010년 5월 북경에서 개최된 미중전략경제대화에서 중국은 대만과 티베트를 '핵심이익'으로 규정하고 이에 대한 미국의 존중을 강조했다.[113]

이러한 2009년에서 2010년 사이의 일련의 미국과 중국의 상호작용은 미국의 대중국 정체성을 잠재적 '협력국'에서 실질적 '경쟁국' 또는 잠재적 '패권 도전국'으로 전환시켰다. 오바마정부는 2011년부터 본격적으로 미국의 아시아-태평양지역에서의 패권국으로서의 역할유지를 명확히 함으로서 부상하는 중국에 대한 '재균형외교' 추진을 강조했다.[114]

오바마정부의 '재균형외교 정책'은 클린턴국무장관이 2011년 10월 『Foreign Policy』저널에 실은 글과 2011년 11월 오바마대통령의 호주의회 연설에서 처음 구체적으로 드러났다.[115] 최근에는 오바마정부가 공식적 외교기조로 설정하면서 그 내용을 보다 체계적으로 제시하고 있다.[116] 우선 미국은 현상유지를 목표로 '재균형외교'

---

113) Zhu Zhiqun and Courtney Fu Rong, "U.S.-China Strategic and Economic Dialogue 2010," EAI Background Brief No. 532, p. 6. http://www.eai.nus.edu.sg/publications/files/BB532.pdf (2016/4/7/ 검색)

114) The White House, Office of the Press Secretary, "Remarks by President Barack Obama to the Austrrlian Parliament," November 17, 2011. (2016/3/29 검색) https://www.whitehouse.gov/the-press-office/2011/11/17/remarks-president-obama-australian-parliament

115) *ibid.*; Hillary Clinton, "America's Pacific Century," *Foreign Policy*, October 2011. http://foreignpolicy.com/2011/10/11/americas-pacific-century/ (2016/3/30 검색)

116) The White House, Office of the Press Secretary, "Fact Sheet: Advancing the Rebalance to Asia and the Pacific," November 16, 2015. https://www.whitehouse.gov/the-press-office/2015/11/16/fact-sheet-advancing-rebalance-asia-and-pacific (2016/4/20 검색)

를 전개한다. 즉 미국이 만들고 유지해온 가치와 원칙들을 유지함으로서 기존 질서의 유지를 추진한다는 것이다. 이를 위해 오바마 정부가 추진하는 '재균형외교'의 내용은 다음과 같다. 첫째, 아시아 지역의 기존 동맹국들과의 관계를 심화시키는 것이다. 즉 미국은 한국, 일본, 호주, 필리핀 등 기존 동맹국들과의 관계를 강화하고 미국의 최고의 군사역량을 아시아지역에 배치함으로서 국방태세를 강화하는 것이다.117) 이런 맥락에서 미국은 일본과의 방위협력지침을 개정해 일본의 안보역할을 강화했으며 호주 다윈에 기지를 구축하고 해병대를 배치했다. 아울러 필리핀과의 합동군사훈련 실시와 재주둔을 결정했으며 사드의 한국 배치 등 주한미군과 한국군 역량 현대화 등을 추진하고 있다.

둘째, 미국은 싱가포르, 베트남, 말레이시아, 인도네시아, 인도 등 아시아의 '신흥 동반자(emerging partners)'국가들 그리고 비공식적 관계에 있는 대만 등과의 협력강화 외교를 추진하는 것이다. 오바마대통령은 이들과의 관계강화를 '재균형외교'의 핵심으로 간주하고 있다. 예컨대 미국은 말라카해협의 해당 국가인 말레이시아와 싱가포르와 미함정 주둔 등 해양안보협력을 강화하고 있으며 환태평양동반자협정(TPP) 등 경제적 협력도 강화하고 있다. 미국은 인도네시아와도 2015년 정상회담에서 새로운 전략적 동반자관계를 구축함으로서 정치, 경제, 안보분야에서의 협력을 강화하였다. 특히 미국은 과거 '적국'이었던 베트남과의 관계를 강화하고 있다. 베트

---

117) 태국은 장기간의 동맹관계에 있지만 군부쿠테타 발생 이후 동맹유지 수준에서 접근하고 있다. Scott Snyder, "Obama's Asia Rebalance In His Own Words," *Forbes*, Nov. 24, 2014. http://www.forbes.com/sites/scottasnyder/2014/11/24/obamas-asia-rebalance-in-his-own-words/#514aaa7933d4 (2016/4/7/ 검색)

남과 해군합동군사훈련 등 해양안보협력을 강화함은 물론 TPP를 통한 경제협력도 추진하고 있다. 오바마정부는 인도와의 협력 강화를 강조하고 있다. 미국은 인도와 정기적인 합동군사훈련을 실시하고 있으며 2015년 1월에는 '고위 미-인도 전략통상대화'체계를 구축하여 미-인도협력을 경제 및 환경분야로 확대했으며 '10년 방위체계합의'를 체결함으로서 인도양에서의 양국 간 협력을 강화하고 있다.118) 더 나아가서 미국은 중국의 오랜 동맹국인 미얀마와의 관계를 개선하고 민주화와 시장경제로의 이전을 지원하고 있다.

셋째, 오바마정부의 '재균형외교'는 동아시아정상회의(the East Asia Summit)와 같은 지역다자기구에 참여하는 것이다. 미국은 아시아지역 다자기구에 참여를 통해 역내 정치 및 안보 이슈들에 대한 제도적 접근을 강화하고 있다. 이런 맥락에서 미국은 EAS 회원국으로 참여하고 있으며 ASEAN과의 관계도 강화하여 ASEAN에 최초의 상주대사를 파견했다.

넷째, 오바마정부의 '재균형외교'는 경제분야에서의 재균형도 강조한다. 중국의 경제적 영향력이 강화되면서 미국의 경제적 영향력은 감소했다는 점에서 무역 및 투자 증대를 통해 재균형을 추진하는 것이다. 이런 맥락에서 미국은 2008년 TPP에 가입하고 이를 주도적으로 확대하여 결국 2015년 12월에 12개국이 참여하는 TPP협상을 최종타결하는데 성공했다. 즉 미국은 TPP를 통해 아시아국가들의 '중화경제권'으로의 흡수를 저지하며 경제적 구심점을 회복하려는

---

118) The White House, Office of the Press Secretary, "The Highlights of President Obama's Visit to India," January 26, 2015. (2016/3/29 검색) https://www.whitehouse.gov/blog/2015/01/26/highlights-president-obamas-visit-india

것이다.

다섯째, 미국의 '재균형외교'는 아시아지역에서의 광범위한 군사력 배치로 지원받는다. 미국은 전체적인 군비감축에도 불구하고 미국 전체 군사력의 60%를 아시아지역에 배치할 것을 결정함으로서 실질적인 재균형을 추진하고 있다. 특히 B-2스텔스 폭격기, B-52 스트래토포트리스, F-22 전투기, X밴드 레이더 등 최첨단의 무기들을 아시아지역에 배치함으로서 재균형정책의 핵심인 '모든 영역접근 전략(all domain access strategy)'을 지원하고 있다.[119)]

여섯째, 미국의 '재균형외교'는 민주주의와 인권과 같은 보편적 가치 및 원칙을 강조하는 것이다. 인권, 자유, 민주주의, 평화적 분쟁해결, 법치, 항해의 자유, 자유경제질서 등 미국이 강조해왔던 보편적 가치와 원칙들을 견지함으로서 국제사회 운영원리의 주도권을 유지하겠다는 것이다.

일곱째, 미국은 중국을 '재균형외교'의 주요 대상으로 추진하고 있지만 중국에 대한 관계 강화도 동시에 전개한다. 이는 중국이 과거 소련과 같은 '적대국'의 정체성으로 규정하지 않고 있음을 보여주는 것이다. 즉 중국을 봉쇄하기 위한 성격도 있지만 중국을 구성하려는(shape) 목적도 있는 것이다. 이런 맥락에서 오바마정부는 중국을 강대국으로 인정하여 최고위급 미중전략경제대화를 정례화하며 국제사회에서의 책임있는 역할을 요구했다.

이렇듯 오바마정부의 '재균형외교'는 중국을 '경쟁국'으로 인식하고 중국을 견제하고 미국의 패권적 위상과 주도적 역할을 유지하려는 전략의 일환인 것이다.

---

119) 이성우, "아시아와 중국의 아시아: 아시아로 회귀와 신형대국관계의 충돌," 『국제정치논총』, 第54집 2호, 2014, pp. 255-256.

Ⅳ. 중국 시진핑정부의 '균형외교'

중국은 갑작스러운 미국의 경제위기 상황에서 자국 위상의 상대적 격상으로 인한 정체성의 혼란을 겪었다. 중국은 국내총생산(GDP) 기준으로 2007년 독일을, 2010년 일본을 추월하는 경제력을 확보하면서 세계 2위의 '경제대국'이 되었지만 1억5천만 명 이상이 빈곤상태에 존재하는 상황에서 '경제부국'이라고 규정할 수 없다는 인식이 있다.[120] 이런 과도기적 정체성의 상황에서 미국의 중국에 대한 일방적 G-2 규정과 세계경제위기에 대한 협력적 역할 요구는 중국으로 하여금 서방국가들이 그들의 문제해결에 대한 부담을 중국과 같은 국가들에게 전가시키는 것으로 인식하게 했다는 것이다.[121] 즉 중국이 공공재를 제공할 능력을 가지고 있지 못하거나 또는 능력은 있으나 제공할 필요성 또는 의지가 없다는 이중적 인식은 2008년의 세계적 금융위기 환경에서 중국의 이중적 역할정체성을 보여주는 것이고 미국과 유럽에 상반된 행태를 전개하는 배경이었다.

이런 맥락에서 원자바오 당시 중국총리는 유럽순방 과정에서 미국이 제시한 G-2 역할론을 부정하며 "일부는 국제사회 현안들이 미국과 중국에 의해 관리될 수 있다고 주장하지만 나는 그런 주장이 틀렸다고 보며 다극화와 다자주의가 세계시민들의 의지를 대변한다"라고 주장했다.[122] 특히 원자바오총리는 중국은 경이로운 성장

---

120) Liping Liu, "China can hardly Rule the World," *Contemporary International Relations*, Vol. 21, No.1, Jan/Feb 2011.

121) Zonglei Wei and Yu Fu, "China's Search for an Innovative Foreign Strategy," *Contemporary International Relations*, Vol. 21, No. 3, May/June 2011.

122) Xinhua News, "Chinese Premier rejects allegation of China, U.S.

에도 불구하고 개발도상국 상태에 머물러 있다고 주장함으로서 중국의 정체성을 G-2가 아닌 '개도국'으로 규정했다.[123]

하지만 원자바오총리는 같은 유럽 순방기간 동안 유럽금융위기에 대한 중국의 긍정적 역할을 강조함으로서 '공공재'를 제공할 의사가 있는 강대국임을 스스로 인정했다. 더욱이 프라하 중-EU 정상회담에서 원자바오총리는 "중국은 평화를 위한 독자적인 정책을 추진할 것"이라고 주장함하며 중국을 '개도국'인 동시에 '강대국'이라는 이중의 정체성으로 규정했으며 기존 국제사회 운영원리를 따르는 국가가 아닌 운영원칙을 제시하는 '규칙제정자(rule-maker)'임을 분명히 했다.[124]

이러한 맥락에서 중국은 세계경제위기의 진원지인 미국이 '개도국'인 중국에게 협력을 요구하는 것은 부당하다고 간주하여 방어적 행태를 전개했던 것이다. 특히 코펜하겐에서의 미국 요구 거부와 2009년 11월의 미중정상회담에서 후진타오 중국주석의 미국에 대한 중국의 '핵심이익' 존중 요구는 '강대국'으로서 자국의 이익에 부합하는 규칙제정자의 정체성을 강조한 것이다.[125] 양보할 수 없는 이익의 개념인 '핵심이익'은 지킬 수 있는 힘을 전제로 하는 개념이라는 점에서 '강대국'의 정체성이 내재되어있다. '핵심이익' 개념

---

monopolizing world affairs in future," 2009/5/21. http://news.xinhuanet.com/english/2009-05/21/content_11409799.htm (2016/4/7/ 검색)

123) *ibid.*

124) Xinhua News, "China-EU relationship has potential of further development," 2009/05/21. http://news.xinhuanet.com/english/2009-05/21/content_11409944.htm (2016/4/7/ 검색)

125) White House, Office of the Press Secretary, "U.S.-China Joint Statement," November 17, 2009, Beijing, China, http://www.whitehouse.gov/the-press-office/us-china-joint-statement (2016/4/7/ 검색)

은 2004년에 중국에서 처음 언급되었지만 2008년부터 2010년 사이에 중국의 대표 신문인 〈인민일보〉에 언급 횟수가 급격히 증가되었다.[126] 이는 중국 내부에서 이미 다른 국가들의 이해관계와 무관하게 자국의 국가이익을 최우선시 하는 '핵심이익' 개념이 공론화할 만큼 중국 스스로 '강대국'의 정체성을 부여했다는 것이다.

미국의 여러 분야에서의 협력 요청에 대한 중국의 거부에 대해 미국이 대만 무기판매 및 오바마대통령 달라이 라마 면담으로 대응을 하면서 중국의 미국에 대한 반발은 급등했고 미중관계는 급속히 경색되었다. 이러한 경색국면을 완화하기 위해 2010년 3월 미국 스타인버그국무부장관이 베이징을 방문하고 후진타오주석이 4월 워싱턴 핵안보정상회의에 참석했으며 5월에는 베이징에서 제2차 미중전략경제대화가 개최되었다. 그러나 천안함 사건으로 인한 한미합동군사훈련과 중일조어도 영유권 분쟁 등의 사안에서 미국과 중국은 대결적 상호작용을 이어갔다.

'개도국'의 정체성을 강조했던 '도광양회'로부터 '강대국'의 정체성을 강조하는 '평화발전' 또는 '책임대국'외교로의 전환은 2011년에 발간된 『평화발전 백서』에서 '핵심이익'개념을 명확히 정리하면서 공식화되었다. 백서는 중국의 '핵심이익'을 "국가주권, 국가안보, 영토통합과 통일, 정치체제와 사회안정 그리고 지속가능한 경제 및 사회 발전"을 포함한다고 규정하고 있다.[127] 이어 2012년 중국공

126) 인민일보에서 2004년 핵심이익 언급 횟수가 25회 이었던 것이 2008년 95회, 2009년 260회, 2010년 325회로 증가했다. Michael Swaine, "China's Assertive Behavior: Part One: On "Core Interests," China Leadership Monitor, 34, p. 4. http://carnegieendowment.org/files/CLM34MS_FINAL.pdf (2016/4/7/ 검색)

127) Information Office of the State Council, White Paper on China's

산당 제 18차 전당대회에서 채택한 정치보고서는 중국을 '책임대국'으로 명기함으로서 공식적으로 강대국의 정체성을 확인했다.[128)]

중국은 이러한 '강대국'의 정체성을 바탕으로 2012년부터 '신형대국관계'를 중심 외교기조로 추진하고 있다. 2012년 2월 시진핑 중국부주석이 미국방문 과정에서 21세기 주요 강대국들의 관계를 규정하는 신형대국관계를 처음 언급함으로서 중국의 정체성을 '주요 강대국'으로 규정했다. 이는 중국을 강대국으로 규정함으로서 미국과의 대등성을 강조하는 것이며 이런 대등성의 전제아래 미국과 중국의 상호 협력과 공존을 강조했다. 당시 시진핑부주석은 협력적 신형대국관계 형성을 위한 4가지 방안을 주장했는데 첫째, 전략적 신뢰 증진, 둘째, 상호 '핵심이익'에 대한 존중, 셋째, 상호이익의 심화, 넷째, 국제현안에 대한 조정과 협력 등을 제시하고 있다.[129)] 이어 5월에 베이징에서 열린 제4차 미중전략경제대화에서 후진타오 중국주석은 보다 구체적으로 2009년의 원자바오총리의 '미중역할론'에 대한 부정적 입장을 뒤집는 주장을 제기하였다. 특히 후진타오주석은 주요 강대국들은 반드시 충돌한다는 전통적 믿음체계가 틀렸음을 증명하는 새로운 관계형성을 주장했으며 이를 위해 양국의 대등성이 주요 조건임을 강조했다.[130)] 이는 중국이 미국을

Peaceful Development, Beijing, September 2011.

128) 차창훈, "중국의 신형대국관계 제기에 대한 일 고찰: 내용, 배경, 및 평가를 중심으로," 『한국정치학회보』, 제48집, 제4호, 2014, p. 6.

129) "Speech by Vice President Xi Jinping at Welcoming Luncheon Hosted by Friendly Organizations in the United States, February 15, 2012. http://www.china-embassy.org/eng/zmgxss/t906012.htm (2016/4/5 검색)

130) "Promote Win-Win Cooperation and Build a New Type of Relations Between Major Countries," Address by H.E. Hu Jintao, President of the People's Republic of China, At the 4th Round of The China-U.S.

'선도자'로 중국은 '지원자'의 관계로 인식하지 않고 각각 독립적 주체로서 각자의 방식으로 국제사회에서의 역할을 수행할 수 있음을 강조하는 것이다.

이러한 초기 신형대국관계에 대한 주장들은 2013년 6월 오바마-시진핑 미중정상회담에서 시진핑주석의 설명으로 최종적으로 정리되었다. 시진핑주석은 신형대국관계의 핵심은 첫째, 불충돌과 비분쟁, 둘째 상호존중, 셋째, 윈-윈(win-win)을 위한 협력으로 규정했다.[131] 시주석의 신형대국관계는 과거 대국들과 같은 대결의 관계를 지양하고 대등한 위상으로 각국의 '핵심이익'과 운영원리를 상호 존중함으로서 결과적으로 상호 이익이 될 수 있는 협력을 추진하자는 것이다. 요약하면 신형대국관계의 핵심은 상호 대등한 위상에서 '핵심이익'의 독자성을 서로 인정하는 조건에서의 협력적 관계인 것이다. 즉 시진핑정부의 '신형대국관계론'은 중국의 '강대국' 정체성을 바탕으로 미중 간 균형과 대등성이 협력적 관계의 전제 조건이며 이런 측면에서 미국의 '재균형외교' '아시아 회귀'에 대한 '균형정책'이다.[132] 따라서 시진핑정부의 '신형대국관계'는 냉전시기 미소 간 힘의 대결적 성격의 균형보다는 미중 간 '대등성'과 '독자성'을 강조하는 개념이지만 패권국인 미국에 대해 대등한 역량과 위상을 추구한다는 점에서 '균형성'도 포함하고 있는 것이다.

Strategic and Economic Dialogue, Beijing, May 3, 2012. http://www.china-embassy.org/eng/zmgx/t931392.htm (2016/4/5 검색)

131) "Xi-Obama Summit Opens New Chapter in Trans-Pacific Cooperation," 신화통신, 2013-06-09, http://news.xinhuanet.com/english/china/2013-06/09/c_132444094.htm (2016/4/9 검색)

132) 이정남, "중미관계에 대한 중국의 인식: '이익 상관자,' 'G2'와 '신형강대국관계'를 중심으로," 『현대중국연구』, 제15집, 제1호, 2013, pp. 54-55.

시진핑주석이 미중정상회담에서 신형대국관계의 내용을 명확히 하면서 중국의 외교는 다양한 분야에서 '균형외교' 기조의 틀 속에서 '대등성' '균형성' '독자성'을 강조하며 전개되고 있다. 첫째, 중국의 '균형외교'는 미국의 '재균형 정책'에 대한 대응이라는 의미에서 미국의 남·동중국해 영유권분쟁 개입에 대해 적극적으로 반대를 표명하며 미국의 분쟁 상대국과 관계강화 외교에 대해 중국도 캄보디아, 태국 등 주변국들과의 관계를 강화하는 외교를 전개하고 있다.[133] 특히 중국은 이 지역의 영유권을 양보할 수 없는 '핵심이익'으로 규정하며 미국의 개입에 대해 '반접근/지역거부(anti-access/area-denial)' 전략의 힘을 바탕으로 한 균형외교를 전개하고 있는 것이다. 같은 맥락에서 미국이 아프가니스탄 공격을 위해 중앙아시아국가들에 군사기지를 구축하는 등 협력을 강화하자 중국은 상하이협력기구(SCO)의 창설을 주도하며 미국의 역내 영향력 확대를 견제했다.[134] 더 나아가 중국은 러시아 등 SCO 회원국들과 매년 대테러합동군사훈련을 전개하는 등 다극화외교를 추진했다. 둘째, 중국의 '균형외교'는 경제분야에서도 적극적으로 추진되고 있다. 2008년 미국과 유럽의 경제위기에도 불구하고 IMF 지배구조의 변화가 없자 중국은 경제력 변동을 감안하는 개발도상국의 균형있는 권리를 위한 개혁을 촉구했다.[135] IMF이사회를 통한 지배구조개선 노력에도 불구하고 미국의회의 비준거부로 개혁이 이루어지지 않자 중국

---

133) 김기석, "미국의 재균형정책과 동아시아 지역질서: G2 동학과 지역국가의 대응," 『21세기정치학회보』, 제23집, 3호, 2013, pp. 183-184.

134) 김옥준, 김관옥, "상하이협력기구의 중국 국가안보전략에서의 함의," 『중국연구』 제43집, 2008.

135) 『新华网首页』, 2009년 3월 13일. http://news.xinhuanet.com/video/2009-03/13/content_11005123.htm (2016/3/10 검색)

은 중국 스스로가 주도하는 국제금융기관들의 창설을 주도했다.136) 중국은 2014년 브라질에서 개최된 브릭스(BRICS)정상회의에서 미국 중심의 세계은행에 맞서는 신개발은행(New Development Bank) 창설을 주도했다. 브릭스개발은행으로도 불리는 NDB는 '미니 IMF'로 불리는 위기대응기금도 마련함으로서 국제금융질서의 다극화를 추동하기 시작했다. 신개발은행과 더불어 중국은 2013년 아시아인프라투자은행(AIIB)의 창설을 추진하기 시작했다. 미국의 반대에도 불구하고 영국과 한국 등 다수의 국가들이 참여를 선언하면서 AIIB는 미국과 일본 중심의 아시아개발은행(ADB)의 대안으로 등장했다. 즉 NDB와 AIIB는 미국 중심의 국제금융체제에 대한 중국의 '균형외교'의 일환인 것이다. 특히 AIIB에서 중국의 '거부권' 포기 등 미국식 운영원리가 아닌 중국의 독자적 의사결정 원리를 제시함으로서 '규칙 제정'의 정체성을 뚜렷이 하고 있다.

셋째, 중국의 이런 '균형외교'는 국제무역분야에서도 추진되고 있다. 미국이 2008년 경제위기와 더불어 환태평양동반자협정(Trans Pacific Partnership: TPP)에 참여하며 이를 주도 및 확대함으로서 국제무역질서의 새로운 구심점을 형성하려 하자 중국도 2012년부터 아세안이 제안했던 '역내 포괄적 경제동반자협정(Regional Comprehensive Economic Partnership: RCEP)'을 대신 주도하기 시작했다. 즉 중국은 미국이 TPP를 중심으로 더 많은 아시아-태평양국가들을 자유무역지대로 포함시키려는데 대해 RCEP를 통해 '균형'을 추구하는 것이다.137)

---

136) IMF 지배구조 개선은 미국의회의 비준 연기로 발효되지 못하였으나 2016년 1월 26일부터 새로운 지배구조가 효력을 발휘하기 시작했다. IMF April 28, 2016. (2016/4/28 검색)
http://www.imf.org/external/np/sec/memdir/members.aspx

137) 김관옥, "경쟁을 위한 협력: 미중 지역무역기구 경쟁," 『한국동북아

다섯째, 미국은 인도, 싱가포르, 말레이시아, 인도네시아 등과의 협력을 강화함으로서 말라카해협 및 인도양 등에서의 장악력을 유지, 강화하고 있다.138) 이 항로는 중국의 에너지 및 자원수송의 80%를 담당하는 해역이며 미국의 이 지역에 대한 장악력은 중국의 취약성으로 이어진다. 이에 중국은 시진핑 중국주석이 2013년 중앙아시아 순방과정에서 처음 제시한 '일대일로' 전략을 통해 중국 영향력의 서진(西進)을 공식화하고 있다. 중국은 이를 위해 스리랑카, 미얀마, 파키스탄 등과의 협력을 강화하고 궁극적으로 유럽과의 교류 및 협력을 강화함으로서 미국의 일방적 주도권을 견제하겠다는 것이다. 특히 중국은 미국의 '재균형정책'의 핵심은 중국을 포위하는 것으로 간주하고 이에 '일대일로' 전략을 통해 포위를 약화시키고 '균형'을 추진하려는 시도인 것이다.139)

따라서 시진핑시대의 중국은 '개도국'의 정체성보다는 '강대국'의 정체성을 전제로 미국과 대등한 위상과 역량을 지향하며 자국 고유의 운영원리를 국제사회에 제도화하는 '신형대국관계'를 추구하는 것이다.

논총』, 제19집, 제2호, 2014, pp. 19-21.

138) "Obama in India: India, US renew defense framework pact for next 10 years," 『India』 Jan. 25, 2015. http://www.india.com/news/india/obama-in-india-india-us-renew-defence-framework-pact-for-next-10-years-260348/ (2016/4/29 검색)

139) 서정경, "지정학적 관점에서 본 시진핑 시기 중국 외교: 일대일로전략을 중심으로," 『국제정치논총』, 제55집, 제2호, 2015, p. 240-241.

V. 결론

미국과 중국은 위에서 살펴본바와 같이 경쟁적 외교를 치열하게 전개하고 있다. 하지만 양국의 이런 외교경쟁은 외교기조의 변화에서 비롯되었다. 경제위기 상황에 있던 미국 오바마정부는 집권초기 대중국 협력외교를 추진했으나 곧 '재균형외교'로 전환했으며 2008년부터 매우 공세적인 외교를 전개하던 중국은 시진핑정부 등장과 함께 '신형대국관계'와 같은 대등과 균형을 전제로 하는 상생외교를 본격적으로 추진하고 있다.

이런 미국과 중국의 외교기조 변화는 국가이익과 행태가 외부적으로 이미 결정된 것으로 주장하는 현실주의이론은 설명에 한계가 있는 것이다. 즉 현실주의이론이 국가의 행태를 결정하는 요소로 주장하는 국가 간 힘의 분배상태 등과 같은 힘의 요소의 변화가 없는 상태에서 미국과 중국외교의 변화는 설명하기 어려운 것이다. 이는 현실주의이론의 주장과는 달리 미국과 중국외교의 변화는 물질적 역량의 변화가 아닌 다른 요인에서 비롯되었다는 것을 의미한다.

연구결과는 본 연구가 주장한 바와 같이 미국과 중국의 외교는 양국 간 상호작용 속에서 구성된 각국의 정체성 변화에 중요한 영향을 받았다. 오바마정부는 집권초기 쇠퇴하는 패권국의 정체성 속에서 경제회복과 현상유지를 위해 부상하는 중국을 G-2 즉 '협력적 강대국'으로 규정하며 협력적 외교를 추진했지만 자국의 정체성을 '개도국'으로 상정하면서 미국과 같은 패권국이 '개도국'에 공공재 제공을 요청하는 것을 부당하다고 간주하는 중국은 미국의 협력 요청을 거부하는 공세적 외교를 전개한 것이다.

이러한 미국과 중국의 갈등적 상호작용은 오바마정부로 하여금 중국을 미국 중심의 기존 질서에 도전하는 '경쟁국'으로 규정하게 했고 이런 정체성에 따라 중국을 견제하는 '재균형외교'가 채택된 것이다. 즉 '경쟁국'이라는 중국의 정체성이 중국 견제의 미국이익을 구성했고 이에 따라 오바마정부는 중국을 견제하는 '재균형정책'을 추진하는 것이다.

같은 맥락에서 미국의 경제적 쇠퇴와 중국의 지속적 부상의 환경에서 양국 간 분쟁적 상호작용은 중국이 스스로의 정체성을 변화시키는 요인으로 작용했다. 즉 '개도국'의 정체성을 기반으로 자기 방어적인 목적의 공세적 행태가 미중 간 불필요한 분쟁과 충돌을 불러올 수 있다는 인식하에 G-2의 '강대국'의 정체성을 수용하여 각자의 '핵심이익'을 존중하는 대등한 위상에서 상생과 공존을 추구하는 '신형대국관계'가 중국 이익에 보다 부합한다고 간주한 것이다.

구성주의이론의 주장과 같이 미중 간 정체성의 변화가 국익개념을 새롭게 규정했고 이에 따라 경쟁적 외교가 촉발되었다. 특히 중국의 자국에 대한 '강대국'의 정체성 규정은 미국의 '패권국' 역할 정체성과 충돌하면서 외교경쟁을 심화시키고 있다. 양국 간 역할정체성의 충돌이 안보와 경제 등 다양한 분야에서 '재균형외교' 대 '균형외교'의 경쟁 양상을 심화시키고 있는 것이다. 즉 본 연구가 이론적 접근법으로 채택한 구성주의이론의 주장과 같이 미국의 '재균형외교'와 중국의 '균형외교'는 양국 간 상호작용의 결과로 구성된 정체성의 변화와 역할정체성의 충돌에서 발생한 것이며 패권경쟁의 일환으로 전개되고 있다.

제 3 장

미중 군사안보패권경쟁

: 전 지역 접근전략 vs 반접근/지역거부전략

I. 서론

2013년 11월 23일 중국이 일방적으로 동중국해 상공에 방공식별구역(Air Defense Identification Zone: ADIZ)을 설정하고 이를 공식화하자 한국, 미국, 일본, 대만 등 관련 동아시아 국가들은 반대 입장을 분명히 하면서 동아시아 국가 간 긴장은 고조되었다. 특히 이어도 상공을 포함하는 한국방공식별구역 일부와 중국과 일본의 영유권 분쟁이 지속되고 있는 조어도(중국명 댜오위다오/ 일본명 센칸쿠열도) 지역이 중국이 천명한 방공식별구역에 포함되면서 중국의 방공식별구역 설정문제는 한중일 3국 사이의 주요 갈등 사안으로 부상하였다.[140] 이는 중국의 방공식별구역이 조어도와 부근 해역의 영유권 및 배타적 경제수역(Exclusive Economic Zone: EEZ)에 대한 중국의 입장을 강화하게 됨으로서 타국의 항해의 자유와 통과의 권한을 제한할 수 있다는 점에서 논란이 증폭되고 있는 것이다.

그러나 중국은 이러한 논란에 대해 이는 중국의 '핵심이익'과 정당한 권익에 관련된 사안으로서 입장변화를 기대하지 말 것을 주장하며 특히 "중국의 허락 없이 구역에 진입할 경우 격추를 각오해야 한다"고 경고하고 있다.[141] 중국의 이러한 행태는 타국의 중국 부근 영공에 대한 접근을 원천적으로 부인한다는 측면에서 미국의 접근을 겨냥한 정책인 것이다. 즉 최근 중국의 방공식별구역 설정은

140) 연합뉴스, 2013년 11월 24일. http://www.yonhapnews.co.kr/bulletin/2013/11/24/0200000000AKR20131124068600083.HTML?input=1179m (2014/4/20 검색)

141) 연합뉴스, 2013년 11월 27일. http://www.yonhapnews.co.kr/bulletin/2013/11/27/0200000000AKR20131127066800083.HTML?input=1179m (2014/4/20 검색)

미국의 접근정책 또는 개입정책에 대항하는 중국의 '반접근전략(Area Denial/Anti-Access)'의 일환으로 해석되고 있는 것이다.[142]

동중국해 지역 상공에 대한 이러한 중국의 일방적이며 공격적인 행태는 이미 남·동중국해의 영유권분쟁에서 여실히 나타난 바 있다. 2012년 4월 필리핀이 영유권을 주장하는 황암도해역에서 필리핀함정에 의해 중국어선이 나포되자 중국은 황암도해역의 영유권을 강조하며 군함을 파견하여 장기간에 걸친 대치 상황을 유지하는 공격적 행태를 보였다.[143] 더욱이 중국은 2010년부터 2014년 현재까지 높은 위험수위로 전개되고 있는 일본과의 조어도 영유권분쟁에서도 강경한 행태를 보였다. 2010년 일본순시선이 중국어선을 불법조업 혐의로 나포하자 중국은 이에 대한 다양한 보복 수단으로 일본을 압박하여 갈등을 증폭시킨 바 있다. 특히 2012년 일본정부가 조어도 국유화를 선언하자 중국의 공격적 행태는 최고조로 치달아 곧바로 조어도에 대한 영해기선을 선포하고 어업행정선과 해양감시선을 조어도 영해로 진입시킨 바 있다.[144] 이렇듯 중국은 최근 몇 년 사이에 주변국들과의 갈등관계에서 일방적이며 공격적인 행태를 견지하고 있다.

반면 미국은 서브프라임 모기지 사태 발생 이후 경제적 쇠퇴에도 불구하고 2011년 아시아로의 회귀(Pivot to Asia)정책을 천명하며 아시

---

142) Dean Cheng, "The China's ADIZ as Area Denial," *The National Interest*, December 4, 2013. http://nationalinterest.org/commentary/chinas-adiz-area-denial-9492 (2014/4/5 검색)

143) 주간조선, 2012년 5월 28일.

144) SBS, 2012년 7월 11일.
http://news.sbs.co.kr/section_news/news_read.jsp?news_id=N1001269871 (2014/1/30 검색)

아-태평양지역에서의 미국의 역할을 확대, 강화할 것임을 분명히 했다. 미의회보고서는 아시아중시외교가 중국의 지역강대국으로서 부상과 영향력 확대에 기인한 것이며 따라서 원천적 목표는 아시아지역에서 미국의 주도권을 강화하는 것이라고 밝혔다.[145] 즉 중국에 대한 힘의 재균형(rebalancing)을 강화해서 아시아지역에서 미국의 초강대국 위상을 유지하겠다는 것이다. 이에 오바마 미국대통령은 2011년 11월 호주의회연설에서 "아시아 태평양지역의 미래를 구성하는데 미국이 더 큰 역할을 장기적으로 수행할 것"이라고 주장함으로서 아시아중시외교를 공식화했다.[146] 탐 도닐론(Tom Donilon) 외교안보보좌관은 보다 구체적으로 '아시아회귀정책'은 "아시아지역에서의 무역과 항해의 자유가 방해받지 않으며 부상하는 강국들(중국)이 주변국들과 신뢰를 쌓고 분쟁이 평화롭게 해결될 수 있도록 국제법과 국제규범이 준수될 수 있게 미국의 역할을 강화하는 것"이라고 규정하고 있다.[147] 명백히 중국을 겨냥하며 아시아에서의 미국의 역할 강화를 천명하는 것이다.

이런 맥락에서 미국은 호주에 새로운 병력을 배치했으며, 싱가포르에 함대 배치를 그리고 필리핀과 군사협력을 강화하기 시작했다. 특히 미국은 군비감축 기조와는 달리 동아시아지역의 미군은 오히려 강화될 것임을 강조했다. 즉 미국은 중국군사력 강화와 영유권분

145) Mark Manyin, Stephen Daggett, Ben Dolven, and Susan Lawrence, "Pivot to Pacific? The Obama Administration's "Rebalancing" Toward Asia," *CRS Report for Congress*, Congressional Research Service, March 28, 2012, p. i.

146) The White House Office of the Press Secretary, "Remarks By President Obama to the Australian Parliament," November 17, 2011.

147) Tom Donilon, "America is Back in the Pacific and will Uphold the Rules," *Financial Times*, November 27, 2011.

쟁에서의 강경한 태도에 대응하기 위해 항해의 자유를 확보하고 역내 군사력 투사(projection) 역량을 강화하는 것이 아시아회귀정책에 핵심임을 밝히는 것이다. 따라서 미국은 경제위기에도 불구하고 해군력 강화정책을 추진하고 있고 그 일환으로 11개 항공모함을 그대로 유지하여 중국의 '반접근전략'을 격퇴하는 역량을 강화하는데 집중하고 있다.[148] 최근 발표한 미국의 4개년 국방검토보고서(QDR)도 해군력의 60%를 아시아-태평양지역에 배치한다고 밝힘으로서 중국의 '반접근전략'에 대한 대응을 강화하고 있음을 명확히 했다.[149]

이렇듯 중국은 남·동중국해로 영향력을 확대해나가며 미국의 접근을 거부하고 있는데 반해 미국은 이러한 중국의 시도를 무력화시키려는 전략을 추진하고 있는 것이다. 즉 중국의 '반접근전략' 대 미국의 '접근전략'이 본격적으로 동아시아에서 맞부딪치고 있는 것이다.

왜 중국은 최근 들어 남·동중국해양 및 상공과 관련해 미국 및 주변국들과 갈등을 초래하는 강경한 행태를 전개하는 것인가? 어떤 요인이 중국으로 하여금 이러한 도발적이며 패권적 행태를 전개하게 하는 것인가? 또 미국은 경제위기의 상황에서도 중국에 대한 군사적 견제정책을 강화하는 것인가? 어떤 이론적 접근법이 미국과 중국의 이러한 군사적 대결 양상을 보다 적절하게 설명하는가?

---

148) "반접근전략(Area Denial/Anti-Access)"은 원거리 지역에 대한 미국의 군사력 투사역량을 파괴 또는 약화시키려는 상대국의 전략으로 정의되고 있다. Mark Manyin, Stephen Daggett, Ben Dolven, and Susan Lawrence, "Pivot to Pacific? The Obama Administration's "Rebalancing" Toward Asia," *op. cit.*, p. 4.

149) U.S. Department of Defense, "Quadrennial Defense Review 2014," March 4, 2014, p. 34.

다수의 기존 연구들은 중국의 영유권분쟁에서의 강경한 입장이 중국의 급속한 국력신장에서 비롯되었다는 현실주의적 설명을 제공하고 있다.[150] 30년이 넘는 장기적인 고도 경제성장을 통해 구축된 군사적 역량이 중국으로 하여금 자국의 이익을 확대하는 강대국의 행태를 전개하게 했다는 것이다. 특히 존 미어샤이머는 무정부상태에서 부상하는 강대국은 권력의 극대화에 집중하기 때문에 자연히 공격적이 될 수밖에 없다고 주장한다.[151] 현실주의이론에 바탕을 둔 기존의 미중관계 분석 연구들은 중국의 공격적 행태는 중국의 부상에 따른 미중 간 힘의 분배상태 변화의 결과로 설명하는 것이다. 강력해진 중국이 자국에 유리한 국제질서를 형성해 가는 과정에서 자국의 이익을 확대하면서 나타난 불가피한 현상으로 이해하는 것이다.

같은 맥락에서 다수의 기존 연구들은 미국의 대중국 견제정책도 양국 간 힘의 분배상태의 변화에서 기인되었다고 주장한다.[152] 중국의 급부상은 기존 질서를 위협하는 요인으로 작용하고 있기 때문에 미국은 패권적 위상을 유지하고 중국의 부상을 저지하기 위해 견제정책을 추진한다는 것이다. 특히 쇠퇴하는 패권국은 무정부상태에서 부상하는 도전국을 신뢰할 수 없기 때문에 미국은 중국을 견제하는 정책을 추구한다는 것이다.[153]

---

150) John J. Mearsheimer, *The Tragedy of Great Power Politics*, New York: Norton, 2000; Christopher Layne, "Unipolar Illusion: Why New Great Powers will Rise," *International Security*, Vol. 17, 1993, pp. 5–51;

151) John J. Mearsheimer, "Clash of Titans," *Foreign Policy*, January/February, 2005, p. 48.

152) Kenneth Waltz, *Theory of International Politics, Reading, Mass.*: Addison–Wesley, 1979; Joseph M. Grieco, "China and America in the World Polity, in Carolyn W. Pumphrey, ed., *The Rise of China in Asia*, Carlisle Barracks, Pa.: Strategic Studies Institute, 2002, pp. 24–48.

기존의 현실주의이론에 기반을 두고 있는 연구들은 결국 미국과 중국 사이의 힘의 분배상태의 변화가 중국의 공격적 행태를 불러온 것이며 이에 따라 현상을 유지해야 하는 미국도 대중국 견제 또는 봉쇄정책을 채택하는 것이라고 주장하는 것이다. 이렇듯 기존 연구들은 중국은 부상하고 미국은 쇠퇴하는 세력전이(power transition)의 상황에서 중국의 공격적 행태와 이를 견제하는 미국의 정책을 설명하고 있는 것이다. 현실주의 계통의 힘 중심의(power-oriented) 접근법은 무정부상태를 외생적으로(exogenously) 주어진 것으로 간주함에 따라 안보를 최우선시하여 힘의 분배상태의 변동을 기존 질서의 최대 위협요인으로 파악하는 것이다.

그러나 본 연구는 현실주의이론이 주장하는 바와 같이 미중 간 힘의 분배상태의 변화가 기계적으로 양국의 군사적 대결을 불러왔다는 주장을 비판한다. 미국과 중국 사이의 최근의 경쟁 또는 대결 양상은 중국의 힘의 증가에 의한 자동적인 결과물이 아니라 양국 간의 상호작용에 의한 '사회적 구성물'이라고 보는 것이다. 즉 본 연구는 현재의 갈등적 미중관계라는 국제정치 현상이 외생적으로 주어지 것이 아니라 미국과 중국 사이의 상호작용을 통해 내생적으로(endogenously) 구성되었다는 구성주의이론의 주장을 수용한다.[154)]

현재 미중관계를 둘러싼 환경은 과거 미소 양극구조의 냉전시기의 환경과는 다르다. 미국과 소련이 모든 분야에서의 전면적 대결을 보였다면 미국과 중국은 경쟁과 협력이 선택적으로 병행되고

---

153) Dale C. Copeland, *The Origins of Major War*, Ithaca: Cornell University Press, 2000, pp. 40 & 49.

154) Alexander Wendt, "Anarchy is What States Make of It," International Organization, Vol. 46, No. 2, 1992, pp. 416.

있는 양상이다.[155] 이는 현실주의이론이 주장하는 무정부상태의 효과가 다르게 나타나고 있다는 것을 의미하는 것이다. 미국과 중국을 둘러싼 무정부상태라는 '사회적 구조'의 성격은 미소관계에 영향을 미쳤던 '만인의 투쟁 상태'의 무정부상태와는 다르다는 것이다. 즉 알렉산더 웬트(Alexander Wendt)가 주장하는 바와 같이 무정부상태도 국가의 상호작용에 의해 구성된 사회적 구조라는 것이고 이는 결국 미중 간의 상호작용에 의해 구성되었다는 것이다.[156]

본 연구는 미국의 경쟁국 또는 잠재적 도전국들에 대한 행태의 차이는 양국 간 상호작용 속에서 형성된 정체성에 중요한 영향을 받는다고 주장한다. 따라서 냉전기간 동안의 소련에 대한 행태와 1980, 90년대 부상했던 일본에 대한 행태 그리고 90년대, 2000년대에 부상하는 중국에 대한 행태가 모두 다르게 나타나는 것이라고 주장하는 것이다. 특히 각각의 시기 동안 미국의 상대국에 대한 차별적 행태와 더불어 상대국이었던 소련, 일본 그리고 중국의 행태도 다르게 나타나는 이유도 상대국의 정체성의 차이에서 비롯되었다는 것이다. 따라서 본 연구는 중국 연안을 배경으로 나타나고 있는 중국의 '반접근전략'이라는 공격적 행태와 미국의 '반접근 무력화 전략'이라는 견제정책은 현실주의이론이 주장하듯 힘의 분배상태의 변화에 의해 자동적으로 발생한 것이 아니라 양국 간 상호작용 속에서 나타난 정체성의 변화과정에서 나타난 현상으로 설명하는 것이다.

---

155) 신성호, "19세기 유럽협조체제(The Concert of Europe)에 나타난 강대국 정치를 통해 본 21세기 중국의 신형대국관계," 『국제정치논총』, 제54집, 3호, 2014, p. 153.

156) *ibid.* p. 416.

이러한 현실주의이론과 구성주의이론의 주장의 차이는 매우 심각한 의미를 가진다. 겉으로 봐선 두 이론 모두 미국과 중국의 대결적 양상을 인정하고 있는 것으로 보여 같은 현상을 다른 논리로 설명하고 있는 듯하지만 더 중요한 것은 미래의 갈등 양상의 변화 가능성을 설명하는 부분이다. 즉 현실주의이론의 주장은 양국 간 힘의 분배상태가 현재와 같은 추세로 비대칭적 관계에서 대칭적 관계로 이전 될 경우 불가피하게 양국 간 심각한 대결 또는 심지어는 전쟁이 발생할 것으로 주장하는 것이다.[157] 하지만 구성주의이론은 양국 간 상호작용의 결과가 양국의 정체성을 구성 및 재구성한다고 강조하고 있기 때문에 미중 간 필연적인 대결 또는 전쟁을 피할 수 있는 가능성을 인정하는 것이다.[158] 이에 본 연구는 중국의 공격적 행태는 현 국제구조 및 미국과의 상호작용 속에서 대내외적으로 구성된 정체성의 산물이며 미국의 대중국 견제정책도 같은 관계 속에서 형성된 것이라고 주장한다. 다시 말하면 양국 간의 정체성의 또 다른 변화는 현실주의이론의 주장과는 달리 필연적 대결양상을 피할 수 있는 가능성이 있다는 것이다.

따라서 본 연구는 중국의 공격적 행태와 미국의 대중국 견제정책이 어떻게 구성되었는지를 파악하는데 목적이 있다. 특히 이러한 현상에 대한 현실주의이론의 주장과 본 연구가 제시한 구성주의이론의 주장을 중국과 미국의 사례연구를 통해 이론적 적실성을 경험적으로 검증하는데 연구목적이 있는 것이다. 이에 본 연구는 중국의

---

157) A.F.K Organski, *Power Transition: Strategies for the 21st Century*, New York: Chatham House, 2000.

158) Alexander Wendt, Social Theory of International Politics, Cambridge: Cambridge University Press, 1999, 이하 박건영 외 역, 『국제정치의 사회적 이론』, 서울: 사회평론, 2009. pp. 318-339.

공격적 행태와 미국의 중국견제정책의 원인을 규명하고 현실주의이론의 주장과 구성주의이론의 주장의 적실성을 평가하기 위해 중국의 반접근전략과 미국의 접근전략을 중심으로 전개된 미국과 중국의 상호작용을 과정추적방법(process tracing method)을 통해 분석한다.

이를 위해 본 연구는 우선 II절에서 중국과 미국의 행태에 대한 현실주의이론의 주장과 구성주의이론의 주장을 소개한다. 둘째, 이론적 논의를 바탕으로 III절은 중국의 남중국해와 동중국해에서의 공격적 정책의 전개과정을 연구한다. 특히 중국이 이러한 행태의 핵심요소로 강조하고 있는 '핵심 이익'이 어떻게 형성되었고 중국의 '반접근전략' 구성에 어떤 영향을 미쳤는지를 파악하는데 집중한다. 셋째, IV절은 미국의 중국견제정책에 대해 조사한다. 탈냉전 이후 미국의 대중국정책이 어떻게 변화되어 왔는지 특히 오바마정부가 왜 '아시아 회귀정책'을 강조하고 미국의 아시아에서의 역할을 강조하는지를 규명하는데 노력한다. 마지막으로 이러한 사례연구 결과를 바탕으로 현실주의이론과 본 연구가 제시한 구성주의이론의 주장의 적실성을 평가한다.

II. 이론적 논의

현실주의이론은 국제정치의 본질을 무정부상태로 가정한다. 무정부상태에서 국가의 안보를 보장해 주는 권위체가 존재하지 않기 때문에 모든 국가들은 자국의 생존과 안보에 집중하게 되어 자국의 힘을 강화하는 행태를 전개하게 된다고 주장한다.[159] 따라서 국가들은 자국의 안보에 유리한 힘의 분배 상태를 추구하게 되어 더 강한 국가에게 균형을 이룰 수 있도록 자국의 군사적 역량을 강화하거나 다른 국가들과의 동맹 또는 연합을 통해 균형을 이루려는 정책을 추진하게 한다는 것이다.[160]

이런 현실주의이론의 주장은 상대적으로 열세에 있는 중국이 더 강한 미국에 대해 균형정책을 추진하게 된다고 주장하는 것이다. 즉 중국이 군사력을 강화하고 중국 연안지역의 영유권을 주장하고 미국의 접근을 거부하는 '반접근전략'을 추구하는 것은 자국의 안보를 위한 당연한 행태인 것이다.

그러나 이러한 현실주의이론의 일반론적 주장과는 달리 세력전이이론(theory of power transition)과 공격적 현실주의이론은 보다 구체적으로 부상하는 도전국의 행태를 설명하고 있다. 세력전이이론은 부상하는 도전국의 역량이 기존의 패권국의 역량과 유사한 수준으로 증대 될수록 양국 간의 갈등과 대립의 가능성은 커진다고 주장하며 특히 도전국이 기존 질서에 대해 얼마나 불만을 많이 가지는지가 양국 간의 대결의 가능성을 가늠하는 기준이 된다고 주장한다.[161] 그러나 같은 맥락에서 쇠퇴하는 패권국 또는 현상유지 지향의 동맹은 기존 질서를 유지할 목적으로 도전국이 역량을 최대화하기 이전에 예방적 공격을 감행할 가능성이 높다고 주장한다.[162] 종종 패권국이 기존 질서를 유지하기 위해 도전국에 대해 개입정책 또는 화해

---

159) Kenneth, Waltz, *Theory of International Politics*, Reading, Mass.: Addison-Wesley, 1979, pp. 122-129.

160) *Ibid.*, p. 122; Hans Morgenthau, *Politics Among Nations: The Struggle for Power and Peace*, New York: Knopf, 1966.

161) A.F.K Organski, *op. cit.*, pp. 342-369.

162) Robert Gilpin, *War and Change in World Politics*, New York: Cambridge University Press, 1983, pp. 192-194 & 197.

정책을 채택하기도 하지만 대부분의 경우 성공적인 결과를 얻는데 실패한다는 것이다.[163] 따라서 세력전이이론은 이런 기존 패권국과 도전국의 대결은 평화적으로 해결되지 않는 경우가 대부분이라는 것이다.[164]

따라서 이런 세력전이이론에 따르면 중국이 공격적 행태를 전개하는 것은 미국과 국력의 비대칭성이 현격히 축소되는 상황에서 미국 중심의 기존 질서에 대한 불만족에 의한 결과라는 것이다. 반대로 미국의 대 중국견제정책은 미중 간 힘의 분배상태의 비대칭성이 축소되면서 미국이 중국의 부상을 억제하고 기존의 패권적 위상을 유지하려는 취지에서 전개하고 있다는 것이다. 즉 세력전이이론은 미국의 대중국 포위성격의 '접근전략'과 중국의 공격적인 '반접근전략'의 경쟁과 대결을 양국 간 힘의 분배상태의 변화에서 발생하는 불가피한 결과물로 설명하고 있는 것이다.

반면 공격적 현실주의이론은 무정부상태에서의 강대국들의 행태에 대한 원천적 원인 설명에 집중한다. 무정부상태에서 국가안보를 확보하기 위해서는 상대적인 권력 지위의 극대화가 필요하기 때문에 강대국들은 끊임없이 권력의 극대화를 추구한다는 것이다. 결국 강대국들은 궁극적으로 패권국이 되고자 권력 신장을 추구하게 되고 자연스럽게 공격적이 될 수밖에 없다는 것이다. 따라서 부상하는

---

163) Michael D. Swaine and Ashley J. Tellis, *Interpreting China's Grand Strategy: Past, Present, and Future*, Santa Monica, Ca.: RAND, 2000, pp. 197-229.

164) Steve Chan, China, *the U.S., and the Power-Transition Theory: A Critique*, New York, NY: Routledge, 2007; Aaron L. Friedberg, "The Future of U.S.-China Relations: Is Conflict Inevitable?" *International Security*, Vol. 30, No. 2, Fall 2005, p. 19.

도전국은 국력이 증가하는 한 최종적으로 패권국이 되려고 하기 때문에 현상타파적인 행태를 할 수밖에 없는 것이고 이런 맥락에서 부상하는 중국은 공격적 행태를 전개하고 있다는 것이다.165)

이러한 공격적 현실주의이론의 주장은 기존 패권국에도 동일하게 적용된다. 강대국들은 궁극적으로 패권국 위상 확보를 위해 끊임없이 국력을 신장하기 때문에 궁극적으로 기존 패권국은 도전국과의 치열한 군사력 경쟁에 직면할 수밖에 없다는 것이다. 따라서 패권적 지위를 유지하려는 미국은 지역패권국으로 등장하려는 중국에 대해 강력한 봉쇄정책을 취한다는 것이다.166) 이런 측면에서 존 미어셰이머는 미국은 중국에 대해 냉전시대의 소련에 대해 취했던 것과 동일한 정책을 취할 것이라고 주장했다.167)

그러나 이러한 현실주의이론들은 현재의 미중관계에 대한 충분한 설명을 제공하지 못하고 있다. 미중관계는 과거 냉전기간 동안의 미소관계처럼 높은 수준의 전면적인 대결양상을 보이지 않고 있다. 중국도 제한된 영역에서 공격적 행태를 보이고 있으나 다른 분야에

---

165) John J. Mearsheimer, *op. cit.*, p. 400; Kenneth N. Waltz, "Structural Realism after the Cold War," *International Security*, Vol. 25, 2000, p. 44–79; Elizabeth Economy, C. "The Game Changer: Coping With China's Foreign Policy Revolution," *Foreign Affairs*, Vol. 89, No. 6, November/December 2010; Robert, Kaplan, "The Geography of Chinese Power: How Far Can Beijing Reach on Land and at Sea," *Foreign Affairs*, Vol. 89, No. 3, May/June 2010.

166) Fareed Zakaria, *From Wealth to Power: The Unusual Origins of America's World Role*, Princeton, N.J.: Princeton University Press, 1999; Richard J. Bernstein and Ross Munro, "China I: The Coming Conflict with America," *Foreign Affairs*, Vol. 76, No, 2, March/April 1997, pp. 18–32.

167) John J. Mearsheimer, "China's Unpeaceful Rise," *Current History*, April 2006, p. 162.

서는 미국과의 협력관계를 유지하고 있고 기존 질서를 유지하려는 행태도 전개하고 있다. 미국도 세력전이이론이 주장하듯이 잔존한 역량을 바탕으로 중국을 선제공격 전개하지도 않고 있으며 공격적 현실주의이론이 주장하듯이 전면적 봉쇄정책을 취하지도 않고 있다.

이는 현실주의이론들이 무정부상태를 외부적으로 주어진 하나의 동일한 '만인에 대한 만인의 투쟁' 상태로 규정하기 때문에 미중간 경쟁과 대결의 정도를 설명하지 못하는 것이다. 즉 현실주의이론들은 무정부상태를 주어진 것으로 간주하여 정도의 차이를 인정하지 않고 본질적으로 군사경쟁 또는 전쟁을 양산하는 경향이 있는 자구체제(self-help system)로 규정하는 것이다.[168] 따라서 이러한 현실주의이론의 무정부상태에 대한 단일한 개념정의는 미소대결 시기인 냉전기의 무정부상태와 80년대의 미국과 일본경쟁시기 그리고 90년대 중반 이후의 미중 경쟁시기의 무정부상태의 정도와 내용의 차이를 구별하지 못하는 것이다. 이에 현실주의이론들은 중국의 공격적 행태가 왜, 언제 형성되었는지 그리고 미국에 대해 어느 정도의 균형정책을 추구하는지 충분한 설명을 제시하지 못하며 같은 맥락에서 미국의 대중국 견제정책도 왜, 언제부터 그리고 어느 정도의 견제정책을 추진하는지에 대한 구체적 설명을 제시하지 못하는 것이다. 즉 현실주의이론은 미국과 중국의 경쟁과 대결의 양상과 정도를 정확하게 설명하는데 한계를 보이는 것이다.

이런 현실주의이론의 한계를 극복하고 체계적인 설명을 제공하고자 본 연구는 구성주의이론을 통해 현재 아시아에서 전개되고 있는 중국의 공격적 행태와 미국의 대중국 견제정책을 분석한다.

---

168) Alexander Wendt, *op. cit.*, p. 247.

현실주의이론과 구성주의이론의 가장 큰 차이점은 국제정치 현상이 국가 간 힘의 분배상태라는 구조적 요인에 의해서만이 아니라 행위자들끼리의 상호작용 그리고 행위자들과 구조간의 상호작용 속에서 형성된 사회적 구성물이라고 본다는 데 있다. 즉 국제정치 현실이 외생적으로(exogenously) 주어진 것이 아니라 행위자들과 구조의 상호작용을 통해 내생적으로(endogenously) 구성된다는 것이다.169)

이러한 구성주의이론의 주장은 국가라는 행위체들이 상호작용을 통해 무정부상태와 같은 '사회적 구조'를 구성하고 다시 재구성할 수 있다고 보는 것이다.170) 즉 무정부상태도 국가들의 상호작용에 의해서 만들어진 것이고 따라서 무정부상태의 내용과 정도도 다르게 나타난다는 것이다. 알렉산더 웬트는 "무정부상태는 그 자체로는 '텅 빈 그릇'이며 고유의 논리가 없다"고 주장한다.171) 즉 무정부상태의 내용은 국가들의 상호작용에 의해서 채워지는 것이다. 무정부상태는 단일한 내용이 아니라 세 가지 역할–적, 경쟁자, 친구–가운데 어느 것이 그 체제를 지배하는가에 따라 성격이 다르게 나타난다는 것이다. 이런 맥락에서 구성주의이론은 무정부상태라는 사회적 구조를 상대방과의 적대적 관계로 규정하는 홉스적(Hobbsian) 상태, 경쟁자의 관계로 인식하는 로크적(Lockean) 상태 그리고 친선적 관계로 간주하는 칸트적(Kantian) 상태 등으로 다르게 구성될 수 있다고 주장한다.172)

홉스적 무정부상태는 통상 현실주의이론이 주장하는 의미를 내포

169) Alexander Wendt, "Anarchy is What States Make of It," *op. cit.*, p. 416.
170) 박건영 외 역, *op. cit.*, pp. 9–11.
171) *Ibid.*, p. 354.
172) *Ibid.*, pp. 368–438.

하는 것으로 일종의 '만인의 만인에 대한 투쟁상태'와 같이 상대에 대한 무제한적 대결과 폭력을 상정하는 사회적 구조를 지칭한다. 냉전시기와 같이 상대를 인정하지 않고 대결과 전쟁의 높은 가능성이 공유된 지식으로 자리잡은 상태인 것이다. 반면에 로크적 무정부 상태는 무제한적 무력사용을 허용함으로서 상대의 존재를 부정하는 홉스적 상태와는 달리 경쟁자들 간의 폭력은 자기제한적이며 서로 존재할 권리를 인정하는 상태이다.[173] 즉 로크적 상태도 홉스적 상태와 같이 상대에 대해 공격적이지만 상대의 존재를 근본적으로 제거하려는 행위가 지배적인 것이 아니라 주권의 권리를 보장하면서 전개하는 경쟁의 상태를 의미하는 것이다. 주권이라는 공유된 지식으로 형성된 사회적 구조를 수용하는 수준에서 전개되는 갈등과 경쟁의 상태가 로크적 무정부 상태인 것이다. 마지막으로 칸트적 상태는 협력적 관계가 지배적인 상태를 의미하는 것이며 이런 환경에서 자국과 상대국의 정체성과 이익이 일체화되는 현상이 발생한다.[174]

즉 본 연구는 미중관계를 둘러싼 무정부상태가 현실주의이론들이 주장하듯 상대를 적으로 규정하고 존재의 권리를 부정하며 전면적 대결을 벌이는 홉스적 상태가 아니라 상대의 존재권리를 인정하며 폭력에 있어 자기제한적인 경쟁의 상태인 로크적 무정부상태라고 주장한다. 미국과 중국은 상대에 대해 공격적 측면이 있지만 무제한적 대결이 아닌 자기 억제적 경쟁을 벌이는 사회적 구조에 영향을 받는다는 것이다.

그럼 왜 이런 로크적 상태가 구성된 것이고 어떻게 미국과 중국

---

173) *Ibid.*, pp. 369-370.

174) 양준희, "월츠의 신현실주의에 대한 웬트의 구성주의의 도전," 『국제정치논총』, 제41집 3호, 2001, pp. 44-45.

의 행태가 이런 구조적 요인에 영향을 받게 된 것인가? 본 연구는 로크적 상태라는 사회적 구조는 행위체들의 상호작용 속에서 형성된 것이고 이런 구조는 다시 행위체들의 행태에 영향을 미친다는 구성주의이론의 주장을 수용한다.

웬트 등 구성주의자들은 정치적 현실의 사회적 구성과 행위체와 구조의 상호구성적인 속성의 전제하에 행위체와 구조와의 상호작용을 통해 정체성이 구성되고 이에 따라 이해관계가 설정됨에 따라 국가들이 행태 한다고 주장한다.[175] 따라서 국가의 대외적 행태를 규정하는데 가장 중요한 요소로 정체성을 강조하는 것이다.[176] 즉 상호작용이 역할정체성을 구성 또는 재구성하여 국익을 규정하게 하고 이에 따라 대외적 행태가 전개되거나 변화한다는 것이다.[177]

역할정체성은 다른 국가와의 관계 속에서만 구성되는 정체성으로서 외생적으로 형성되는 것이 아니라 타 국가와의 상호작용 속에서만 구성되는 것이다. 예컨대 2차대전 당시 미국과 중국은 일본을 상대로 전쟁을 치루는 상호작용 속에서 상호 협력국이라는 동일한 정체성이 형성되었다. 따라서 이 시기의 미국과 중국은 일본 격퇴라는 공통의 국익개념을 갖고 있다. 그러나 중국이 공산화되고 공

---

175) Alexander Wendt, "Anarchy is What States Make of It," *op. cit.*, pp. 403–407; Ted Hopf, "The Promise of Constructivism in International Relations Theory," International Security, Vol. 23, No. 1, 1998, pp. 186–187; 전재성, "구성주의 국제정치이론에 대한 탈근대론과 현실주의 비판 고찰," 『국제정치논총』, 제50집 2호, 2010, p. 50.

176) Alexander Wendt, "Identity and Structural Change in International Politics," in Yosef Lapid and Friedrich Kratochiwil ed., The Return of Culture and Identity in IR Theory, Boulder: Lynne Reinner, 1996, pp. 48–51.

177) 박건영 외 역, *op. cit.*, pp. 318– 339; 신욱희, "구성주의 국제정치이론의 의미와 한계," 『한국정치학회보』, 제32집 2호, 1998, pp. 154–155.

산국가라는 중국의 정체성은 대표적 자본주의 국가인 미국과의 정체성 차이를 만들어 냈고 결국 한국전쟁에서 '적'으로서 전면적 대결을 전개했던 것이다.

반면 집단정체성은 역할정체성을 바탕으로 '타국'과 '자국'을 일체화시켜 '같은 국가'와 같이 동일한 정체성이 구성되는 것을 의미한다. 따라서 웬트에게 있어서 정체성은 자국에 의해 형성된 관념과 타인과 공유하는 관념을 포함하는 내적 및 외적 구조로 구성되어 있는 것이다.[178] 웬트는 상호의존성, 공동운명, 동질성이 집단정체성을 구성하는 주된 독립변수로 간주했다.[179]

구성주의이론은 이런 역할정체성과 집단정체성이 사회적 구조로 전환되어 행위체들을 다시 제약한다는 것이다. 예컨대 소련의 안보위협이 급증하는 상황에서 중국은 미국과의 상호작용을 통해 1972년 상해코뮤니케를 발표함으로서 적대적 정체성을 청산하고 소련견제라는 동일한 이해관계를 구성했다. 이는 소련과의 대결 속에서 형성된 미국과 중국의 집단적 정체성이 칸트적 상태의 사회적 구조로 전환되면서 양국관계의 협력적 환경을 조성했다는 것이다. 즉 2차대전 이후의 미국과 중국의 상호작용은 양국의 정체성을 '적국' 또는 '협력국'으로 변화시키면서 대결과 협력의 관계를 구성해온 것이다.

따라서 구성주의이론은 이런 정체성이 국익을 규정하게 되고 이에 따라 국가들이 대외적 행태를 전개한다고 주장한다. 즉 현실주의이론의 주장과는 달리 국익은 외부적으로 주어진 것이 아니라

---

178) 박건영 외 역, *ibid.*, p. 318.

179) Alexander Wendt, "Identity and Structural Change in International Politics," in Yosef Lapid and Friedrich Kratochiwil ed., *op. cit.*, pp. 55–56.

정체성에 따라 다르게 구성된다는 것이다. 중국은 소련과의 협력관계를 유지하던 냉전초기에는 미국과의 대결이 국익에 부합하는 행태라면 소련과의 적대관계가 형성되던 1960년대 70년대는 미국과의 협력적 행태가 국익에 부합하는 행태인 것이다.

그러나 구성주의이론은 이런 정체성에 의해서 구성되는 국익 외에 보편적 국익이 존재한다고 주장한다. 국익은 상호작용의 결과로서 형성된 정체성에 의해서 재구성되지만 웬트는 국가가 재생산되기 위해 반드시 충족되어야 하는 네 가지 객관적 이익을 제시한다. 웬트는 물리적 생존, 자율, 경제적 복지 그리고 집단적 자긍심을 국가가 추구하는 객관적 국가이익으로 규정하지만 추구되는 국익의 우선순위는 정체성에 따라 달라질 수 있다고 주장한다.[180] 결국 정체성의 변화에 따라 추구되는 국익의 내용도 달라질 수 있다는 것이다.

따라서 본 연구는 최근 중국의 공격적 행태와 미국의 대중국 견제정책도 양국의 상호작용 속에서 형성된 정체성의 변화와 이에 따른 국익의 재규정에 의한 구성물이라고 주장한다. 중국의 장기적인 국력부상의 과정에서 중국은 대내외적으로 강대국의 정체성이 형성되었으며 이런 정체성이 중국으로 하여금 국익개념을 확대하게 함으로써 공격적인 행태가 전개된 것이라는 것이다. 반면 1990년대 클린턴정부 시기까지 '전략적 동반자'로 중국의 정체성을 규정했던 미국은 중국의 부상과 더불어 '중국 위협론'이 확산되면서 부시정부 이후 중국을 '전략적 경쟁자' 또는 'G-2'로 규정하며 경쟁의 대상으로 인식하고 있다. '초강대국' 또는 '패권국'의 정체성을 가진 미국은 부상하는 중국과의 상호작용을 통해 중국을 더 이상 '협력

---

180) 박건영 외 역, *op. cit.*, pp. 329-334.

국'이 아닌 '경쟁국'으로 인식한 것이며 따라서 패권적 위상을 유지하고 중국의 부상을 제어하기 위해 대중국 견제정책을 취하는 것이다. 즉 본 연구는 미국과 중국의 상호작용을 통한 정체성의 변화가 국익의 개념을 변화시켜 중국의 공격적 행태와 미국의 중국견제정책이 추동했다고 주장하는 것이다.

III. 중국의 정체성 변화와 군사전략의 변화

중국은 남 · 동중국해역에서의 영유권분쟁은 물론 방공식별구역(ADIZ) 및 배타적 경제구역(EEZ) 설정으로 중국해양에 대한 통제권을 강력하게 추진하고 있다. 이러한 중국의 중국 연안 해역 및 영공에 대한 강경한 입장은 최근 절대 양보할 수 없는 '핵심이익'이라는 개념으로 정리되어 나타나고 있다. 이 '핵심이익'은 "국가의 최고 이익, 국가 및 민족의 생존존망과 관계되며, 절대 양보할 수 없는 마지노선"으로 정의되고 있다.[181] 중국이 이러한 '핵심이익'을 공식적으로 사용하고 자국이 추진하는 정책에 적용하기 시작한 것은 비교적 최근의 일이다. 2009년 다이빙궈 국무위원은 제1차 미중전략경제대화(US-China Strategic and Economic Dialogue) 회의에서 중국의 '핵심이익'을 중국의 '국가기본체제'와 '국가안보' 보전, 둘째, 주권 및 영토보전, 셋째, 경제사회의 지속적 발전 등 세 가지로 규정했다.[182]

---

181) 懷成波, "怎樣理解國家核心利益," 紅旗文稿, 2011年 2期, p. 38, 재인용, 김흥규, "중국핵심이익 연구 소고," 『동북아연구』, 제28권, 2호, 2013, p. 292.

182) 中国新闻社. "首轮中美经济对话:除上月球外主要问题均已谈及." 2009년 7월 29일. http://www.chinanews.com.cn/gn/news/2009/07-29/

따라서 중국은 2009년부터 '핵심이익'을 중국대외정책의 전면에 세우고 지속적으로 외교관계에서 적극 추진하고 있으며 타국과의 갈등상황에서도 반복적으로 언급함으로서 양보 불가한 입장임을 강조하고 있다.[183)]

중국은 다이빙궈가 언급한 세 가지 '핵심이익' 중 두 번째 이익인 '주권 및 영토보전(Sovereignty and Territorial Integrity)' 이익을 가장 강조하고 있다. 즉 '대만' '신장' '티베트' 그리고 남 · 동중국해 영유권 등 주권과 영토사안에 대해서는 강력하게 '핵심이익' 임을 천명함으로서 어떠한 양보 또는 타협도 없음을 지속적으로 강조하고 있는 것이다.[184)] 이들 중에서도 중국은 '대만' 문제에 '핵심이익' 개념을 가장 먼저 적용했으며 가장 자주 강조해왔다. 이는 중국에서의 초기 '핵심이익' 개념이 대만에 대한 중국의 주권을 강조하기 위해 활용되기 시작했음을 보여주는 것이다.[185)] 이에 2003년 탕자쉔 중국외교부장이 콜린 파월 미국국무장관과 회담에서 대만문제를 "중국 핵심이익과 관련된 것"이라고 처음 언급한 바 있고 리자오씽 중국외교부장도 2004년 "대만문제에 대한 내정간섭을 좌절시키는 것이 중국의 핵심이익이다"라고 언급했다.[186)] 이는 중국이 세 가지 '핵심이익' 중 '국가체제와 국가안보 보전'과 '지속적 발전' 이익은 소련의 붕괴와 장기적인 고도 경제성장으로 상당한 수준으로 성취되고 있다고

1794984.shtml. (2014/4/25 검색)

183) 유동원, "21세기 중국 대외전략과 핵심이익 외교," 『한중사회과학연구』, 제9권, 제2호, 2011, PP. 9-12.

184) 김양규, "핵심이익의 충돌과 미중관계의 미래," EAI US-China Relations Briefing, 2011년 5월 4일, pp. 2-3.

185) 김흥규, "중국핵심이익 연구 소고," *op. cit.*, p. 306.

186) 人民日報, 2003년, 1월 21일.

판단했지만 대만수복과 신장 그리고 티베트 문제와 관련된 '주권 및 영토' 이익은 여전히 위협받고 있다고 간주한 것이다.

이러한 인식은 중국으로 하여금 대만문제를 주권의 사안으로 간주하게 하여 타국의 대만문제에 대한 논의 또는 개입에 대해 매우 공격적인 행태를 전개하게 한 것이다. 1995년 미국이 이덩휘 대만총통의 모교인 코넬대 방문을 허용하고 1996년 3월 대만 최초의 대통령보통선거를 실시하자 중국은 이러한 행태가 대만의 독자국가화와 자율통치를 강화함으로서 중국의 주권을 침해하는 것으로 간주했다.[187] 이에 중국은 대만의 행태가 자국의 주권과 영토를 위협하는 것으로 인식하고 대만을 압박할 목적으로 대만 인근 해역을 대상으로 다수의 미사일 발사 시험을 강행했다.

이러한 중국의 도발적인 미사일 발사에 대응해서 클린턴 미국대통령은 대만보호를 위해 신속히 대만해협에 두 대의 항공모함을 급파했다. 미국은 중국의 등펑미사일 발사 이후 중국을 현상타파적 행태가 가능한 '도전국'으로 인식하기 시작했고 이런 정체성 규정은 미국으로 하여금 대만은 물론 일본과의 동맹을 강화시키는 요인으로 작용했다.[188]

중국은 이런 미국의 행태가 자국의 주권과 영토에 관련된 이익을 훼손하는 것으로 인식하기 시작했고 이런 맥락에서 1996년 이후 전개된 미국과 일본의 대만관련 언급을 중국의 '핵심이익'을 위협하는 행위로 규정하기 시작했던 것이다. 1996년 클린턴 미국대통령과

---

187) 프랑스와 랑글레 저, 이세진 역, 『제국의 전쟁: 중국 vs 미국, 누가 세계를 지배할 것인가?』, 서울: 소와당, 2012, pp. 85-86.

188) Defense News Weekly, May 28, 2006. http://www.chinawatch.co.kr/chinawatch.php3?_Number=32563 (2014/4/30 검색)

하시모토 일본수상은 "21세기 동맹을 위한 미일안보 공동선언"을 채택하면서 대만 문제에 대한 언급을 하기 시작했고 1997년 미일신방위협력지침에서는 양안관계를 포함한 주변사태에 대해 미일 양국이 협력적 개입에 합의하자 중국은 미국과 일본이 중국주권의 영역인 '대만' 문제에 개입했다고 비난했다.[189] 이 이후 중국 학자들과 전문가들 사이에서 '핵심이익'에 대한 논의가 본격적으로 전개되었고 특히 미중관계와 관련된 글에서 '대만' 문제를 핵심이익으로 규정하는 주장들이 확대 재생산되기 시작했다.[190] 이런 맥락에서 중국의 '대만' 문제에 대한 '주권과 영토'에 관한 '핵심이익' 규정은 '대만' 문제는 물론 남·동중국해의 영유권, 영해권 그리고 영공권 문제까지 확장되었던 것이다.[191]

이는 중국이 '강대국'으로 부상하였지만 아직도 미국에 의해 '주권 및 영토'와 관련된 부당한 간섭을 받고 있는 상태로 인식함으로서 미국을 '강권적 패권국'으로 규정[192]하고 이로부터 자국의 '핵심이익'의 보호를 위한 '반접근전략'을 추진하게 되었다는 것이다. 이런 맥락에서 장쩌민 중국주석은 1996년 보리스 옐친 러시아대통령과의 공동성명에서 체첸과 대만에 대한 양국의 배타적 주권을 인정하고 패권주의와 강권주의에 대해 개탄한다고 적시함으로서 미국의 주권침해를 직접적으로 겨냥하고 있다.[193]

---

189) 人民日報, 2005년, 2월 21일. http://www.chinawatch.co.kr/ chinawatch.php3?_Number=27045 (2014/4/25 검색)

190) 김흥규, "중국핵심이익 연구 소고," *op. cit.*, p. 299.

191) Alastair Iain Johnston, "How New and Assertive is China's New Assertiveness?" *International Security*, Vol. 34, No. 7, Spring 2013, pp. 17-18.

192) 中國共産黨 第十六次 全國代表大會 報告. http://news.xinhuanet.com/ziliao/2002-11/17/content_693542.htm (2014/03/09 검색)

이러한 중국의 미국에 대한 '강권적 패권국'이라는 정체성 인식은 부시정부 등장 이후 미일동맹이 강화되면서 더 공고화 되었다. 특히 2005년 미국과 일본의 안전보장협의위원회(2+2회담)에서 콘돌리자 라이스 미국무장관, 도널드 럼즈펠드 국방장관, 마치무라 노부타카 일본외상, 오노 요시노리 방위청장 등 두 나라 외교 · 국방장관이 12개 공동 전략목표 가운데 '대만해협 문제의 대화를 통한 평화적 해결'을 포함시키면서 중국의 미국에 대한 부정적 인식은 더욱 악화되었다.[194] 중국공산당 기관지인 인민일보는 이런 미국과 일본의 합의에 대해 "이는 중국의 주권, 영토의 완정(完整)과 국가의 안전보장에 대한 적나라한 도전이자 간섭으로 중국인민은 결코 이를 용납할 수 없다"라고 비판하며 미국의 주권 침해적 강권주의 정체성을 지적했다.[195]

중국의 미국에 대한 패권주의 정체성 규정은 2010년에 들어서며 본격화되었다. 2010년 1월 오바마 미국정부가 대만에 대한 무기판매를 결정하고 2월에는 달라이 라마를 초청하자 미국의 주권 침해에 대해 적극적인 비판을 전개하기 시작했다. 특히 2010년 3년 천안함 사건 발생 이후 미국의 항공모함 조지워싱턴호가 서해에 진입하자 미국에 대한 비난 수위를 높였으며 같은 해에 발생한 남중국해와

193) 연합뉴스, 1996년 4월 26일.
http://media.daum.net/breakingnews/newsview?newsid=19960426141000265 (2014/4/28 검색)

194) 한겨레신문, 2005년 2월 21일.
http://legacy.www.hani.co.kr/section-007000000/2005/02/007000000200502211914301.html (2014/4/30 검색)

195) 人民日報, 2005년, 2월 21일.
http://www.chinawatch.co.kr/chinawatch.php3?_Number=27045 (2014/4/25 검색)

동중국해의 영유권분쟁에서 보다 강경한 입장을 전개했다.[196)]

중국은 '핵심이익' 영역으로 간주하는 서해에 항공모함을 진입시키고 대잠수함 작전을 강행하는 것은 중국의 안보에 직접적 위협을 주는 것으로 규정하고 강력히 반대를 천명하며 이를 저지하고자 중국도 서해(중국의 동해)에서 합동군사훈련을 실시했으며 2012년에는 중국 최초의 항공모함인 랴오닝호를 서해의 전략적 요충지인 청도에 배치했다.[197)]

이러한 중국의 미국에 대한 정체성 규정은 미국의 대만 지원과 중국 주권 사안에 대한 개입을 저지하는 것이 중요한 국가이익으로 부상하게 했다. 특히 1991년의 걸프전과 1999년의 코소보공습에서 전개된 미국의 정밀유도병기(precision-guided munitions: PGMs) 역량에 대한 경험은 중국으로 하여금 중국군 현대화와 미국에 대한 반접근전략의 필요성을 강력히 인지하게 하는 계기가 되었다.[198)]

이에 중국은 '대만'에 대한 미군의 접근저지에 역량을 집중했다. 즉 중국의 내정에 해당하는 양안 간의 물리적 충돌 발생 시 미국의 개입을 저지하는 '반접근전략'을 추진함으로서 주권과 영토라는 '핵

---

196) Michael Swaine, "Perceptions of an Assertive China," *China Leadership Monitor*, No. 32, May 2010, pp. 2-4.

197) 국민일보, 2010년 7월 13일. http://news.kukinews.com/article/view.asp?page=1&gCode=kmi&arcid=0003913526&cp=du (2014/4/30 검색); 중앙일보, 2012년 6월 11일. http://article.joins.com/news/article/article.asp?total_id=8423403&cloc=olink · article · default (2014/4/30 검색)

198) David W. Kearn, "Air-Sea Battle and China's Anti-Access and Area Denial Challenge," Orbis, Winter 2014, p. 136; 설인효, "군사혁신(RMA)의 전파와 미중 군사혁신 경쟁: 19세기 후반 프러시아-독일 모델의 전파와 21세기 동북아 군사질서,"『국제정치논총』, 제52집 3호, 2012, p. 161.

심이익'을 보호하겠다는 것이다. 이를 위해 중국은 적극적인 근해방어전략을 추진한 것이다. 즉 대만과 스프래틀리제도 그리고 조어도 등에 대해 주권 천명, 배타적 경제수역 및 방공식별구역 설정 그리고 강경한 영유권분쟁 입장 등의 다양한 방식을 통해 타국의 접근을 제도적으로 차단하고 이를 군사적 역량으로 뒷받침하는 중국 인근 해역 전체에 걸친 접근거부전략을 추진하는 것이다.199)

이를 위해 중국은 1,000개가 넘는 단거리탄도미사일(CSS-6과 CSS-7)을 대만을 향해 배치했다. 이는 대만 지도자들의 독자국가 선언 또는 현재상태 고착화 선언을 하지 못하게 하는 효과를 노리는 것이지만 충돌의 상황에서는 대만군의 군사력을 무력화시킬 수 있음은 물론이고 대만을 방어하는 미군의 효과적 대응도 장담하기 어렵게 하는 것이다.200) 이와 더불어 중국의 '항모킬러'로 불리는 대함탄도미사일(anti-ship ballistic missile)로도 활용되는 CSS-5 IRBM을 배치함으로서 미군이 존재하는 오키나와의 가데나(Kadena)공군기지와 한국의 군산공군기지를 공략할 수 있는 역량을 보유하여 미군을 저지하는 계획을 추진하고 있다.201) 이 이외에도 중국은 많은 수의 지대지순항미사일과 4세대전투기 '청두J-10'을 통해 미군의 접근을 제약하고 있으며 동시에 군사위성을 공격하는 공격위성(anti-satellite: ASAT)에 대한 막대한 투자와 공격적인 사이버 역량 등을 통해 미군의

199) 김태호, "중국의 해양전략과 해군력 발전 추이," 『STRATEGY 21』, 제21권, 2008, p. 184.

200) David A. Shlapak, et al., *A Question of Balance: Political Context and Military Aspects of the China-Taiwan Dispute*, Santa Monica: RAND Corporation, 2009, pp. 128-129.

201) David W. Kearn, "Air-Sea Battle and China' Anti-Access and Area Denial Challenge," *op. cit.*, p. 134.

중국 인근에서의 작전수행을 어렵게 하고 있다.[202)]

특히 중국의 반접근전략의 가장 핵심적인 요소는 중국해군 역량의 강화이다. 중국의 해군역량 강화는 해양주권의 개념과 연결되어 발전되었고 1990년대 초반부터 중국지도부에 의해 본격적으로 강조되어 원거리 작전능력이 없는 연안방어개념에서 근해방어전략으로 전환되었다.[203)] 중국의 근해방어전략의 최우선 목표는 미국의 접근을 억제하는 것이며 따라서 미국항공모함의 접근을 거부할 수 있는 역량을 구축하는데 집중하기 시작했다.

이에 앞서 언급했던 미사일 역량 강화와 더불어 해군역량을 급속히 증강시켰다. 중국은 27척의 구축함, 51척의 순양함, 47척의 호위함, 27척의 대형상륙함, 54척의 중형상륙함, 200대 이상의 신속공격정 등을 보유하는 아시아 최대 해군을 보유하고 있다.[204)] 이러한 해군력 증강은 영유권분쟁은 물론 근해에서의 중국의 통제력을 강화하고 있는 것이다. 중국은 잠수함 역량을 통해서 미국의 접근을 억제하고 있다. 중국은 세계에서 가장 많은 재래식 잠수함을 보유하고 있으나 최근 구형잠수함은 신형잠수함으로 대체하고 있다. 특히 10대의 원자력추진 잠수함과 47대의 디젤잠수함을 보유하면서 전통적인 대함작전에서 벗어나 대만 봉쇄능력, 미국 항공모함 위협능력, 잠대지 순항미사일 발사능력 그리고 핵잠수함에 대한 수중공격능력 등을 확보하고 있다.[205)] 중국은 해남도에 핵잠수함기지를 건설함으

---

202) John Stilliom, "Fighting Under Missile Attack," *Air Force Magazine*, Aug. 2009, pp. 34-37.

203) 하도형, "중국 해양전략의 인식적 기반: 해권과 국가이익을 중심으로," 『국방연구』, 제55권, 제3호, 2012, pp. 54-55.

204) Howard Dooley, "The Great Leap Outward: China's Maritime Renaissance," The Journal of East Asian Affairs, Vol. 26, No. 1, 2012, p. 66.

로서 남중국해역에서의 접근거부 능력을 강화시키고 있다.

이와 더불어 중국의 항공모함 보유는 근해에서의 제해권을 확보하고 타국의 접근을 거부하는 능력을 향상시키는 효과를 보이고 있다. 2012년 9월에 진수한 랴오닝호는 중국으로 하여금 원해작전 능력을 갖게 함으로서 남·동중국해역에서의 제해권을 확보하고 미국의 접근을 억제하는 능력을 강화하는 것이다. 이렇듯 중국은 미국의 대만 및 중국연안 지역에 대한 투사(projection)능력을 약화시키고 중국해역에서 통제력을 확보하기 위해 미사일, 전함, 잠수함 그리고 항공모함 등 공군력과 해군력을 급격히 증강함으로서 반접근 역량을 강화하고 있는 것이다.

그러나 중국의 공격적 행태는 모든 분야에서 나타나고 있지 않다. 시진핑 중국주석은 냉전시대의 미소관계와 같은 전면적 대결의 강대국관계를 부인하며 미중 간 공존과 상호 '핵심이익'에 대한 존중의 신형대국관계를 주장하고 있다.[206] 이는 중국이 미국을 대결의 상대가 아닌 경쟁의 상대로 인식하고 있음을 보여주는 것이다. 즉 중국은 세계 최강대국인 미국과 중국이 G-2로서 서로의 존재를 인정하며 경쟁하는 관계를 지향하는 것이다. 여기에는 중국이 최강대국으로서 주권을 지킬 능력과 의지가 있고 미국은 이를 수용해야 한다는 주장이 전제되는 것이다. 특히 중국은 여전히 지속가능한 경제성장

---

205) Gabriel Collins, Andrew Erickson, Lyle Goldstein, and William Murray, "Chinese Evaluations of the U.S. Navy Submarine Force," Naval War College Review, Vol. 61, No. 1, Winter 2008, p. 78. 재인용 박상현, 조윤영, "중국과 일본의 해군력 증강과 동북아 해양안보," 『21세기 정치학회보』, 제20집 2호, 2010, pp. 212-213.

206) 노컷뉴스, 2013년 12월 4일.
http://www.nocutnews.co.kr/news/1144388 (2014/4/27 검색)

을 '핵심이익'의 하나로 규정하고 있고 이를 위해서는 미국과의 안정적 관계 유지가 긴요하기 때문에 중국은 '핵심이익'이 관련되어 있는 영역에서만 제한적인 경쟁을 전개하고 있는 것이다. 이런 맥락에서 중국은 미국과의 협력도 유지하고 추진하고 있다. 중국은 미국과의 정기적 전략대화를 유지하고 있으며 테러와의 전쟁과 북핵문제 등에 있어서도 높은 수준의 협력을 전개하고 있는 것이다.

결론적으로 중국의 반접근전략은 1990년대 중반부터 전개된 미국과의 상호작용 속에서 형성된 양국의 정체성의 변화에 의해서 전개된 것이다. 중국은 '주권국'으로서 주권의 영역인 대만의 독자국가화 추진을 억압하기 위해 미사일 발사 시험을 강행했고 이는 미국이 중국을 '현상타파적 국가'로 인식하게 함으로서 상호 대립적이고 갈등적인 관계가 구성되었던 것이다. 즉 '주권국' 또는 부상하는 '강대국'의 정체성을 강조하는 중국이 이를 간섭하고 개입하는 미국을 '강권적 패권국'으로 인식하면서 주권이라는 핵심이익을 보호하기 위해 제한적 영역에서 공격적인 행태를 전개한 것이다.

Ⅳ. 미국의 대중국 정체성 변화와 군사전략의 변화

탈냉전 이후 중국을 '전략적 동반자'로 규정했던 클린턴 미국정부는 1996년 중국의 대만에 대한 미사일 시험발사를 계기로 중국에 대한 인식의 변화를 가져왔다. 중국의 급속한 성장에 기인한 '중국위협론'이 확산되는 환경에서 중국의 대만에 대한 군사적 위협은 부상하는 중국이 결국 미국 중심의 기존 질서를 위협할 것이라는 주장이 신빙성을 얻게 되는 요인으로 작용한 것이다.[207] 이러한 중국에 대한 정체성의 변화는 미국으로 하여금 대만 및 일본과의 동맹강화로 이어졌다. 중국과의 수교 이후 미국과 대만과의 관계는 무기 수출 이상의 관계를 추구하지 않았던 미국은 중국의 대만 위협을 계기로 미-대만 안보협력을 강화하기 시작했던 것이다. 같은 맥락에서 미국은 중국 견제를 위해 일본과의 미일동맹도 재강화하기 시작했다. 앞서 언급한대로 1996년 미국은 일본과 "21세기 동맹을 위한 미일안보 공동선언"을 채택하며 동맹을 강화했고 1997년에는 12개 항목의 미일신방위협력지침의 규정을 통해 미일동맹의 역할 확대와 중국 견제를 분명히 했다.

이러한 중국에 대한 견제 기조는 비민주국가인 중국을 견제해야 한다고 인식하는 신보수주의자들로 구성된 부시정부가 등장하면서 급격히 강화되기 시작했다.[208] 신보수주의자들을 중심으로 한 부시정권은 집권 이전부터 미국을 '자애로운 패권국'으로 규정하며 새로운 강대국 등장 방지, 선제공격 활용 그리고 대규모 군비증강

207) 중국위협론을 주장하는 가장 큰 근거는 중국의 급속한 경제성장이다. 중국은 탈냉전시기인 1990년부터 2013년까지 연평균, 약 9%의 경제성장을 기록했으며 국민총생산은 세계 2위 그리고 외환보유고도 3조 달러에 이르는 세계 최고 수준이다. 둘째, 중국이 경제성장을 유지하기 위해 자원부국들에 대한 공격적인 외교정책을 펼친다는 것이다. 셋째, 군비지출확대와 군사력 증강이다. 매년 두 자릿수 이상의 국방비가 인상되어왔다. Aaron L. Friedberg, "The Future of U.S.-China Relations: Is Conflict Inevitable?" *International Security*, Vol. 30, No. 2, Fall 2005, pp. 17-22.

208) 다수의 신보수주의자들이 부시정부에 참여하여 대외정책 결정에 중요한 영향을 미쳤다. 폴 월포위츠(Paul Wolfowitz, 국방부 부장관), 딕 체니(Dick Cheney, 부통령), 도널드 럼스필드(Donald Rumsfeld, 국방부 장관), 존 볼튼(John Bolton, 유엔 미대사) 등의 신보수주의자들이 부시정부 대외정책 결정에 참여했다. Chicago Tribune, April 13, 2003.

등을 천명함으로서 중국의 부상을 적극적으로 억제하는 정책을 추진했던 것이다.[209] 부시정부의 외교안보보좌관과 국무장관을 역임한 콘돌리자 라이스도 집권 이전인 2000년 기고 논문에서 중국을 아시아에서의 미국의 역할에 불만을 갖는 '현상타파적 국가'로 규정하고 중국의 도전에 대해 미국은 강력한 군사력 유지와 일본, 한국, 인도 등과의 군사적 협력 강화를 통한 중국봉쇄정책을 추진해야 한다고 주장했다.[210]

이렇듯 미국을 '자애로운 패권국'으로, 반면 중국은 '도전국' 또는 '전략적 경쟁국'으로 규정한 부시정부는 집권초기 부터 9.11 테러발생 전까지 중국봉쇄에 집중했다. 이런 맥락에서 부시정부는 중국견제목적에서 대만에 대해 역대 최대의 무기판매를 승인했다.[211] 더욱이 부시대통령은 "필요할 경우 어떤 대가를 치루더라고도 대만을 방어할 것"이라고 언급함으로서 중국이 주권의 사안으로 간주하는 대만문제에 대한 개입의지를 분명히 했다.[212] 즉 9.11 테러 발생 이전의 부시정부는 중국을 '경쟁국'으로 규정하고 대만, 일본 등 주변 동맹국들과 관계강화 및 미사일방어체제(MD) 구축을 통해 중국봉쇄에 집중했던 것이다.[213]

이러한 부시정부의 중국에 대한 견제정책은 '테러와의 전쟁'과

---

209) http://rightweb.irc-online.org/profile/1571.html (2014/4/5 검색).

210) Condoleezza Rice, "Campaign 2000: Promoting National Interest," *Foreign Affairs*, January/February 2000, pp. 56-57.

211) Robert Kagan and William Kristol, "The National Humiliation?" *Weekly Standard*, Vol. 16, April 23, 2001, p. 11.

212) Kelly Wallace, "Bush pledges whatever it takes to defend Taiwan," CNN.com April, 25, 2001.

213) Benjamin Schwarz, "Managing China's Rise," *Atlantic Monthly*, June, 2005, pp. 27-28.

'북핵문제'에 있어서의 중국 협력의 필요성에 의해 잠정적으로 잠복했다. 부시정부는 중앙아시아 및 서남아시아의 테러정보획득과 북한의 핵문제 해결을 위해 중국과 협력적 관계를 유지했으며 경제사안에 대해서도 적극적인 협력관계를 추구했다. 특히 부시정부는 2002년에는 중국의 세계무역기구(WTO) 가입도 허용했으며 2006년에는 경제 사안에 대한 양국 고위관료들의 대화체제인 미중전략적 경제대화(US-China Strategic Economic Dialogue)를 구성함으로서 경제적 협력에 대한 제도화를 강화했다.214) 이런 측면에서 콜린 파월 미국무장관은 "중국은 경쟁국이지만 전략적 이익이 공유되는 영역에서는 협력하는 무역협력국"이라고 규정함으로서 중국에 대해 일방적인 적대적 정체성이 형성된 것이 아니며 일부 분야에서는 협력적 정체성이 유지되고 있음을 확인했다.215)

그러나 부시정부의 미국에 대한 '패권국'으로의 정체성은 부상하는 중국을 여전히 '도전국' 또는 '경쟁국'으로 인식하게 함으로서 2005년 부시정부 2기부터 다시 중국에 대한 강력한 견제정책을 추진하였다. 미국은 중국을 겨냥한 미사일방어체제(MD)를 구축하기 시작했으며 중국을 견제할 수 있는 주요 아시아 국가들과의 동맹을 강화했다. 우선 2005년 2월 일본과의 미일안전보장협상위원회 공동성명(Joint Statement of US-Japan Security Consultative Committee)을 발표하여

214) Fact Sheet Creation of the U.S.-China Strategic Economic Dialogue, September 20, 2006.

215) 미국의 중국협력정책은 3가지 분야에서 주로 이루어지고 있다: 첫째, 핵비확산과 북핵문제해결을 위한 6자회담에서의 협력; 둘째, 테러와의 전쟁에서의 협력; 그리고 국제무역 확대를 위한 협력. David, Bachman, "The United States and China: Rhetoric and Reality," *Current History*, Vol. 100, Issue 647, September 2001, pp. 257-262.

미일동맹의 국제적 역할확대를 강조하고 MD체제 구축에 대한 협력에 합의했다.[216] 같은 해 10월에는 미국은 일본과 "미일동맹: 미래를 위한 변환과 재편"(US-Japan Alliance: Transformation and Realignment for the Future)이라는 합의문을 도출함으로서 아시아 태평양지역에서의 미일동맹의 새로운 목표 규정 및 역할분담 그리고 양국 군의 일체화 등을 추진함으로서 중국견제를 본격화했다.[217] 특히 이 논의에서 미국은 일본과 대만문제를 다시 언급함으로서 중국이 주장하는 주권의 사안에 대해 개입 의지를 명확히 했다.

부시정부는 인도와의 협력이 가장 효과적인 중국봉쇄 수단으로 인식했다.[218] 따라서 핵실험을 강행함으로서 미국이 강조하는 핵비확산규범을 훼손했음에도 불구하고 인도와의 협력을 강화했다. 2005년 부시미국대통령은 만모한 싱(Manmohan Singh) 인도수상과의 미-인도정상회담에서 "세계최고(最古)의 민주주의 국가와 최대(最大)의 민주주의 국가가 만났다고" 언급하며 동일한 정체성을 가진 인도의 핵보유를 인정하고 안보협력을 강화할 것을 천명했다.[219] 이와 더불어 미국은 남중국해와 말라카해협 등지에서의 미국의 통제권을 유지하고 중국의 확장을 억제하기 위해 호주와의 동맹도

---

216) 미일안전보장협상위원회 공동성명에 대한 내용은 다음을 참조. http://www.cfr.org/japan/joint-statement-us-japan-security-consultative-committee/p15104 (2014/4/20 검색)

217) "미일동맹: 미래를 위한 변환과 재편" 내용은 다음을 참조. http://www.cfr.org/publication/11022/usjapan_alliance.html (2014/4/20 검색)

218) The White House, The National Security Strategy of the United States, September 2002.

219) Kapur, Paul S. and Sumit Ganguly, "The Transformation of U.S.-India Relations," *Asian Survey*, Vol. XLVII, No. 4, July/August 2007, 642-656.

강화하기 시작했다.[220)]

이러한 '패권국'이라는 정체성을 바탕으로 '경쟁국' 중국을 봉쇄하던 부시정부와는 달리 오바마정부는 서브프라임 모기지 사태 발생으로 인한 경제위기 과정에서 집권했기 때문에 경제회복이 가장 중요한 과제였고 따라서 경제대국인 중국의 협력이 긴요했다. 이런 맥락에서 오바마 미국대통령은 그의 저서 『담대한 희망』에서 언급했듯이 중국과의 핵심 사안을 군사문제가 아닌 경제문제로 인식했다.[221)] 이에 오바마는 중국을 G-2로 격상시켰으며 이런 맥락에서 미국과 중국은 2009년 11월 미중정상회담에서 양국의 '핵심이익'에 대해 상호 존중한다는데 합의했다.[222)] 즉 오바마 미대통령은 중국을 초강대국의 하나로 규정하고 협력관계를 통해 그에 걸 맞는 중국의 역할을 기대했던 것이다.

하지만 오바마의 기대와는 달리 중국은 '강대국'의 정체성에 맞는 이해관계를 추구하기 시작하며 미국과의 이해의 불일치를 드러내기 시작했다. 이런 맥락에서 원자바오 중국총리는 2009년 코펜하겐 기후변화회의에서 비협조적인 태도를 분명히 했으며 미국의 환율절상 요구에 대해서도 완강하게 거부했다.

이런 중국의 비협조적 태도는 오바마정부로 하여금 중국에 대한 인식의 변화를 가져오게 했다. 즉 오바마정부는 중국이 미국과의

---

220) Elliott, Geoff, "Hawkish US warns of negative China," *The Australian*, March 11, 2006.

221) Barack Obama, *The Audacity of Hope: Thoughts on Reclaiming the American Dream*, New York: Random House, 2006.

222) The White House Office of the Press Secretary, "U.S.-China Joint Statement," November 17, 2009. http://www.whitehouse.gov/the-press-office/ us-china-joint-statement (2014/4/27 검색)

협력을 통해 세계적 경제위기를 함께 극복하려는 것보다 미국의 쇠퇴의 과정에서 자국의 이익을 확대 강화하려는 것으로 인식하기 시작한 것이다. 이런 중국에 대한 정체성의 변화는 오바마정부의 대중국 견제정책 강화로 이어졌다. 이에 오바마정부는 2010년 들어 대만에 대한 무기판매를 강행했으며 티베트 지도자인 달라이 라마를 초대함으로서 중국이 '핵심이익'이라고 주장하는 부분에 대한 개입의사를 분명히 했다. 특히 중국이 남중국해에 대해서 '핵심이익'임을 주장한데 대해서도 힐러리 클린턴 국무장관은 중국의 이런 주장에 대해 반대를 천명했다.[223)]

이러한 미국과 중국의 갈등적 관계는 한반도에서 발생한 천안함 사건과 연평도포격사건으로 최고조로 악화되었다. 미국이 천안함 사건에 대한 대응으로 북한에 대한 무력시위 차원에서 서해에 항공모함을 진입시켜 한미합동군사훈련을 결정하자 중국은 서해가 중국의 배타적경제수역(EEZ)이고 '핵심이익'의 해당지역이기 때문에 진입을 반대한다고 주장했다.[224)] 중국군부는 이러한 미국항공모함의 서해 진입을 자국안보를 위협하고 중국을 모욕하는 처사라고 비난하며 한미군사훈련에 맞서 중국동해 해역에서 합동군사훈련을 단행했다.[225)]

이렇듯 2010년에 발생한 미국과 중국의 갈등관계는 9월 중국과 일본과의 조어도 영유권분쟁이 발생하면서 일시적 현상이 아닌 구

---

223) 한국일보, 2011년 1월 20일.
http://news.hankooki.com/lpage/world/201101/h2011012011595122450.htm (2014/4/28 검색)

224) YTN, 2010년 6월 28일.
http://www.ytn.co.kr/_ln/0104_201006281131259649 (2014/4/28 검색)

225) 김흥규, "중국핵심이익 연구 소고," *op. cit.*, p. 302.

조적 성격으로 자리 잡게 되었다. 일본이 중국어선을 불법조업으로 나포하자 중국이 과거와는 달리 조어도의 영유권을 천명하며 희토류 대일 수출금지, 일본산 수입품에 대한 통관절차 강화 그리고 일본인 체포 등 다양한 수단을 통해 일본을 강력히 압박했다.[226] 이러한 중국의 공격적 행태는 조어도를 자국의 영토로 규정했다는 점에서 중일간 장기적인 갈등 요소로 부상했으며 특히 미국이 조어도를 미일안보조약 제5조(일본영토 방위의무)에 해당하는 것이라고 주장함으로서 미중 간 갈등 요소로 전환되었다.[227] 2010년의 일련의 중국의 공격적 행태는 결국 '핵심이익'의 확대와 높은 연관성을 보인다. 중국은 기존의 신장, 티베트, 대만과 더불어 남중국해와 서해 그리고 조어도 등을 '핵심이익'으로 규정함으로서 타국에 대한 배타적 주권의 영역을 확대했고 이를 위해 더욱 공격적 행태가 전개된 것이다.

이런 중국의 연쇄적이고 반복적인 공격적 행태는 오바마정부의 중국에 대한 정체성을 변화시켰다. 즉 집권초기 중국과의 협력적 관계를 추구했던 오바마정부는 중국이 '핵심이익'의 영역 확장을 위해 공격적 행태를 전개하자 보다 체계적인 중국 견제정책을 추진하게 된 것이다. 이는 오바마정부의 '아시아 회귀정책(pivot to Asia)' 또는 '아시아 재균형정책(rebalancing with Asia)'으로 공식화되었다. '재균형정책'은 아시아에서의 미국의 군사적, 경제적, 외교적 역할을 강화하는 것이다. 구체적으로 '재균형정책'은 미국의 전반적인 국방비 감축에도 불구하고 아시아태평양지역에 대해서는 오히려 군사력을 강화시킴으로서 기존의 미국의 군사적 위상을 유지하는데 강조점

226) 서울경제, 2010년 9월 26일.
227) 조양현, "일 · 중 센카쿠/댜오위다오열도 분쟁과 동아시아 지역질서," 『주요국제문제분석』, 2010. 12. 31, p. 11.

이 있다. 이를 위해 호주에 주둔군 배치, 싱가포르에 함대배치, 필리핀과의 군사협력 강화 등을 조치하는 것을 내용으로 하고 있다.[228)] 즉 '재균형정책'은 중국의 '반접근전략'을 통한 군사적 팽창을 억제하고 기존 안보질서를 유지하려는데 주안점이 있는 것이다.

중국의 해양에서의 공격적 행태에 대한 대응전략으로 미국은 '공해전투개념(Air-Sea Battle Concept): ASB)' 및 '합동작전접근개념(Joint Operation Access Concept)'을 제시하고 있다. '핵심이익'이라는 명분하에 중국해 전역에서 팽창하고 있는 중국의 해군력에 대해 미국은 '반접근전략'을 무력화시키는 전략을 추진하는 것이다. 우선 '공해전투개념'은 "적군을 교란, 분쇄, 패퇴시키기 위한 네트워크로 연결되고 통합된 군사역량"을 의미한다.[229)] 공군력, 해군력, 우주 그리고 사이버 등 상호의존된 모든 전투 영역을 통합적으로 운용하여 '반접근전략'을 교란 및 패퇴시키는 전략인 것이다. 특히 공군력과 해군력의 유기적이고 통합적인 운용과 주변의 공군 및 해군기지 등의 확보를 통한 해상과 공중에서의 네트워크 구성이 이 개념의 핵심이다. 즉 종심이 깊은 공격을 위해 공군력을 활용하고 해상에서도 공군력과 해군력 그리고 자국과 동맹국의 기지의 네트워크를 구성해 적을 와해, 격파, 패퇴시키는 것이다.[230)] '합동작전접근개념'은 '공해전투개념'

---

228) Mark Manyin, Stephen Daggett, Ben Dolven, and Susan Lawrence, "Pivot to Pacific? The Obama Administration's "Rebalancing" Toward Asia," *op. cit.*, p. 1.

229) Air-Sea Battle Office, "Air-Sea Battle: Service Collaboration to Address Anti-Access & Area Denial Challenges," p. 4. http://www.defense.gov/pubs/ASB-ConceptImplementation-Summary-May-2013.pdf (2014/4/29 검색)

230) David Kearn, "Air-Sea Battle and China's Anti-Access and Area Denial Challenge," *op. cit.*, pp. 136-139.

을 포함하는 개념으로 미국이 접근을 제약하는 요인들을 어떻게 극복하는 가에 대한 개괄적인 구상인 것이다.[231] 따라서 이 개념은 '반접근전략'을 극복하기 위해 필요한 역량과 개념을 제시하고 있으며 이는 새로운 군사력을 추가하는 것이 아니라 전투에 필요한 기존의 제 역량을 통합적이고 효율적으로 활용하여 적의 저항을 조기에 무력화시키는 방안인 것이다.

미국은 '공해전투개념'과 '합동작전접근개념'을 추진하기 위해 군사적 역량을 재배치 또는 추가적으로 도입하고 있다. 이런 맥락에서 "2014 4개년국방보고서(QDR)"는 전 세계에 미군해군력의 60%를 아시아에 배치하고 '반접근전략'을 무력화시키는데 필요한 다양한 무기체계 도입을 제시하고 있다.[232]

이렇듯 중국의 '반접근전략'에 대응하기 위한 미국의 군사전략은 과거 냉전시기 소련에 대해 전개했던 '상호확증파괴전략(MSD)'과 같은 전쟁억제 또는 완전승리 등을 목표로 하는 개념이 아니라 중국 연안을 중심으로 한 제한된 영역에서의 전략인 것이다.[233] 중국의 공격적 행태가 자국이 주장하는 주권영역에 제한적으로 전개되는 것과 유사하게 미국의 대중국 군사전략도 전면적인 전쟁 수준으로 확대되지 않고 제한적 규모와 수준에서 전개되고 있는 것이다. 이

---

231) Air-Sea Battle Office, "Air-Sea Battle: Service Collaboration to Address Anti-Access & Area Denial Challenges," pp. 7-9.

232) 예컨대 미국은 '공해전투개념' 및 '합동작전접근개념'의 전개를 위해 '5세대 전투기 F-35', '해안전투함정(LCS)' '신세대 장거리 지원기', 'SSBN(X) 신세대 잠수함' 등과 같은 다양한 무기체계의 도입을 준비하고 있다. U.S. Department of Defense, "Quadrennial Defense Review 2014," March 4, 2014, pp. 27-31.

233) 이원우, "중국 · 미국의 군사전략 변화와 동아시아 안보 전망: 지역안보복합체(RSC) 관점에서," 『21세기정치학회보』, 제23집 2호, 2013, p. 264.

는 미국과 중국의 상호작용이 서로를 전면적 수준의 전쟁을 예상하는 '주적'으로 만들기 보다는 제한된 영역의 주도권을 두고 경쟁하는 상대로 인식하게 함으로서 군사전략도 제한적 수준의 개념으로 제시되었던 것이다.

V. 결론

본 연구는 중국의 공격적 행태와 미국의 대중국 견제정책이 양국 간 힘의 분배상태의 변화에 기인되었다는 현실주의이론의 주장에 대한 비판적 시각에서 시작되었다. 미국과 중국의 힘의 대칭성이 강화될수록 양국 간 대결적 관계가 형성되고 이런 차원에서 미국과 중국의 군사전략을 설명하는 현실주의 시각이 최근에 전개되고 있는 중국의 '반접근전략'과 미국의 '접근전략'을 설명하는데 한계가 있다는 것이다.

이에 본 연구는 현실주의이론과 본 연구가 대안적 접근법으로 제시한 구성주의이론의 주장의 적실성을 검증하고 중국의 공격적 행태와 미국의 대중국 견제정책의 결정요인을 규명하기 위해 탈냉전 이후의 양국의 군사분야에서의 상호작용을 연구했다.

연구결과 중국은 소련의 붕괴와 장기적인 고도성장의 과정에서 강대국으로의 정체성을 획득해가며 자국의 주권개념을 확대하는 이해관계를 추구한 결과로서 공격적 행태를 전개한 것이다. 현실주의이론의 주장과는 달리 국력신장 또는 미국과의 힘의 비대칭성의 축소가 자동적으로 중국의 공격적 행태를 불러오지 않았다. 공격적 행태는 중국이 건국 이후 일관되게 주권의 영역으로 인식하던 대만의 독자국가화를 억압하기 위한 목적에서 전개되었다. 이러한 중국의 주권의 개념은 미국식 국익개념인 '핵심이익'이라는 개념을 통해 확대되었다. 특히 1996년 대만에 대한 미사일 시험발사의 상황에서 미국 항공모함의 개입과 미국과 일본의 대만 사안 언급 등의 경험은 중국으로 하여금 미국을 내정에 개입하는 '패권주의 국가'로 인식하게 함으로서 접근을 억제하는 이해관계를 갖게 된 것이다. 이런 측면에서 중국은 서해, 남 · 동중국해 전역을 '핵심이익' 해당지역으로 규정하고 해당지역의 영유권분쟁과 미항모의 서해진입 등에 매우 강경하고 공격적인 행태를 취했던 것이다.

특히 현실주의이론의 주장과는 달리 중국의 공격적 행태는 전 분야에서 전면적으로 나타나지 않았으며 '반접근전략'도 중국이 '핵심이익'으로 규정한 영역에서 제한적으로 전개되었다. G-20을 통한 세계경제안정 및 '테러와의 전쟁' 등에서는 오히려 미국과 협력적 상호작용이 전개되었고 특히 시진핑 중국국가주석은 미중관계를 상호 '핵심이익'을 존중하고 공존하는 '신형대국관계'로 규정함으로서 과거 미국과 소련의 전면적 대결관계가 아님을 분명히 했다. 이는 중국이 미국 중심의 기존 질서에 정면으로 도전하지 않는 것을 보여주는 것이다. 구성주의이론이 주장하듯이 미국과 중국이 서로 존재의 권리를 인정하고 제한된 공격성을 보여주는 경쟁의 상호작용을 전개함으로서 구성된 질서로서 양국의 힘의 분배상태의 변화 요인만을 통해 기계적인 대결을 주장하는 현실주의이론은 충분히 설명하기 어려운 부분인 것이다.

유사한 맥락에서 미국의 대중국 견제정책도 현실주의이론이 주장하듯이 냉전기간과 같은 전면적 대결을 통해 중국에 대한 완전한 승리를 추구하는 수준이 아니다. 즉 '패권국'으로서 미국은 현상유지를 위한 수준의 견제정책을 추진하는 것이며 미소관계와 같이 상대를 괴멸시키는 전면적 봉쇄정책을 추진하지 않는 것이다. 이는 중국이 과거 소련과 같이 방대한 핵역량을 바탕으로 미국의 안보를 근본적으로 위협하는 것이 아니라 중국근해와 같은 제한된 영역에서만 미국의 접근을 억제하는 군사전략을 추진한다는 점에서 미국의 군사전략도 제한된 영역에서 중국을 교란하고 패퇴시키는데 주안점이 있는 것이다. 특히 미국 행정부 별로 중국에 대한 정체성이 다르게 구성되었고 이런 정체성의 인식 차이가 다른 수준의 견제정책을 추진했다는 점도 구성주의이론의 설명력을 뒷받침하는 부분인 것이다.

미중관계는 현실주의이론이 주장하듯이 상대를 적으로 규정하고 전면적 대결을 벌이는 홉스적 무정부상태가 아니라 웬트가 제시한대로 상대의 존재권리를 인정하며 자기억제적 공격성을 보여주는 경쟁이 전개되는 로크적 무정부상태인 것이다. 현실주의이론은 이러한 무정부사태의 변이성은 설명하기 어려운 것이다.

결론적으로 중국의 공격적 행태와 미국의 대중국 견제정책은 현실주의이론이 주장하듯이 단순히 양국 간 국력의 차이가 축소되면서 자동적으로 전개된 것이 아니며 그 내용도 홉스적 무정부상태에서 발생하는 전면적 대결의 양상이 아니었다. 반면 상호작용을 통해 새롭게 형성된 정체성이 국가의 행태를 변화시킨다는 구성주의이론의 주장은 1996년 중국의 대만에 대한 미사일 시험발사 이후 전개된 미중 간 제한적 범위와 수준의 경쟁적 행태를 보다 효과적으로 설명하고 있는 것이다. 특히 1996년과 2010년의 미국과 중국의 공격적 행태는 상호작용 속에서 구성된 것이며 사전에 외부적으로 주어지지 않았었다는 점에서 정치적 현실의 사회적 구성 속성을 전제하는 구성주의이론의 적실성이 확인되는 것이다.

제 4 장

미중 사이버패권경쟁
: 사이버 자유 vs 사이버 주권

I. 서론

2015년 1월 미국정부는 북한을 소니영화사 해킹사건의 배후세력으로 지목하고 북한정부와 노동당에 대한 제재 행정명령을 발동했다. 이어 미국국무부는 북한의 해킹에 대해 비례적 수준 이상의 보복조치를 취할 것을 강조했으며 대응은 미국이 선호하는 시간과 방법에 따라 이루어질 것이라고 경고했다(Business Korea Jan. 5 2015). 특히 이런 미국의 '비례적 대응' 주장 직후 북한의 인터넷망이 전면 다운되면서 미국의 보복이 실행된 것이라는 추측이 확산되고 있다.

이러한 사이버해킹 문제는 비단 미국과 북한 사이에서만 발생하지 않았다. 미국의 세계 최대 검색기업인 구글은 2010년 초 중국정부를 지목하지는 않았지만 중국에 대해 사이버해킹과 사이버공격을 중단할 것을 요구했다. 이에 대해 중국은 구글이 중국에 있는 한 중국법을 따라야 한다며 검열지속 의사를 분명히 했고 구글은 결국 중국에서 검색사이트를 홍콩으로 철수 하는 등 양측의 갈등은 치열하게 전개된 바 있다(한국경제신문 2010년 3월 29일).

미국과 중국 간 사이버안보에 대한 갈등과 대립은 그 후에도 지속적으로 이루어져 2013년 미국보안업체 맨디언트(Mandiant)와 시만텍(Symantec) 등은 다수의 사이버공격이 중국으로부터 전개되었다고 주장했다(Mandiant 2013; Symantec 2013). 결국 이러한 미중 간 사이버안보 갈등은 2013년 6월 오바마대통령과 시진핑주석의 첫 정상회담에서도 주요 사안으로 부각되었고 오바마대통령은 사이버 해킹 문제를 언급하며 미중 양국의 사이버안보에 대한 규칙제정을 요구하기도 했다(연합뉴스 2013년 6월 8일).

하지만 중국의 미국정부와 글로벌 보안기업들에 대한 사이버공격이 계속된다고 판단한 미국은 2014년 중국정부를 그 배후로 지목하고 중국군 장교 5명을 기소하면서 양국 간 사이버안보 갈등은 정점에 이르렀다. 특히 독일시사주간지 〈슈피겔〉은 에드워드 스노든 전 미국국가안보국(NSA) 요원이 폭로한 비밀문서에서 중국이 사이버스파이활동을 통해 미국 최신예 스텔스전투기 F-35 설계 등의 기밀문서를 수집해 자국의 스텔스전투기인 '젠 20' 및 '젠-31'에 활용했다고 주장하고 있다(한겨레신문 2015년 1월 21일). 중국은 이런 주장에 대해 근거 없다고 부인하며 중국은 오히려 사이버공격의 피해자라고 주장했다.

이런 맥락에서 오바마대통령은 2015년 국정연설에서 중국 또는 북한을 직접 언급하지는 않았지만 "어떠한 국가 또는 해커들도 미국의 인터넷망을 교란시키거나 무역비밀과 개인정보를 훔치지 못하게 하겠다"고 강력히 경고했다(President Obama's State of the Union Address Jan. 20 2015).[234] 반면 중국은 미국의 주장에 대해 적극적으로 부인하며 오히려 미국이 중국에 대해 사이버공격과 해킹을 자행함으로서 자국의 사이버안보를 위협하고 있다고 주장하고 있다(정보통신기술진흥센터 2014: 6).

왜 미국과 중국 사이에 이런 사이버안보 갈등은 발생하는가? 어떤 요인이 미국과 중국으로 하여금 치열한 사이버안보 경쟁을 전개하게 하는가? 어떤 이론적 접근이 이런 현상을 보다 적절하게 설명하는가?

이렇듯 세계적 범위에서 다양한 사이버안보 경쟁과 갈등이 첨예

234) (2015/1/21 검색) https://medium.com/@WhiteHouse/president-obamas-state-of-the-union-address-remarks-as-prepared-for-delivery-55f9825449b2

하게 전개되고 있고 특히 G-2로 불리는 미국과 중국의 사이버안보 경쟁이 본격화 되고 있지만 국제정치이론을 통한 체계적 연구들이 충분히 제공되고 있지 않는 것이 현실이다.[235] 특히 일부는 사이버공격의 잠재적 안보위협이 국제테러보다 더 크다고 평가하며(The Economist 2012) 기존 연구들의 사이버갈등의 요인과 그 범위에 대한 합의 부재가 결과적으로 사이버안보에 대한 체계적 이해를 어렵게 한다고 주장한다(James Clapper 2013; Keith Alexander 2010).

따라서 두 가지 측면에서 미국과 중국 사이의 사이버안보 갈등과 경쟁에 대한 연구 필요성이 제기되는 것이다. 첫째, 미중 사이버공간 패권경쟁은 전 세계 사이버공간의 질서를 규정하는 측면이 있기 때문에 국제사이버질서의 체계적 이해와 사이버안보전략 구상 차원에서도 미중 간 사이버경쟁 원인과 과정을 이해하는 것이 필요하다. 둘째, 국제정치이론을 통한 미중 간 사이버안보 갈등과 경쟁에 대한 연구는 사이버안보에 대한 체계적 이해를 높일 수 있음은 물론 국제정치에서 차지하는 비중이 급속하게 커지는 사이버공간에서 기존 국제정치이론들의 설명력과 적실성을 평가할 수 있는 기회가 되는 것이다.

따라서 본 연구는 미국과 중국의 사이버안보 경쟁과 갈등을 이론적으로 접근하여 체계적으로 설명하고 그 원인을 규명하는데 목적이 있다. 이를 위해 본 연구는 우선 미중 간 사이버안보 경쟁의 설명을 위한 이론적 접근법들에 대해 논의한다. 이러한 이론적 논의를 바탕으로 본 연구는 사이버안보 개념을 소개하고 미국과 중국의 사이버안보

235) 미중 간 사이버안보 경쟁에 대한 이론적 접근의 국내연구는 다음과 같다. (장노순 2013), (장노순 2014). 사이버안보에 대한 이론적 접근이 이루어진 주요 외국문헌들은 다음과 같다. (Andres 2012), (Goodman 2010).

전략을 각각 연구한다. 양국의 사이버안보 전략을 파악하기 위해 양국 정부의 사이버안보 전략 문건들을 중점적으로 분석한다. 특히 미중간 사이버경쟁과 갈등을 실질적으로 이해하기 위해 본 연구는 양국간 전개된 사이버갈등을 경험적 사례 중심으로 분석한다. 마지막으로 연구결과를 바탕으로 본 연구가 주장한 이론의 적실성을 평가하고 미중 사이버경쟁이 양국 패권경쟁에 갖는 함의를 파악한다.

II. 이론적 논의

사이버공간은 인간의 활동 영역에서 유일하게 인간 스스로가 창조한 인류가공의 세계로서 기능과 영향력은 지난 30년간 급속도로 증대되어 왔다. 국가들은 육지, 공중, 해양, 우주 등 이미 자연적으로 만들어진 영역에서 자국의 안보와 영향력 증대를 위해 육군, 해군, 공군, 우주군사역량을 강화해온 것과 같은 개념에서 자국의 안보와 이익에 지대한 영향을 미치는 사이버공간에서의 역량도 강화하고 있는 것이다. 즉 사이버공간은 소통과 정보저장 그리고 기업활동 등에서 군사작전 수행까지 모든 영역에서 필수적 요소로 작동되며 그 중요성이 급속히 증대되고 있기 때문에 자국의 사이버공간에 대한 보호와 역량강화는 국가들의 과제로 등장했다.

따라서 이러한 높은 중요성에 따라 사이버공간에 대한 위협도 다양한 방법으로 전개되고 있다. 조셉 나이(Joseph Nye)는 사이버위협을 사이버전(cyber war), 사이버범죄(cyber crime), 사이버테러(cyber terror), 사이버스파이(cyber spy) 등 네 가지 유형으로 구분하였다(Nye 2011: 9). 루카스 켈로(Lucas Kello)는 사이버범죄, 사이버공격(cyber attack), 사이버약탈(cyber exploitation) 등으로 사이버위협의 종류를 분류하고 있다(Kello 2013: 18-22). 그러나 이러한 다양한 유형의 사이버위협들은 행위주체의 모호성과 내용적 중복성이 높아 명확하게 구분하여 정의를 내리는데 어려움이 있다.

우선 사이버전에 대해서도 광의와 협의의 정의들이 제시되고 있다. 나이는 비교적 광의의 정의를 제시하여 사이버전을 "사이버공간 이외에서 물리적 폭력을 확장하거나 동등한 파급효과를 불러올 수 있는 사이버행위"라고 규정하고 있다(Nye 2011: 9). 유사한 수준에서 존 아퀼라와 데이비드 론펠트(Jone Arquilla and David Ronfeldt)는 사이버전을 "사이버수단을 통해 상대국의 정보 및 커뮤니케이션 체제를 파괴하거나 손상을 입히는 군사작전 일환"으로 정의하고 있다(Arquilla and Ronfeldt 1993: 30). 이에 반해 게리 맥그루(Gary McGraw)와 토마스 리드(Thomas Rid)는 칼 클라우즈위츠(Carl Clausewitz)와 유엔헌장의 전쟁에 대한 정의를 바탕으로 사이버전을 "정체성이 밝혀진 주체가 정치적 목적을 위해 사이버수단을 통해 전통적 전쟁과 같이 물리적 효과를 발생하는 상황"이라는 협의의 의미로 주장한다(McGraw 2013: 112; Rid 2012: 8). 따라서 협의의 정의를 따른다면 사이버전은 아직 발생하지 않고 있는 것이다.

사이버테러를 사이버전의 일부로 포함시키는 경우도 있지만 도로시 데닝(Dorothy Denning)은 사이버테러를 "정치 또는 사회적 목적을 위해 정부 또는 개인들을 협박 또는 강요하는 차원에서 정보저장소 및 네트워크 그리고 컴퓨터에 대해 공격을 위협하거나 불법적인 공격을 행하는 것"이라고 정의하고 특히 공격은 반드시 사람 또는 재산에 대한 폭력의 효과가 발생하거나 공포감을 조성해야 한다고 주장했다(Denning 2010). 사이버범죄는 신용카드 복제와 불법적 데이터 전송 등 불법적인 목적을 위한 컴퓨터 이용을 의미하는 것으로 국가들 사이에서 발생하기 보다는 개인들 또는 사적 집단들에 의해 자행되는 경우가 많아 국가 간의 사이버 이슈로서의 중요도는 가장 낮은 것으로 평가되고 있다(Kello 2013: 18-19).

사이버공격은 가장 광범위한 개념으로서 대부분의 사이버위협 유형에 중복되는 성격을 보인다. 사이버공격은 정치, 경제, 사회적 목적을 위해 코드를 이용하여 컴퓨터체제의 기능에 공격을 가하는 행위일체를 의미한다. 2007년 에스토니아(Estonia) 컴퓨터체제를 마비시킨 디도스 공격이나 2009년 한국에 대한 디도스 공격 등이 사이버공격의 전형적인 유형이며 만약 사이버공격이 중대한 인명살상 또는 물질적 피해를 양산했다면 '사이버전'으로 분류해야 한다는 것이다(Nye 2011: 21). 사이버약탈은 사이버스파이(cyber espionage)를 포함하는 개념으로서 상대의 컴퓨터체제에 침투하여 데이터 또는 정보를 외부로 추출하는 행위로 정의된다(Owns, Dam, and Lin 2009: 1-7). 사이버약탈은 국제관계에서 가장 빈번하게 전개되는 사이버위협 행위로서 군대, 기업, 연구소 등의 컴퓨터체계에 침투하여 군사기밀, 최첨단 군사 및 산업기술 등을 절취하는 행위인 것이다. 최근 중국과 미국 사이에서 전개되고 있는 미국 스텔스전투기 F-35 설계도면 절취 논쟁이 대표적인 사이버약탈에 해당된다.

이렇듯 사이버위협의 종류는 물론 행위주체도 다양한 상황에서 사이버공간에 대한 안보의 필요성은 더욱 강조되고 있다. 미국은 이미 사이버공간도 육, 해, 공, 우주와 같이 국가가 지켜야 할 안보와 작전의 대상 영역으로 규정했으며(Chairman of the Joint Chiefs of Staffs 2006) 주요 국가들도 같은 인식을 배경으로 사이버안보정책을 강화하고 있다(이강규 2011). 사이버안보는 컴퓨터체제 또는 관련 데이터의 작동을 적대적 행위로부터 다양한 수단을 통해 보호하는 것을 의미한다. 즉 사이버안보는 외부 또는 내부의 위협으로부터 컴퓨터체계와 정보네트워크의 안전과 생존력을 확보하는 것을 의미하는 것이다(Kello 2013: 18).

따라서 사이버안보를 확보하기 위해 국가들은 사이버역량 강화경쟁을 전개하고 있다. 특히 사이버공간은 아직 질서가 확립되어 있지 않고 규범 및 규칙에 의해 작동되지 않는다는 점도 국가들의 경쟁을 가속화시키는 요인으로 작용하고 있다(Lewis 2010: 1). 이와 더불어 사이버공격은 비교적 저렴한 비용으로 매우 높은 효과를 보이는 비대칭적 공격수단이며 사이버무기의 개발 및 보유도 재래식 무기에 비해 상대적으로 저렴하다는 점도 사이버안보와 역량 강화경쟁을 촉발하는 요인인 것이다(장노순 2014: 386). 사이버공격자를 파악하기 어려운 점도 각국이 사이버 역량 강화경쟁을 적극적으로 전개하는 이유이다(김상배 2011). 공격자가 보복의 대상으로 파악되기 어려울수록 공격의 동기는 커지기 때문이다. 더욱이 이러한 높은 익명성이 사이버무기의 낮은 진입장벽 및 통제성과 결합되는 상황에서 더 많은 국가들이 사이버무기 및 역량 강화경쟁에 뛰어들게 되는 것이다(Gartzke 2013: 46).

이런 맥락에서 본 연구는 미국과 중국 사이의 사이버안보경쟁의 원인을 구조적 시각에서 접근한다. 사이버공간은 현실주의이론이 주장하는 바와 같이 무정부상태의 속성이 다른 어떤 영역보다 크다. 육, 해, 공, 우주 등 기존의 다른 영역과는 달리 국가 간 국제규범 및 제도 등이 빈약하며 행위자들의 다양성과 높은 익명성으로 인해 실질적인 무정부상태를 보여주고 있는 것이다. 이런 사이버공간의 속성은 다양한 사이버갈등과 경쟁을 양산하고 있고 국가들로 하여금 협력보다는 사이버안보와 역량 강화경쟁에 집중하는 효과를 만들어 내고 있는 것이다(Lewis 2010: 1).

이에 본 연구는 무정부상태를 국제정치의 기본원리로 간주하는 현실주의이론을 통해 미중 간 사이버안보 경쟁의 원인을 분석한다. 본 연구는 미국과 중국의 사이버안보 경쟁과 갈등을 무정부상태에서 자국의 안보를 확보하려는 안보투쟁의 일환으로 간주한다(Waltz 1979). 즉 상대의 진정한 의도를 확인할 수 없는 높은 불확실성의 무정부상태와 같은 사이버공간에서 각국은 최악의 상황에 대비하는 안보투쟁을 벌이게 되어 경쟁적인 역량강화라는 안보딜레마에서 벗어나지 못한다는 것이다. 로버트 저비스(Robert Jervis)가 주장한 대로 한 국가의 자국안보 증진 수단 강화는 다른 국가의 안보 약화 효과를 불러온다는 안보딜레마 논리가 사이버안보 경쟁에도 적용된다는 것이다(Jervis 1978: 169-170). 따라서 미중 간 사이버경쟁과 갈등도 분권적이며 불확실한 무정부상태에서 비롯되는 안보딜레마의 산물이라는 것이다.

안보딜레마이론은 공수균형(offence-defense balance)과 공수구분(offence-defense differentiation)의 요인에 의해 안보딜레마가 작동된다고 주장한다. 공수균형 주장은 공격용무기 중심의 군사력이 방어용무기 중심의 군사력을 압도할 경우 전쟁 또는 선제공격의 가능성을 높여 안보딜레마를 가져온다는 것이다(Glaser and Kaufmann 1988). 반대로 방어력이 공격용 무기를 압도할 경우에는 안보딜레마의 가능성은 감소하는 것이다. 공수구분 요인은 한 국가의 무기체계 및 군사전략이 공격 또는 방어의 목적구분이 어느 정도 쉽게 파악되는가의 문제이다. 즉 공수구분이 잘될 경우 상대의도를 보다 명확하게 파악할 수 있고 따라서 안보딜레마의 가능성은 감소되는 것이다. 반대의 경우, 상대에 대한 불확실성과 불예측성이 증가하여 안보딜레마에 빠지게 된다는 것이다(Jervis 1978: 170).

저비스가 무기체계의 성격이 무정부상태에 존재하는 국가들로 하여금 안보투쟁이라는 딜레마에서 벗어나지 못하게 하는 요인이라고 주장했다면 찰스 글래서(Charles Glaser)는 상대국에 대한 인식적 요인이 안보딜레마를 구성한다고 강조한다(Glaser 1997). 일국의 경쟁국가에 대한 인식이 '안보추구 국가(security seeker)'인가 또는 공격적인 '탐욕 국가(greedy state)'인가에 따라 대응 행위가 달라지기 때문에 경쟁국에 대한 인식이 안보딜레마를 형성시키는 요인이라는 것이다. 특히 상대의 의도에 대한 불투명성과 불확실성이 높은 무정부상태에서 국가들은 경쟁국가를 '안보추구 국가' 인지 또는 '탐욕 국가'인지를 규정하기 어렵기 때문에 최악의 상황을 전제하여 행위-대응행위(action-reaction)라는 악순환의 안보딜레마에 빠지게 된다는 것이다(Liff and Ikenberry 2014: 60).

따라서 본 연구는 사이버무기의 공수구분의 어려움과 공격용 사이버무기의 등장이 미국과 중국 사이의 사이버안보 경쟁을 촉진시키는 효과를 보이고 있다고 주장한다. 아울러 미국과 중국의 상대에 대한 인식적 요인도 양국 간 사이버경쟁을 가속화시키는데 기여하고 있다고 평가한다. 중국은 쇠퇴하는 미국이 패권을 유지하고 다른 국가들의 부상을 억제하기 위해 보다 강력한 사이버역량을 구축하고 있다고 인식하는 반면 미국은 부상하는 중국이 사이버역량을 강화하여 미국에 도전하려는 것으로 인식함으로서 사이버안보경쟁이 촉진된다는 것이다.

따라서 본 연구는 안보딜레마이론의 주장대로 공수균형과 공수구분의 무기체계의 요인과 더불어 미중패권경쟁과 같은 양극의 국제구조적 요인도 미중 간 사이버안보 경쟁과 갈등을 확대하는 효과를 양산하고 있다고 주장한다. 즉 사이버공간도 다른 영역과 더불어 패권국이 압도적 주도권과 영향력을 추구하는 대상이라는 측면에서 패권경쟁의 구도에 있는 미국과 중국은 상대를 압도할 수 있는 사이버역량 구축을 위해 경쟁할 수밖에 없다는 것이다(Mearsheimer 2000). 이러한 세력전이의 국제 구조적 요인이 미국과 중국으로 하여금 상대에 대해 최악의 상황을 가정한 인식을 규정하게 하여 사이버공간에서도 치열한 경쟁을 전개하게 한다는 것이다.

이에 본 연구는 무정부상태의 국제관계에서 사이버역량도 다른 군사력과 동일하게 안보를 확보하려는 국가들이 추구하는 역량이며 미국과 중국은 패권경쟁의 차원에서 더욱 상대보다 더 강력한 사이버역량과 더 확고한 사이버안보를 확보하기 위해 치열한 경쟁을 전개하게 된다고 주장하는 것이다(장노순 2013). 안보딜레마이론이 주장하는 무기체계의 성격 및 상대에 대한 인식과 더불어 세력전이 이론이 주장하는 힘의 분배상태의 변화과정에서 전개되는 패권경쟁이 미중 간 사이버경쟁을 촉진하는 요인으로 작용하고 있다는 것이다.

III. 미국의 사이버안보 정책

미국의 국가차원의 사이버안보정책은 2003년 2월 부시행정부에서 제출한 '국가사이버공간안보전략(The National Strategy to Secure Cyberspace)' 보고서에서 시작된다. 2001년 9.11 발생이후 국가안전을 담당하기 위해 창설된 국토안보부(Department of Home Security)는 국가안보의 확보

차원에서 사이버안보의 역할을 담당하기 시작하면서 '국가사이버공간안보전략'을 제시했다. 그러나 이 보고서는 미국의 사이버공간에 대한 보호에 집중하는 비교적 수동적이며 소극적인 정책을 제시했다. 즉 사이버스파이 대응능력 강화, 사이버공간 위협행위자 적발능력 강화, 미국 내에서의 사이버공격에 대한 대응협력 강화 그리고 국제기구 및 다른 국가들과의 사이버안보협력 강화 등 사이버공격 예방능력 강화와 사이버공격에 대한 미국의 취약성 감소에 정책적 목표를 집중했다(White House 2003: 49-52).

그러나 부시정부의 비교적 소극적인 사이버안보정책은 오바마정부의 등장과 더불어 보다 적극적인 개념으로 전환되었다. 오바마정부는 사이버위협을 미국이 직면한 가장 심각한 경제적, 국가안보적 도전으로 간주하여 미국의 디지털기초시설 보호를 위한 매우 포괄적이고 선제적인 접근을 강조하고 있다(White House 2008). 즉 2001년 9.11테러 이후 미국은 '테러'를 최대 안보위협 요인으로 규정했지만 오바마정부 등장 이후 사이버위협을 더 심각한 국가안보이익 위협요인으로 간주하기 시작한 것이다(Rollins and Henning 2009: 2).

이런 사이버안보의 심각성 인식을 바탕으로 오바마정부는 2009년 '포괄적 국가사이버안보 선제조치(Comprehensive National Cybersecurity Initiative)' 보고서를 제시하고 사이버안보에 있어서의 선제적인 접근을 강조했다. 이 보고서는 사이버안보 위협에 즉각적으로 대응하는 안보라인 구축, 전면적 사이버안보 위협에 대한 대응능력 강화 그리고 사이버공격에 대한 억지능력 및 전략 강화 등을 강조함으로서 보다 적극적인 사이버안보 전략을 제시했다(White House 2008: 1). 이런 맥락에서 2009년 오바마정부는 우선 사이버안보보좌관을 신설하여 사이버안보 문제에 대통령이 직접 개입하는 구조를 구성했다. 아울러 2010년에는 컴퓨터전문병력 5,000명을 포함하는 4만 명 규모의 사이버사령부를 신설하여 전 세계 미군네트워크 보안통제 및 사이버 공격 대응 그리고 사이버 공격무기 개발 등의 임무를 수행하고 있다.[236)]

이러한 오바마정부의 사이버안보정책은 2010년 '국가안보전략(National Security Strategy)'과 '4개년 국방검토보고서(Quadrennial Defense Review Report)'에서 매우 비중 있는 안보정책으로 자리 잡기 시작했다. 오바마정부는 NSS와 QDR에서 현 국제안보질서를 복합적 위협(hybrid threats)이 존재하는 상황으로 규정하여 전통적 위협과 더불어 사이버 위협과 같은 비전통적 위협이 미국안보의 최대 위협 요인임을 천명했다. 이러한 주요한 두 사이버안보 보고서에서 제시된 사이버안보 내용을 바탕으로 미국 국방부는 2011년 7월 '사이버공간에서의 국방부 작전전략(Department of Defense Strategy for Operating in Cyberspace)' 보고서를 제시하면서 공격력을 강화하는 정책들을 제시했다. 이는 미국이 사이버안보를 국토안보부와 더불어 국방부가 함께 주도하는 사안으로 간주하고 있음을 보여주는 것이다. 특히 이 보고서는 타국의 사이버공격에 대해 군사적 대응을 언급함으로서 더 이상 사이버안보를 가상공간에서의 안보개념으로 간주하지 않음을 보여주었다(이강규 2011: 9).

'사이버공간에서의 국방부 작전전략' 보고서는 5가지의 선제적 전략을 제시하고 있다. 기존의 미국 사이버안보정책과의 가장 큰

236) 사이버사령부(U.S. Cyber Command)는 육군 사이버사령부(Army Cyber Command), 제 24 공군(24th USAF), 함대사이버사령부(Fleet Cyber Command) 그리고 해병사이버사령부(Marine Forces Cyber Command) 등으로 구성된다. (Department of Defense 2011: 5)

차이점은 "사이버공간을 국방부가 사이버공간의 잠재력을 최대한 이용할 수 있도록 조직하고, 훈련하고, 장비를 갖추는 작전 영역으로 간주한다"는 것이다(Department of Defense 2011a: 5). 이런 배경 하에 미국방부는 사이버사령부를 최고의 군정보부서로 격상시켰다. 특히 사이버안보를 동맹국 및 협력국과의 안보협력의 대상으로 규정함으로서 사이버안보를 동맹국과의 군사작전의 대상으로 강화시킨 것이다(Department of Defense 2011a: 9-10). 이는 미국이 사이버공간을 육, 해, 공 등 다른 공간과 같이 양보할 수 없는 국방의 대상으로 전환시킨 것으로서 공수구분을 어렵게 하는 정책으로 이해되는 것이다.

'사이버공간에서의 국방부 작전전략' 보고서가 사이버안보를 위한 방어적 전략들을 제시했다면 2011년 11월에 미국방부가 발표한 '사이버공간에서의 국방부 정책 보고서(Department of Defense Cyberspace Policy Report)'는 사이버위협에 대한 응징과 억지 그리고 공격에 초점을 두는 공격적 정책들을 제시했다. 동 보고서는 우선 잠재적 적대국의 사이버공격의 목표달성을 부정하거나 또는 공격을 통해 얻을 이익보다 비용을 확대하는 방식을 통해 상대국의 공격의지를 약화시키는 전략을 제시하고 있다(Department of Defense 2011b: 2). 즉 사이버공격에 대한 강력한 응징을 통해 공격을 미연에 억지시킨다는 것이다. 특히 미국에 대한 사이버공격국에 대해서는 사이버상의 보복뿐만 아니라 군사적 공격도 포함시킴으로서 모든 응징수단의 활용의지를 명확히 했다(Department of Defense 2011b: 4). 따라서 '사이버공간에서의 국방부 정책 보고서'는 미국의 사이버공격과 사이버전쟁 등 미국의 사이버 공격력 강화와 역량사용 의지를 강조하는데 집중했다.

이러한 오바마정부의 사이버안보에 대한 강력한 의지는 2013년 6월 '대통령정책훈령(Presidential Policy Directive/ PPD-20)'에 의해 명확히 표현되고 있다. 오바마대통령은 PPD-20에서 사이버 위협 감소를 위해 보다 공격적인 사이버전략 추진을 강조하여 "세계적 범위에서 미국의 국익증진을 위해 사전 경고 없이 적대국에 심각한 타격을 줄 수 있는 고유의 비전통적인 사이버역량을 가할 수 있다"고 천명했다(Presidential Policy Directive/ PPD-20 2013: 9).[237] 이러한 오바마정부의 사이버안보 독트린은 기존의 방어적 개념에서 공격적 전략으로의 전환을 분명히 한 것으로서 사이버안보 경쟁 심화와 사이버공간의 군사화에 대한 우려를 증대시키는 효과를 보이고 있다. 이에 오마바대통령의 '대통령정책훈령'이 발표되자 중국은 미국의 중국에 대한 사이버공격 증거들을 열거하며 자국의 사이버역량 강화를 강조했다(Estep 2013).

이러한 맥락에서 2015년 오바마대통령은 사이버공격을 미국의 경제와 국가안보에 심각한 위협을 초래하는 '국가비상상황'으로 규정하고 사이버공격에 대한 연쇄적 행정명령(the Executive Order) 조치를 취했다. 행정명령을 통해 미국재무부가 사이버공격에 직 · 간접적으로 연루된 국가, 집단들 또는 개인에 대해 자산동결 또는 은행시스템 접근 차단 등의 강도 높은 제재를 가할 수 있는 권한을 부여했다(The White House, Office of the Press Secretary 2015). 이는 핵무기 실험과 미사일발사와 같이 대통령이 직접 사이버안보에 대한 전략을 제시하는 것이며 그 성격도 점차 공격적이며 강경한 방식으로 전환되고 있음을 보여주는 것이다. 특히 오바마정부는 전체 국방비는 감축하

237) Presidential Policy Directive/ PPD-20은 비밀문건으로 분류되었으나 현재 공개된 상태로 다음을 참조하시오. (2015/3/25 검색) https://epic.org/privacy/cybersecurity/presidential-directives/presidential-policy-directive-20.pdf

는 추세임에도 불구하고 사이버안보 관련예산은 두 자리 이상의 증가율을 지속적으로 유지하여 2013년에 비해 20% 증가한 47억 달러를 2014년에 배정하고 있다(변상정 2013: 28). 이는 미국이 공격적 사이버전략 채택과 역량강화를 통해 사이버우위를 유지하고 부상하는 국가들을 견제하려는 의도가 확인되는 것이다.

IV. 중국의 사이버안보 정책

중국은 사이버안보를 "위해(危害)한 활동으로부터 인터넷을 보호하고 사이버공간에서 국가안보와 경제, 사회, 개인적 이익을 훼손하는 효과를 방지하는 것"으로 정의하고 있다(Sheng 2013ⓐ). 중국외교부와 국방부는 '중국이 사이버해킹과 공격의 최대 피해자'라고 주장하며 미국의 중국인민해방군에 대한 사이버공격 혐의 제기를 부정하고 반대로 중국 사이버공간이 외국 사이버공격에 피해를 입고 있다고 주장하고 있다(Xinhua March 30 2012; Ministry of National Defense of the People's Republic of China 2013).

이렇듯 중국의 사이버안보 개념은 매우 수세적이고 방어적 성격을 보였다. 중국은 사이버공간에서의 '가상국경'을 강조하는 사이버주권(cyber sovereignty)을 제시하며 자국 내 사이버공간에서의 정부 통제 역할을 주장하고 있다. 중국인민해방군 우장궈(Wu Jianguo) 중장은 "사이버세기에서 경제, 정치, 문화적 주권과 군사안보는 점점 가상국토(virtual territory)의 효과적인 통제에 달려있다"라고 주장하며 정보의 흐름이 다른 어떤 요인보다 중요하다고 주장했다(Liberation Army Daily March 1 2000). 이러한 중국의 사이버안보에 대한 개념은 사이버안보에서의 국가의 역할을 강조하는 것으로서 정부가 인터넷을 강력히 관리, 감독해야만 사회 안정과 조화를 가져올 수 있다는 것이다. 사이버공간에 대한 정부의 적극적 개입과 감독이 내부적 의미에서의 사이버안보의 필요조건인 것이다. 특히 중국의 주권과 중국정부의 권위를 지키기 위해서는 사회주의적 사이버문화를 지키고 외부의 이념적 침투와 정치적 선동을 방지하는 것이 사이버안보의 핵심이라고 간주한다(Shelin 2013).

외부로부터의 사이버안보에 대해 중국은 사이버기초구조와 인터넷법이 다른 국가들에 비해 취약하고 결과적으로 외부의 사이버공격에도 취약할 수밖에 없다고 주장한다. 특히 중국의 사이버공간에서의 기술적 열세가 선진국가들에 대한 의존도를 높여 결국 사이버공격에 취약함을 보이게 된다는 것이다. 따라서 중국은 사이버기초구조와 인터넷 기술에 대한 미국의 압도적 지배력은 공정하지 않은 것이며 국제사이버체제의 불안정성과 위험성을 발현시키는 요인이라고 주장한다. 특히 13개 세계 주요 근간서버 중 10개가 미국에 위치해 있고 전 세계 80%의 인터넷 데이터가 미국에서 작동되며 모든 근간서버들이 미국정부의 위임을 받은 '명칭 및 번호지정 인터넷기업(Internet Corporation for Assigned Names and Numbers: ICANN)'의 통제를 받는다는 것도 중국으로서는 결국 사이버공간이 미국에 의해 통제되고 중국은 구조적으로 종속되어 있음을 인식하게 한다는 것이다(Sheng 2010). 결국 중국은 자국 사이버공간 통제력과 외부로부터의 자율성 확보라는 사이버주권을 사이버안보의 핵심 대상으로 간주하고 있는 것이다.

이러한 사이버안보에 대한 방어적 주장과는 달리 중국은 사이버안보를 중국군의 현대화의 일환으로 추진하고 있다. 중국은 1991년 발발한 걸프전 이후부터 아프가니스탄전 그리고 이라크전까지 미국의 '네트워크된 군사력'이 승리의 핵심 요소임을 경험하고 군 현대화의 일환으로 중국군의 정보화를 적극적으로 추진하기 시작했다(Ding 2008: 81-82). 즉 중국군은 사이버공간이 중국의 포괄적인 국력신장의 주요 요소이며 동시에 미국과의 전략적 경쟁에 핵심요소로 강조하며 사이버안보 역량 강화에 집중하기 시작한 것이다(Wortzel 2013: 17 & 145-148). 이에 중국은 2008년 중국국가안보 보고서(China's National Defense in 2008)에서 군사력의 '정보화(informationalization)'라는 개념을 통해 사이버안보를 추진하기 시작했다(Information Office of the State Council of the People's Republic of China 2009). 즉 군사력의 네트워크화와 사이버역량의 강화를 통해 사이버공간에서의 규제되지 않는 전쟁(unrestricted warfare) 역량을 강화한다는 것이다.

중국은 사이버전쟁을 "네트워크 기술을 이용하여 네트워크 공격과 네트워크 감시 등의 방법을 통해 정치, 경제, 군사, 기술분야에서 네트워크통제력을 확보하는 것"이라고 규정하고 있다(Spade 2012: 15). 이를 위해 중국은 인민해방군의 군사력 혁명(Revolution in Military Affairs: RMA) 개념을 통해 정보전쟁과 상대국 정보흐름 통제를 위한 정보주도권 확보 등을 강조하고 있다(Krekel 2009). 특히 중국인민해방군은 상대국의 정보체계에 대항하는 컴퓨터 네트워크 수단과 전자전쟁을 결합한 '통합네트워크전자전쟁(Integrated Network Electronic Warfare: INEW)' 전략을 도입하여 사이버공간에서의 주도권 경쟁에 적극적인 도전의지를 밝히고 있다(Office of the Secretary of Defense 2010: 37). '통합네트워크전자전쟁' 전략을 지원하기 위해 중국해방군은 적극적으로 네트워크기술 전문가들을 채용하고 있으며 사이버전쟁 역량을 개선시키고 있다. 이에 중국은 최소 3개의 사이버전쟁 훈련센터를 설립하여 운영하고 있고 이런 정보전쟁사단을 인민해방군 산하에 통합시켰다(Spade 2012: 16).[238] 더욱이 '통합네트워크전자전쟁' 전략은 타국과의 분쟁 시 상대국의 핵심적 기초구조에 대한 공격의 일환으로 상대국의 전력망, 통신망 그리고 교육망 등에 대한 사이버공격과 침투를 강조하고, 특히 정밀한 사이버무기를 통해 공항과 항만을 마비시킬 수 있는 능력을 개발해야 한다고 주장하고 있다(Wortzel 2013: 143-145).

이에 중국군은 '컴퓨터 네트워크 약탈(CNE)' 기술과 소프트웨어 개발을 공개적으로 촉진하고 있으며 동시에 다양한 공격용 및 방어용 사이버무기를 개발, 배치하고 있다(Elegant 2007). 예컨대 중국군은 전자기파동무기(electromagnetic pulse weapon), 전파방해기(jammers), 광선무기(direct energy weapon: DEW), 레이저, 반위성미사일(anti-satellite missile) 등 다양한 사이버무기를 실전 배치하여 사이버안보 및 역량을 강화하고 있다(Krekel 2009: 6-7 & 12-13).

이렇듯 중국의 사이버안보 정책은 미국패권에 도전하는 후발주자로서 방어적 개념에서 시작되었지만 국력의 신장과 더불어 국방정책과 결합되면서 전형적인 군사전략의 일부로 편입되었다. 즉 중국의 사이버안보 전략이 공격용 수단을 강화하면서 공수균형에 변화가 발생했고 공수구분도 더 모호해졌다. 이는 중국의 사이버안보 전략의 변화가 안보딜레마의 요인으로 작용하고 있음을 보여주는 것이다. 즉 중국은 미국패권에 대한 방어적 개념에서 사이버역량을 강화하기 시작했지만 양국 간 힘의 분배상태의 변화와 더불어

238) 우한(Wuhan)의 커뮤니테이션사령부아카데미, 증주(Zhenhzhou)의 정보기술대학 그리고 창사(Changsha)의 국립국방과학기술대학을 통해 사이버전사들을 집중적으로 훈련시키고 있다.

중국이 보다 공격적인 사이버전략을 추진하면서 미중 간 사이버안보 갈등과 경쟁이 심화되었던 것이다.

V. 미중 사이버 갈등과 경쟁

미국은 중국이 상당수의 미국 기업 및 정부기관에 대한 파괴적인 사이버공격을 전개하고 있다고 주장하며 중국에 대한 우려를 증폭시키고 있다. 반면 중국은 이러한 미국의 주장을 부인하며 타국에 대한 사이버공격은 없었으며 오히려 미국이 중국에 대한 사이버공격을 전개하고 있다고 주장하고 있다. 즉 미국과 중국은 방어적 사이버안보전략에서 점차 공격적 전략으로 전환하고 있고 그에 따라 양국 간 사이버안보 갈등과 경쟁도 심화되고 있는 것이다. 이에 2013년 미국과 중국은 사이버갈등을 제도적으로 해소하기 위해 미중전략경제대화(the bilateral Strategic and Economic Dialogue)의 부분으로 사이버워킹그룹(Cyber Working Group)을 구성했다(Sanger 2013). 그러나 미중 사이버대화는 성과를 내는데 실패했으며 오히려 양국은 상대에 대한 사이버역량을 강화함으로써 사이버무기 경쟁을 초래하고 있고 결과적으로 상호 불신과 갈등만 증대되었다(VornDick 2013).

미국과 중국의 사이버안보 갈등은 2005년 타임매거진(Time Magazine)이 중국의 미국 에너지부와 같은 정부기관과 핵무기 연구기관 등에 대한 사이버공격을 보도하면서 제기되었지만 공식화되지는 않았다(Thomborough 2005). 미중 간 사이버안보 갈등이 본격적으로 전개된 것은 2010년 구글과 중국정부 사이에 해킹과 지적재산권 침해 문제가 제기되면서부터 시작되었다. 구글은 중국해커들에 의해 구글

계정과 인프라가 해킹당했다고 주장하며 자사의 홈페이지에 '새로운 접근'이라는 글을 게재하여 상황의 변화가 없을 경우 중국에서의 서비스 중단을 경고했다("A New Approach to China" Jan. 12 2010).

이에 대해 중국은 즉각 구글 해킹과 중국정부는 전혀 관련이 없고 구글의 내용은 중국 국내법을 따라야 한다고 주장함으로서 구글의 해킹관련 주장을 부인하며 동시에 구글의 사업내용이 국내법 적용 대상임을 분명히 했다(CNN News Jan. 25 2010). 다국적 사이버기업인 구글과 중국정부간의 갈등은 결국 미국과 중국정부의 국가 간 갈등으로 비화되어 힐러리 클린턴 당시 미국무부장관은 인터넷과 정보의 자유를 강조하며 중국을 겨냥했고 미의회도 구글 해킹사건을 비난하며 진상조사를 위한 결의안을 채택해 중국을 압박했다(김상배 2012: 398-399). 결국 사이버주권을 강조하는 중국의 압박에 따라 구글은 검색사이트를 홍콩으로 이전하는 등 미중 간 사이버 갈등이 확산되는 계기가 되었다. 이는 사이버공간의 운영원리 및 규범에 대한 미중 간의 주도권 대결의 일환으로 간주된다. 즉 '사이버공간의 자유' 원칙을 강조하는 미국과 '사이버주권'을 주장하는 중국의 '사이버공간의 표준원리' 확보 경쟁인 것이다(배영자 2011: 71).

그러나 '사이버공간의 표준' 경쟁으로 시작된 미국과 중국의 사이버 갈등과 경쟁은 사이버공격, 사이버스파이, 사이버절취 사안 등으로 확대되며 시간이 지날수록 격화되는 경향을 보이고 있다. 미국방부는 의회에 제출한 보고서에서 중국군이 매년 5만 건 이상 미국 네트워크에 접근해 첩보활동을 전개하고 있고 특히 미국항공우주국에 침투하여 정보를 절취하고 통제기술을 확보했다고 명확히 지적했다(Office of the Secretary of Defense 2013: 36). 미국은 중국의 사이버해킹과 첩보활동이 미국국방기관 또는 방위산업체 등에서 유력 무기기술의 유출과 정보수집에 집중되어 있다고 비난했다.

2012년 미항공우주국(NASA)은 NASA의 제트추진 연구네트워크에 중국접속주소를 가진 사이버침입이 있었다고 주장했다. NASA는 이 침입자가 NASA 기밀자료를 절취하고 중요 자료들을 제거, 수정, 또는 복사할 수 있는 전면적 통제력을 확보했다고 강조했다(House Committee on Science, Space, and Technology Subcommittee on Investigations and Oversight 2012). 미국은 이러한 해킹의 배후로 중국을 지목하고 있으며 더 나아가 미국의 첨단 무기체계와 기술에 대한 사이버스파이 및 사이버약탈의 혐의를 추가하고 있다. 미국의 미중경제안보검토위원회(U.S.-China Economic and Security Review Commission)는 의회에 제출한 보고서에서 중국 사이버행위자들이 미국 최신 전투기인 F-35 제작업체들의 네트워크에 침투하여 디자인을 절취했다고 주장했다(US-China Economic and Security Review Commission 2012). 다양한 전문가와 매체들도 중국의 스텔스전투기인 J-31과 F-35가 비슷한 디자인을 보이는 이유는 중국의 사이버절취에 기인한다고 강조하고 있다(Defense News Nov. 15 2014).[239)]

미국의 언론들은 보다 다양한 중국의 사이버절취 혐의를 제기했다. 블룸버그는 중국의 사이버해커들이 미국의 군사로봇, 인공위성 그리고 전투용 헬리콥터 등을 제작하는 퀴네티크(QinetiQ) 네트워크에 침입하여 수백만 장의 중요 연구 자료들을 절취하였으며 결과적으로 중국은 퀴네티크의 디자인과 유사한 군사로봇을 제작했다고 주장했다(Bloomberg May 2 2013). 〈뉴욕타임즈〉도 중국의 사이버스파이

239) (2015/3/29 검색)
http://archive.defensenews.com/article/20141115/DEFREG03/311150035/With-J-31-Flight-China-Makes-Statement

들이 페이트리옷 미사일체제(Patriot missile system) 등과 같은 50개 이상의 매우 중요한 미국 군사기술과 첨단무기체계 자료를 절취했다고 보도했다(New York Times May 27 2013).

2013년 들어서는 중국 사이버공격에 직접적인 피해업체들의 주장이 연쇄적으로 전개되었다. 미국보안업체 맨디언트와 시만텍 등은 다수의 사이버공격이 중국으로부터 전개되었다고 주장했다. 매디언트와 시만텍은 자사 네트워크에 대한 사이버공격은 "매우 효율적인 팀"에 의해서 자행되었으며 중국군의 비밀조직이 관련되어 있다고 주장했다(Mandiant 2013; Symantec 2013). 매디언트는 중국해방군의 특별부대(상해 제2국, 61398부대)가 15개국에서 기술정보부터 금융서비스까지 141번 이상의 다양한 사이버범죄를 저질렀고 중국정부의 직접적 지원을 받았다고 주장했다(Mandiant 2013).

중국의 사이버공격에 대한 미국사회의 우려는 정부입장으로 공식화되었다. 케이스 알렉산더(Keith Alexander) 미국사이버사령관은 사이버공격을 통해 한 해 동안 발생하는 미국 피해의 금전적 가치는 3,380억 달러에 달한다고 주장했다(Rogin 2012). 즉 모든 피해가 중국의 사이버범죄에 의해서 발생하는 것은 아니지만 중국이 사이버범죄 등을 통해서 지적재산과 연구개발(R&D) 결과를 절취하고 있다는 것이다. 특히 2013년 오바마 미대통령은 시진핑 중국주석과의 정상회담에서 중국의 사이버공격에 대해 구체적으로 증거를 제시하며 양국의 사이버범죄에 대한 문제의식의 필요성과 국제규범 정립을 강조함으로써 중국의 사이버공격 사안을 정상회담의 공식 의제화했다(The Telegraph June 8 2013).

이에 대해 시진핑 중국주석은 "중국이 오히려 사이버공격의 희생자"라고 주장하며 문제해결을 위해 적절한 수단을 강구할 것을 주장했다. 이는 중국이 미국 사이버공격의 대상임을 강조하는 것이며 이미 중국 사이버담당 고위관료는 중국에 대한 수많은 미국의 사이버공격 증거 자료를 확보하고 있다고 주장했다(The Telegraph June 8 2013). 특히 중국국방부 대변인은 미국의 중국에 대한 사이버공격 혐의 부과는 사이버공간에서의 선제공격전략을 정당화하기 위한 목적이라고 비난했다(Defense Ministry spokesman Geng Yansheng's press conference on February 28 2013). 중국은 미국의 중국 사이버역량에 대한 개입과 압력은 사이버안보 차원보다는 미국패권을 유지하려는 목적에서 추진된다고 평가했다(People's Daily May 8 2013). 즉 중국은 미국이 사이버공간에서의 자유를 주장하지만 동시에 우월한 사이버역량을 바탕으로 패권을 유지하려는 이중적 전략을 추진하고 있다고 주장하는 것이다(People's Daily June 24 2013; People's Daily Jan. 26 2010).

따라서 이러한 미중정상들의 사이버안보에 대한 대화에도 불구하고 양국 간 사이버 갈등은 더욱 악화되었다. 2014년에는 미국연방대배심이 미국의 기업정보를 사이버공간에서 절취했다는 혐의로 중국인민해방군 소속 5명을 '사이버범죄' 혐의로 기소했다(서울경제 2014년 5월 20일). 미법무부는 중국 인민해방군 61398부대 소속 장교 5인이 미국 웨스팅하우스사와 US스틸 등 5개 기업의 네트워크에 침투해 기밀정보를 절취했다고 주장했다. 즉 미국법원은 중국군 일부가 미국기업의 비밀정보를 획득하여 자국 기업에 이익을 제공했다고 간주한 것이다. 제임스 코미 연방수사국(FBI) 국장도 중국정부가 자국의 국영기업에 경제적 이익을 주기위해 사이버스파이 행위를 해왔다고 주장했다.

반면 중국은 미국의 중국군 기소에 즉각 반발하여 겅옌성 중국국방부 대변인은 중국정부와 군의 사이버절취 관련주장을 부인하며 오히려 미국의 기소를 저의에서 비롯되었다고 주장했다(전자신문 2014년 6월 15일). 미국의 중국군 기소 직후 중국에서 마이크로소프트사의 윈도8 사용금지가 이루어졌고 친강 외교부 대변인은 미국의 기소는 자국의 사이버안보를 강화하기 위해 조작한 것이며 이번 기소가 양국관계를 손상시킬 것이라고 주장했다(내일신문 2014년 5월 20일). 특히 중국은 2013년 미국의 도감청을 폭로한 에드워드 스노든의 주장을 근거로 사이버감시와 해킹을 자행한 것은 미국이라고 강조했다(YTN 2014년 5월 27일).

2014년 11월 미국국가안보국 국장이 청문회에서 중국이 사이버공격을 통해서 미국의 전력망을 마비시킬 수 있다고 주장하자 훙레이 중국외교부 대변인은 2014년 상반기 동안에만 중국의 컴퓨터 600만대가 원격조종되었고 그 배후에는 미국이 있다고 주장하며 중국은 이에 대응하기 위해 더 많은 전문인력을 양성할 것이라고 언급했다(YTN 2014년 11월 27일). 중국국방부 대변인도 중국국방부 네트워크가 매월 8만 건 이상 외국으로부터의 사이버공격을 받는다고 주장하며 특히 미국은 사이버전쟁 훈련을 실시하는 등 사이버공간의 긴장을 고조시키고 있다고 비난했다(Zhang 2012: 805).

이렇듯 중국은 미국의 사이버공격 주장에 대해 부인하며 오히려 미국의 사이버패권주의와 해킹 등의 사이버공격에 대해 비난하고 있는 것이다. 중국은 미국이 사이버공간의 자유를 강조하지만 동시에 미국패권유지를 위해 경쟁국을 압도하는 수단으로 활용한다고 주장하는 것이다(Desheng 2011). 중국은 미국이 공격용 사이버무기를 강화함으로서 선제적 사이버공격을 위한 체제를 구축하는 등 인터넷의 군사화를 추진했다고 강조했다. 더 나아가 중국은 미국이 중국을 사이버해킹과 공격의 배후로 규정하는 것도 미국의 선제적 사이버공격을 정당화하기 위한 것이며 이는 궁극적으로 미국패권 유지를 위한 것이라고 주장하고 있다(Sheng 2013ⓑ). 뉴욕타임즈도 미국이 중국, 러시아, 이란, 파키스탄 등 주요 감시국에 대해 미국과 이스라엘이 2008년 이란 핵시설에 침투시켰던 '스턱스넷'과 같은 컴퓨터바이러스를 심어 감시와 파괴를 가능하게 하고 있다고 폭로했다(The New York Times Feb. 16 2015).[240)]

그러나 중국의 사이버공격 부인에도 불구하고 오바마정부의 사이버공격에 대한 대중국 인식은 변하지 않고 있다. 2014년 12월 오바마대통령은 중국이 사이버절취에 관여하고 있다는 것은 반박의 여지가 없다고 주장하며 중국이 스스로 해결해야 한다고 강조했다(뉴시스 2014년 12월 4일). 이어서 오바마대통령은 2015년 4월 "사이버위협은 미국의 경제와 안보를 저해하는 가장 심각한 위협요인 중 하나"라고 언급하며 사이버공격의 주체들에 대해 자산동결과 은행시스템 접근 불가 등의 강도 높은 제재를 가할 수 있는 권한을 미재무부에 허용하는 행정명령을 발동함으로서 사이버공격국들과의 대결적 기조를 강화시켰다(세계일보 2015년 4월 2일). 오바마대통령이 사이버공격을 국가비상사태로 규정하며 직접 중국을 언급하지는 않았지만 사이버공격에 대한 강도 높은 보복을 천명한 것으로써 이는 향후 미중 간 사이버안보 갈등이 심화되고 오프라인의 경제 분쟁으로 확대될 수 있음을 보여주는 것이다. 이에 대해 화춘잉 중국외교부 대변인은 미국의 국내법에 의한 일방적 조치를 비난하며 협상을 통한 해결을 주장했다(중앙일보 2015년 4월 3일).

---

240) (2015/3/29 검색)
http://www.nytimes.com/2015/02/17/technology/spyware-embedded-by-us-in-foreign-networks-security-firm-says.html?_r=0

이렇듯 미국과 중국은 사이버안보 역량을 경쟁적으로 강화하면서도 사이버안보 갈등의 책임은 상대에게 전가하는 행태를 보이고 있다. 특히 중국은 미국의 사이버역량 강화와 중국에 대한 사이버공격 혐의 부과를 미국의 '사이버 역량 우위'를 확보하여 미국패권을 유지하기 위한 일환으로 규정하고 있다. 반면 미국은 중국이 공격적인 사이버전략 통해 손쉽게 미국의 군사 및 경제 기밀정보 등을 확보하여 자국의 역량은 강화하고 반대로 미국의 역량을 약화시킴으로서 미국패권에 도전하기 위한 것으로 간주한다.

미국과 중국은 초기 방어적 사이버안보정책을 추진했지만 점차 상대국에 대한 공격적인 전략을 채택하고 상대에 대한 사이버공격을 전개하면서 공수구분이 더욱 어려워지고 공수균형도 무너지면서 안보딜레마의 사이버경쟁이 심화되고 있는 것이다. 즉 안보딜레마이론의 주장과 같이 무정부상태의 성격을 보이는 사이버공간에서 공수구분이 어려운 사이버무기의 본래의 속성과 양국의 공격적 사이버무기체계의 강화가 공수구분의 어려움은 물론 공수균형까지 약화시켜 사이버역량 강화경쟁을 촉발시키고 있다는 것이다. 특히 미국이 사이버역량 강화를 통해 패권유지를 추구한다는 중국의 인식과 중국이 사이버공격을 통해 미국패권을 위협한다는 미국의 인식이 미중 간 힘의 분배상태의 변화와 결합되면서 사이버공간에서의 경쟁과 갈등을 더욱 심화시키고 있는 것이다.

VI. 결론

미국과 중국은 사이버공간에서 치열한 갈등과 경쟁을 전개하고 있다. 양국은 서로 상대국이 사이버공격을 전개하고 있다고 비난하고 있지만 사이버국제규범 제정과 같은 협력에 대한 노력은 의미 있게 추진하지 않고 있다. 또 양국은 보다 공격적인 사이버무기를 개발하는 등 자국의 사이버역량은 지속적으로 강화하고 있지만 사이버역량 공개도 시행하지 않고 있기 때문에 상대국 사이버전략과 역량에 대한 불확실성은 커지고 있다. 아울러 사이버공격 주체 규명의 기술적 제약과 행위주체의 다양성은 상대의 공격을 억지하고 보복하는 데에도 심각한 한계를 보여주고 있다. 즉 미중 간 사이버 협력의 부재, 상대국의 사이버전략과 역량에 대한 높은 불확실성 그리고 사이버공격 책임소재 규명의 어려움 등이 무정부상태의 효과를 극대화함으로서 양국이 자력구제의 사이버안보 정책을 추진하게 되어 결과적으로 갈등과 경쟁이 첨예하게 전개되었다는 것이다. 특히 안보딜레마이론의 주장과 같이 미국의 이란 핵프로그램에 대한 스턱스넷(Stuxnet) 사이버공격 등은 중국으로 하여금 사이버안보 역량 강화를 촉진한 요인으로 작용함으로써 사이버무기의 공격화와 첨단화가 안보딜레마의 효과를 양산하여 미중 간 사이버안보 갈등과 경쟁을 심화시킨 것을 확인했다.

그러나 안보딜레마이론이 주장하는 '공수구분' 및 '공수균형' 요인이 미중 사이버경쟁을 충분히 설명하는 데는 한계를 보였다. 사이버무기가 본질적으로 공수구분이 어려운 속성을 보이고 최근 공격적 사이버무기가 전 세계적으로 급속히 확산되고 있지만 다른 국가들 사이보다 미국과 중국 사이에서 사이버갈등과 경쟁이 더욱 치열하게 전개되고 있기 때문이다. 미중 사이버갈등과 경쟁의 심화는 무정부상태에서의 안보딜레마 요인과 더불어 양국 간 패권경쟁의 요소도 작용하고 있다. 중국의 부상과 미국의 쇠퇴에 따른 양국 간 힘의 분배상태의 변화와 이에 기인한 상호 적대적 인식이 사이버 경쟁을 부채질하고 있는 것이다.

즉 미중 간 힘의 격차가 축소되는 구조적 변화의 상황에서 양국 정상들의 상대국에 대한 인식도 사이버안보 갈등을 확대하는 효과를 보였다. 오바마 미대통령은 중국이 사이버공격을 통해 미국의 군사기밀과 기업비밀을 절취하여 중국의 무기체계 및 기업 경쟁력 강화를 추진하고 있다고 간주함으로서 미국 사이버역량 강화와 중국에 대한 보복을 보다 강력하게 추진했던 것이다. 시진핑 중국주석도 중국을 사이버공격의 피해자라고 규정하는 등 미국의 패권적 사이버전략이 미중 간 사이버안보 갈등의 원인으로 인식하고 있다. 특히 중국이 미국의 우월한 사이버역량 추진과 공격적 전략을 미국 패권 유지의 일환으로 인식하고 있다는 점도 중국 사이버역량 강화를 추진하는 요인이었다.

미중 간 힘의 분배상태 변화라는 구조적 요인은 미중정상들의 상대국 사이버전략에 대한 인식 형성에 중요한 영향을 미쳤다. 쇠퇴하는 패권국 미국과 부상하는 도전국 중국은 사이버공간을 미래 국제사회의 주도권 경쟁 대상 영역으로 간주하여 치열한 경쟁을 전개한 것이다. 미국은 우월한 사이버역량을 바탕으로 '사이버공간의 자유화'라는 원칙을 추진하여 기존질서를 유지하려는 반면 중국은 '사이버주권'을 강조하여 자국 사이버공간을 보호하고 동시에 사이버역량을 급속히 강화시켜 미국과 경쟁할 수 있는 사이버전략을 추진했던 것이다. 즉 미국은 이러한 중국의 사이버공간에서의 공격적 행태를 미국패권에 대한 도전으로 간주하여 중국을 관리, 통제할 수 있는 역량을 확보하는 사이버우위(cyber primacy) 전략을 추진하고 있는 것이다(장노순 2013). 반면 부상하는 중국은 미국이 패권을 사이버공간에서도 구조화하려는 것으로 간주하고 사이버안보를 확보하고 미국패권 견제를 위해 사이버역량의 세력균형과 다극화를 추진하는 것이다. 세력전이의 구조적 요인도 미중 간 사이버안보 갈등과 경쟁을 심화시키는 효과를 보이는 것이다.

이는 본 연구가 주장한대로 사이버무기의 공수구분의 모호성과 상대국의 사이버전략에 대한 부정적 인식 등의 요인들이 사이버공간에서의 무정부상태 효과를 증폭시켜 미중 간 사이버역량 강화 경쟁을 촉진시킨 것을 확인하는 것이다. 더불어 양국 간 세력전이 과정에서 나타나는 패권경쟁이라는 국제구조적 요인도 미중 간 사이버안보 경쟁을 심화시키는 역할을 수행했음을 보여주고 있다. 따라서 사이버 국제규범 및 제도가 부재하고, 핵무기와 같은 억지효과를 보이는 사이버무기가 등장하지 않거나, 진입장벽의 급격한 증가가 없는 한 그리고 행위자의 정체성 규명에 대한 획기적 기술이 도입되지 않는 한 미중 간 사이버안보 경쟁과 갈등은 지속될 가능성이 큰 것이다. 즉 사이버공간의 무정부상태 효과를 감소시키는 노력들이 전개되지 않는 한 안보딜레마의 상황은 반복될 가능성이 높고 따라서 미중 간 사이버경쟁은 상당기간 계속될 것이며 더 나아가 갈등의 소지가 많은 한반도를 포함한 동북아시아지역 전체로 확산될 가능성이 큰 것으로 평가된다.

제 5 장

미중 해양패권경쟁

: 대양해군전략 vs 요새/견제함대전략

I. 서론

파나마운하는 카리브해와 태평양을 잇는 최단거리 항로로서 2014년 완공 100주년이 되었고 미국 해양패권 유지에 크게 기여해 왔다. 미국에 의해 건설된 파나마운하는 1999년 파나마정부에 운하 관리권을 이전하기 전까지 미국이 실질적으로 통제했고 현재도 언제든 비상사태가 발생할 경우 미국의 개입이 제도화되어 있다. 이는 미국이 대서양과 태평양을 잇는 세계 물동량의 5%를 담당하는 항로에 대한 통제권을 확보한 것으로 의미하는 것이며 항로를 이용하는 모든 국가는 미국에 취약성의 의존을 회피하지 못하는 것이다.

그러나 2014년 12월 니카라과정부와 홍콩니카라과운하개발(HKND)은 카리브해와 태평양을 잇는 운하건설을 시작함으로서 미국의 중미항로 독점시대는 막을 내리게 되었다.[241] 중국자본인 홍콩니카라과운하개발이 운하 건설권과 50년 운영권을 확보함으로서 중국이 실질적으로 니카라과운하를 통제하게 된 것이다. 이는 미국의 해양통제권에 대한 중국의 도전을 의미하는 것이다.

이러한 중국의 해양에서의 영향력 확대는 걸프해에서도 나타나고 있다. 중국은 2014년 9월 유도미사일 탑재 구축함인 창춘호를 포함한 해군전함 2척을 이란의 군항 반다르아바스에 정박하고 이란과의 합동군사훈련을 실시했다. 중국전함이 미국의 사활적 이해가 걸린 전력요충지 걸프에 정박한 것은 물론 이란과 합동군사훈련을 실시한 것은 처음 있는 일이다. 미국은 바레인에 기지를 두고 항시 항공모함을 배치하여 걸프해의 호르무즈해협의 통제권을 유지하고 있다. 특

241) 연합뉴스, 2014년 12월 30일.

히 호르무즈해협은 전 세계 석유 및 가스수송량의 40%가 통과하는 높은 전략적 가치를 가진다는 점에서 중국전함의 걸프만 진출과 이란과의 군사훈련은 역내 해양질서를 위협하는 요인으로 작용하는 것이다. 이에 대해 중국군사전문가는 중국의 걸프해 진출은 미국의 대중국 해양견제정책에 대한 대응 차원에서 미국이 중시하는 걸프만에 진출하는 '서진 전략'의 일환이라고 주장하기도 한다.[242)]

중국의 '서진 해양전략'은 시진핑 주석이 일대일로(一帶一路) 정책을 천명하면서 본격화되고 있다. 시진핑은 2013년 9월 시안-중앙아시아-유럽을 잇는 육상실크로드(일대)와 푸젠성 취안저우-동남아-아프리카-유럽을 잇는 해상실크로드(일로)의 일대일로정책을 발표했다. 이는 이미 중국이 인도양 지역의 해양력 강화를 위해 인도양 해안국들에 물류항 또는 해군정박항을 구축하는 '진주목걸이 전략'과 결합되면서 중국의 해양력 확장을 제도화하고 미국의 역내 해양력을 견제하는 효과를 보이고 있다.[243)]

이러한 원양 해역에서의 영향력 확대와 더불어 중국은 근해에서도 강력한 해양정책을 전개하고 있다. 중국은 남중국해와 동중국해 해역을 '핵심이익' 영역으로 규정하고 중국근해의 통제력 강화를 적극적으로 추진하고 있다. 이런 맥락에서 중국은 일본과의 조어도 영유권 분쟁을 통해 동중국해를 그리고 베트남 및 필리핀 등과의 남사군도 영유권분쟁으로 남중국해의 통제력을 강화하고 있다.

중국의 원근해에서의 해양력 강화는 불가피하게 기존 해양패권인 미국과의 갈등을 불러오고 있다. 미국은 중국해군의 팽창을 저

---

242) 한겨레신문, 2014년 9월 23일.

243) 이대우, "인도양 해양질서 변화: 중국의 진출과 주변국 대응," 『세종정책연구』, 세종연구소, 2012, p. 24.

지하기 위해 중국의 원근해 진출을 차단하는 정책을 추진하고 있다. 즉 미국은 과거와는 달리 중국의 해양팽창 시도에 대해 적극적으로 개입하고 있다. 예컨대 중국과 일본의 조어도 분쟁과 관련해 미국은 항모 2척을 주변해역에 파견하여 중국을 압박했으며 오바마 미국대통령은 직접 조어도를 미일동맹의 대상지역이라고 규정함으로서 동중국해에서의 중국 영향력 강화 시도를 적극 견제했다.[244) 더욱이 남사군도 영유권분쟁으로 중국과 필리핀의 군함들이 대치하는 상황에서도 미국은 필리핀에 핵잠수함을 정박함으로서 중국 해양팽창 저지 의지를 명확히 했다.

같은 맥락에서 미국은 2010년 천안함사건 발생 직후 중국의 반대에도 불구하고 제7함대를 서해에 파견함으로서 명목상으로는 북한에 대한 무력시위의 성격이 컸지만 중국이 내해(內海)라고 주장하는 서해에 대한 중국의 통제력을 인정하지 않음을 명확히 했다. 미국의 중국 해양 통제권에 대한 견제는 타이완해협에서 가장 강력하게 전개되었다. 1995년 중국이 타이완총통선거 실시를 앞두고 타이완 부근 해역에 대한 미사일 발사와 상륙훈련 등을 실시하자 미국은 니미츠와 인디펜던스 항공모함단을 타이완 해역에 파견하여 타이완해협에 대한 미국의 행상 통제권을 분명히 했다.

왜 중국은 주변국은 물론 미국과의 분쟁을 야기시키는 해양력 강화를 적극적으로 추진하는가? 왜 미국은 중국의 제3국과의 해양분쟁에 적극적으로 개입하는가? 어떤 이론적 접근법이 중국과 미국의 해양갈등을 보다 적절히 설명하는가?

이에 본 연구는 미국과 중국의 해양갈등과 경쟁의 원인을 규명하

244) 연합뉴스, 2014년 4월 23일.

고 체계적으로 설명하는데 목적이 있다. 이를 위해 본 연구는 세력전이이론을 통해 미국과 중국의 해양경쟁과 갈등을 접근한다. 이런 맥락에서 본 연구는 미중 간 해양경쟁과 갈등은 패권국의 쇠퇴와 도전국의 부상에 따라 나타나는 세력전이의 과정에서 불가피하게 발생하는 현상이라고 주장한다. 즉 미국의 쇠퇴와 중국의 부상으로 양국간 힘의 격차가 축소되는 가운데 중국의 해양력 강화와 이에 대한 미국의 대응이 패권의 필수요소인 해양통제권에 대한 갈등과 경쟁으로 나타난다는 것이다.

이에 본 연구는 우선 미중 해양패권 경쟁과 갈등 설명을 위해 이론적 접근법으로 제시한 세력전이이론(power transition theory)에 대한 논의로 시작한다. 둘째, 이러한 이론적 논의를 배경으로 본 연구는 중국의 부상과 더불어 전개된 중국의 해양정책의 변화에 대해 연구한다. 특히 중국해양정책 변화에 따른 중국의 해양력 강화에 대한 경험적 사례를 살펴본다. 셋째, 본 연구는 중국의 해양력 강화에 대한 미국의 대응을 파악하기 위해 미국의 해양정책을 분석하고 이를 배경으로 미국의 중국에 대한 대응 사례들을 조사한다. 마지막으로 이런 연구결과를 바탕으로 본 연구가 제시한 이론적 접근법의 적실성을 평가하고 향후 미중 해양패권 경쟁에 대해 전망한다.

II. 이론적 논의

일부 현실주의 이론가들은 해상통제권을 패권의 필수 조건으로 주장하고 있다. 로버트 길핀(Robert Gilpin)은 압도적인 해군력을 바탕으로 한 해상통제권 장악이 패권의 필요조건으로 주장한다.[245] 해상통제권을 통한 자유무역질서의 확립으로 패권국은 경제적 이익을 확보하고 패권을 유지할 수 있다고 강조하는 것이다. 즉 패권유지에 있어 필수적인 경제력을 확보하기 위해서는 해상운송기술과 해군력의 우위 점유가 필수적이라는 것이다.[246] 조지 모델스키(George Modelski)도 패권국들에 대한 경험적 연구에서 과거 500년간 패권국들은 해양무역을 통해 경제력을 확보해왔다고 주장하며 해상 및 무역항로 통제권 등을 패권국의 필요조건으로 강조하고 있다.[247] 알프레드 마한(Alfred Mahan)은 보다 직접적으로 해양패권국의 조건을 규정하고 있다. 마한은 국가의 생존과 번영은 안전한 해상교통로 확보에 있다고 주장하며 해상로를 지킬 수 있는 강력한 해군력이 해양패권의 필수요소라고 강조했다.[248] 따라서 압도적인 해군력은 자유무역을 통한 자국의 경제적 번영과 타국 통제를 가능하게 함으로써 패권을 유지할 수 있게 한다는 것이다.

핵무기, 공군, 우주 등에서의 군사역량이 미래 전쟁을 규정하는 양상에서 해양력이 패권유지에 갖는 군사적 의미는 제한적일 수 있지만 경제력 유지에는 해상통제권이 필수적이라는 점에서 본 연구는 해상통제권을 패권의 필수 요소라고 간주한다.

따라서 본 연구는 미중 간 해양갈등과 경쟁은 미국의 쇠퇴와 중

---

245) Robert Gilpin, *U.S. Power and the Multilateral Corporations*, New York: Basic Books, 1975.

246) Robert Gilpin, *War and Change in World Politics*, New York: Cambridge University Press, 1981, p. 125.

247) George Modelski, "The Long Cycle of Global Politics and the Nation-State," *Comparative Studies in Society and History*, Vol. 20, 1978, p. 229.

248) 알프레드 마한, 『해양력이 역사에 미치는 영향 1』, 서울: 책세상, 1999, p. 73

국의 부상에 따른 양국 간 해양력 분배상태의 변화의 산물이라고 주장한다. 세력전이이론은 지배국과 강대국 사이의 힘의 분배상태의 격차 축소 또는 소멸이 양국 간 갈등과 분쟁을 일으키고 궁극적으로 전쟁의 가능성이 커진다고 주장한다.[249] 케네스 오간스키(Kenneth Organski)는 국가간 힘의 분배상태의 변화는 개별 국가들의 산업화 증가 속도에 따라 나타난다고 주장한다.[250] 산업화의 속도에 따라 발생한 경제성장 속도의 차이가 지배국과 강대국의 국력의 격차를 축소시킨다는 것이다. 길핀도 패권국과 도전국의 국력 격차의 축소를 불가피한 현상이라고 강조한다. 즉 패권국은 '공공재'와 같은 패권체제 유지비용이 점차 자국의 경제역량을 상회하게 되고 다른 국가들은 자유경제체제에서 더 많은 이익을 얻게 됨에 따라 패권국과 도전국은 불균등한 성장률을 보일 수밖에 없어 결과적으로 힘의 분배상태의 변화가 온다고 주장하는 것이다.[251]

이렇듯 세력전이이론들은 도전국의 부상과 패권국의 상대적 쇠퇴에 의한 세력전이의 상황에서 양국 간 갈등과 경쟁의 심화의 높은 가능성을 주장한다. 쇠퇴하는 패권국은 패권유지와 도전국 부상방지를 위해 봉쇄정책을 채택하거나 여전히 우월한 역량이 소진되기 전에 예방적인 선제공격을 전개한다고 주장한다.[252] 특히 무정부상태에서 쇠퇴하는 패권국은 도전국을 신뢰할 수 없기 때문에 도전

---

249) A.F.K. Organski, *World Politics*, New York: Alfred Knopf, 1968, p. 369.
250) *ibid*., p. 342.
251) Robert Gilpin, *op. cit*., 1981, pp. 159-184; 기존 패권국과 부상하는 국가들 사이의 불균등성장이론에 대한 최근 연구는 다음을 참조. Richard Saull, "Rethinking Hegemony: Uneven Development, Historical Blocs, and the World Economic Crisis," International Studies Quarterly, Vol. 56, 2012.
252) Robert Gilpin, *ibid*., 1981, pp. 192-194 & 197.

국에 대한 견제를 할 수밖에 없다는 것이다.[253)]

반대로 도전국은 패권국과의 힘의 격차가 축소되면서 자국에 유리한 국제질서를 추구하게 되고 이러한 과정에서 기존 패권국과의 갈등이 발생한다는 것이다. 오간스키는 지배국과 도전국의 힘의 격차 축소라는 물질적 요인과 더불어 도전국의 기존 질서에 대한 불만족 정도라는 인식적 요인도 도전국의 행태를 결정하는 요인으로 주장한다.[254)] 즉 지속적인 국력신장을 추진하는 도전국은 기존 질서에 대한 불만족도가 커질 경우 현상타파의 동기도 아울러 커지면서 패권국과의 갈등과 경쟁이 심화된다는 것이다.

이러한 현실주의이론에 기반한 세력전이 접근법은 도전국 중국의 부상과 패권국 미국의 쇠퇴가 양국 간 세력전이 현상을 가져와 해양에서의 양국 간 경쟁과 갈등을 촉진시키고 있다고 주장하는 것이다. 지속적인 경제성장을 바탕으로 국력이 신장된 중국이 쇠퇴하는 패권국 미국과의 국력 격차가 축소되면서 자국에 유리한 국제질서 구축을 시도했고 반대로 미국은 패권유지를 위해 중국의 변화 시도를 견제하면서 양국 간 갈등과 경쟁이 심화된다는 주장이다.

보다 구체적으로, 국력이 급속히 강화된 중국은 미국주도의 국제해양질서에 대한 불만족도가 커지면서 해양력 강화를 추진하고 기존 해양질서에 대한 변화를 추동하고 있다는 것이다. 즉 자국 안보에 직접적인 영향을 미치는 남·동중국해역 등에서도 미국이 해상통제권을 행사하고 중국은 이에 대한 취약성을 노출하고 있는 해양질서에 대해 중국의 불만족도가 증가하면서 미중 간 해양갈등이

253) Dale C. Copeland, *The Origins of Major War*, Ithaca: Cornell University Press, 2000, pp. 40 & 49.

254) A.F.K. Organski, *op. cit.*, pp. 371-372.

증폭되었다는 것이다. 특히 지속적인 경제성장이 중국의 대내적 안정과 대외적 위상 강화에 가장 긴요한 조건인 상황에서 경제성장에 필수적인 무역항로 통제권도 미국이 장악하고 있다는 점도 중국의 기존 해양질서에 대한 불만족도를 증대시킨 것이다. 따라서 본 연구는 경제성장을 통해 미국과의 국력 격차를 축소한 중국이 미국 중심의 해양질서를 개선하기 위해 도전하면서 양국 간 해양갈등이 전개되었다고 주장한다.

반면 2008년 서브프라임 모기지 사태 발생 이후 경제적 쇠퇴에 직면한 미국은 패권유지에 필수적인 해양통제권 유지를 위해 중국의 해양력 강화를 견제하는 것이다. 미국은 중국의 해양력 팽창을 방치할 경우 타이완해협 등 남·동중국해역의 '자유항행'라는 미국이 제공하는 공공재가 위협받게 되고 결국 미국 중심의 해양패권질서도 무력화될 수 있다고 간주하여 패권유지 차원에서 중국의 해양력 확장을 적극적으로 봉쇄한다는 것이다.

따라서 본 연구는 중국의 부상과 미국의 쇠퇴라는 양국 간 세력배분 변화의 상황에서 기존 해양질서에 대한 불만족도가 높은 중국의 해양력 강화와 이에 대응해 패권을 유지하려는 미국의 봉쇄적 대중국해양정책이 양국 간의 해양갈등과 경쟁을 심화시키는 요인으로 규정한다. 즉 미중 간 해양갈등과 경쟁은 패권유지에 필수적 요소인 해양통제권을 견지하려는 미국과 해양대국화 전략으로 불만족도가 높은 기존 해양질서를 변화시키려는 중국이 충돌한 결과라는 것이다.

III. 중국의 해양정책

중국은 30여년에 걸친 장기적인 고도 경제성장을 바탕으로 국방력을 강화해왔다. 중국은 국방력 강화의 대표적인 측정 기준인 국방비를 매년 두 자리 수 이상의 비율로 증가시키고 있다. 스톡홀름국제평화연구소 보고에 따르면 중국 국방비는 2013년 1,884억 달러에서 2014년 2,016억 달러로 증가했으며 미국은 2013년 6,402억 달러에서 6,100억 달러로 감소되는 추세를 보여 중국은 미국에 3분의 1 수준으로 격차를 좁히고 있다.[255] 특히 해양력을 결정하는 해군예산도 지속적인 증가추세를 보여 최근 중국은 전체 국방비의 약 1/3 이상을 해군무기 현대화 및 전투력 강화에 투자하고 있는 것으로 알려지고 있다.[256] 즉 중국은 국방비를 다른 어떤 국가보다도 높은 비율로 증가시키고 있으며 동시에 해군력 강화에 집중하고 있는 것이다.

중국의 이러한 해군력 강화는 새로운 군사전략의 채택에서 비롯된 것이다. 1991년 미국의 항공모함을 중심으로 한 '전자게임전쟁'의 양상을 보인 걸프전의 경험은 중국으로 하여금 새로운 군사전략의 도입을 요구하게 했다.[257] 즉 미국의 해군을 중심으로 하는 전쟁전략은 중국으로 하여금 미국의 접근을 거부할 수 있는 해군역량

---

255) "Trends in World Military Expenditure 2014," SIPRI Fact Sheet, April 2015. http://books.sipri.org/product_info?c_product_id=496 http://milexdata.sipri.org/files/?file=SIPRI+milex+data+1988-2012+v2.xlsx (2015/4/5 검색)

256) 정재흥, "중국의 부상과 해양군사전략 재편," INChinaBrief, 『인천발전연구원』, Vol. 253, 2013년 10월 21일, p. 9.

257) Robert Farley, "What Scares China' Military: The 1991 Gulf War," *The National Interest*, November 24, 2014. http://nationalinterest.org. (2015/3/29 검색)

강화의 시급함을 인식하게 했다. 아울러 중국의 해양력 강화의 필요성은 중국 경제성장의 핵심요소인 국제무역 및 자원수입에 대한 안전한 해상로 확보와도 직접적인 관계가 있다.[258] 1992년부터 에너지순수입국으로 전환된 중국은 지속적인 경제성장을 위해서는 안전한 해상로 확보가 필수적이었던 것이다. 이러한 안보 및 경제적 목적에 따라 1993년 장쩌민 중국주석은 '새로운 시대를 위한 군사전략지침'을 발표하고 해군을 중국군의 전략군으로 규정하고 중국해군의 핵심전략을 '대륙방어'에서 '해양경제권익 수호'라는 포괄적 역할로 강화했다.[259]

이러한 맥락에서 중국의 탈냉전시대 해양정책은 접근거부(anti-access/access-denial) 역량 강화와 안전한 해상로 확보에 집중되었다. 첫째 접근거부 또는 반접근전략은 요새함대(fortress fleet)전략 개념[260]과 견제함대(fleet in being)전략 개념이라는 두 전통적인 해군전략에 바탕을 두고 있다. 요새함대전략은 해군이 육군의 보조적 역할을 수행하는 것을 전제로 하여 항구에서 침투하는 적에 대해 방어적으로 함포로 공격하는 전략을 의미한다. 18,000km의 대륙해안선을 가진 중국은 해양으로부터의 위협에 오랜 기간 동안 노출되었고 마침내 19세기중엽부터 서방열강들의 해양침략에 취약성을 보였다. 따라서 이러한 요새함대전략을 채택한 중국해군은 육군이 적을 퇴패시키는데 보조적 역할을 수행했다. 그러나 이러한 수세적 전략은 기

258) Andrew Erickson and Gabriel Collins, "China's Maritime Evolution: Military and Commercial Factors," *Pacific Focus*, Vol. XXII, No. 2, Fall 2007, p. 51.
259) 한국해양전략연구소, 『중국해군의 증강과 한·미 해군 협력』, 서울: 한국해양전략연구소, 2009, pp. 23-24.
260) James Holmes, "A 'Fortress Fleet' for China," *Whitehead Journal of Diplomacy and International Relations*, Summer/Fall 2010, pp. 115-28.

동작전 등과 같은 전략적 목표를 보다 효과적으로 달성할 수 있는 다양한 수단을 제약하는 것이라는 비판을 받았다.[261)]

중국해군의 '아버지'로 불리는 류 화칭(Liu Huaqing)은 이러한 해안 방어중심의 중국해군 전략을 제1도련과 제2도련으로 중국해군의 활동영역을 확장하는 새로운 개념의 '요새함대전략'을 제시했다.[262)] 즉 방어적 요새함대전략을 수정하여 보다 공격적이며 팽창적인 요새함대전략을 제시했다. 요새함대전략의 수정이 가능한 것은 대함순항미사일의 사거리와 정확도의 개선에 기인했다. 따라서 중국해안에서 수백킬로 떨어진 미국의 항공모함 또는 전함들을 공격할 수 있는 반접근 역량을 강화할 수 있었던 것이다.

둘째, '견제함대전략'은 일종의 '해양의 게릴라전'을 의미하는 것으로 해양통제의 목적이 아니라 적의 특정한 해역에서의 통제권을 부인하기 위한 반격(counteroffensive) 전략이다.[263)] 즉 기회가 있을 때마다 적을 약화시키기 위한 공격을 감행하는 공세적 전략인 것이다. 중국 견제함대전략의 핵심적 수단은 잠수함함대와 대함정공격무기다. 따라서 견제함대전략은 반육지접근전략이 아니라 반해역접근전략인 것이다. 중국은 다수의 잠수함함대를 통해 근해에서 접근하는 적함정을 탐정하고 감시함으로서 특정해역에서의 적의 통제권을 부인할 수 있으며 또 타국 해군의 중국에 대한 감시활동을 제약

---

261) *ibid*, p. 117.

262) 류 화칭은 2000년까지 중국해군의 활동영역을 쿠릴열도-일본-류큐-타이완-필리핀으로 이어지는 제1도련까지 2020년까지는 보닌제도-마리나제도-캐롤라니나제도로 이어지는 제2도련까지 확장해야 한다고 주장했다. Andrew Scobell and Andrew J. Nathan, "China's Overstretched Military," *Washington Quarterly* 35, no. 4, Fall 2012, p. 142.

263) James Holmes, *op. cit.*, p. 120.

함으로서 접근을 거부하는 것이다.

중국의 접근거부 또는 반접근전략은 냉전시대 소련이 추진했던 해양정책과 유사한 전략이며 미국의 개입을 억제하는데 초점이 맞추어져있다.[264] 미국의 중국에 대한 군사력투사능력을 약화 또는 견제하는 데 목적이 있으며 궁극적으로 미국의 접근을 제1도련 또는 제2도련 밖으로 제한시키는데 집중하는 것이다. 반접근전략은 2006년 후진타오 중국주석이 미국해군에 대한 중국해군의 대응을 주문하면서부터 공개되었다. 후진타오는 "중국해군은 미국해양패권에 대응할 수 있는 역량을 구축해야 한다"고 강조했으며 이를 위해 "중국해군은 대양에서의 공군능력과 군사력투사능력을 강화시켜야 한다"고 주문했다.[265] 같은 맥락에서 후진타오는 2007년 17기 중국공산당 전국대표대회 보고서에서 "영유권 보호, 해양수송 및 에너지자원의 전략적 해상로 확보 등 중국의 해양이익과 권리를 보호하기 위해 중국해군은 근해에서의 활동 역량을 증강시켜야 하지만 동시에 대양에서의 작전 역량도 강화시켜야 한다고 주장"함으로써 중국의 해양정책 기조가 단순히 반접근이 아닌 대양에서의 주도권 확보도 포함하고 있음을 명확히 했다.[266] 이러한 중국 해양정책 기조는 시진핑정부 등장 이후 더 강화되고 있다. 시진핑 중국주석은 18기 중국공산당 전국대표자대회 보고서에서 해양강국과 해양권익을 강

---

264) Roger Cliff, Mark Burles, Michael S. Chase, Derek Eaton, and Kevin L. Pollpeter, *Entering the Dragon's Lair: Chinese Anti-Access Strategies and Their Implications for the United States*, Santa Monica, Calif.: RAND, 2007.

265) "Zhongguo huishi mingtian de chaoji daguo ma? [Can China become a military superpower?]," *Guoji Zhanwang* [World Outlook], No. 24, 2007, p. 12.

266) National Institute for Defense Studies (NIDS) ed., East Asian Strategic Review 2010, Tokyo: The Japan Times, 2010, p. 126.

조함으로서 중국의 대양해군 구축 기조를 재확인했다.[267)]

중국의 반접근전략과 대양해군전략은 1990년대 초부터 전개되기 시작했다. 해군을 접근거부전략의 핵심적 역량으로 강화하기 위해 1992년 러시아로부터 12척의 킬로급 디젤잠수함을 수입했으며 2004년까지 12척의 송급잠수함과 다수의 위안급잠수함들을 도입했다. 즉 중국은 대함순항미사일을 장착한 잠수함 역량 강화를 통해 미국의 서태평양함대의 활동을 견제하고 취약하게 함으로써 미국의 접근을 제약한 것이다.[268)] 중국은 강력한 공격용 잠수함 함대 구축을 통한 견제함대전략을 수행함으로서 미국의 해양 접근거부를 추진하고 있는 것이다. 특히 잠수함을 통한 접근거부 해역을 확대하기 위해 중국은 하이난섬 지하에 핵잠수함기지를 건설했고 현재 3척의 잠수함발사탄도미사일(SLBM) 발사능력을 갖춘 핵추진 잠수함을 운용하고 있고 2020년까지 10척의 핵잠수함을 보유할 계획이다.[269)]

'요새함대전략'을 통한 미국의 접근거부를 위해 중국은 지대함 또는 지대지 미사일 역량을 강화하고 있다. 2010년 중국은 광둥성에 전략미사일부대인 제2포병부대를 배치하여 사거리 1,600㎞의 '항공모함 킬러'로 불리는 미사일 둥펑(東風) DF-21C와 DF-21D를 배치했고 미국령 괌을 사정거리에 두는 3,200㎞ 사거리를 보이는 DF-25도 개발을 완료했다.[270)] 특히 중국은 2005년까지 러시아로

---

267) 人民罔, 2012년 11월 13일.
http://kr.people.com.cn/203072/8017684.html (2015/4/3 검색)

268) Lyle Goldstein and William Murray, "Undersea Dragons: China's Maturing Submarine Force," *International Security*, Vol. 28, No. 4, Spring 2004, pp. 161-169.

269) 이재형,『중국과 미국의 해양경쟁』, 서울: 황금알, 2014, p. 116 & 166.

270) 한국국방연구원,『미중 '소프트패권경쟁' 시대의 한국의 전략적 선택』, 서울: 한국국방연구원, 2013, pp. 194-195.

부터 1,500대의 지대공미사일을 도입했으며 2005년에서 2009년까지 1,000대 미사일을 추가 매입하여 중국 해안을 따라 배치함으로써 미국항모의 접근을 저지하는 효과를 보이고 있다.

이와 더불어 중국은 안전한 원양 해상로 확보를 위해 '대양해군전략'을 추진하고 있다. 안전한 해상로 확보는 중국의 최대과제인 지속 가능한 경제성장의 필요조건이라는 점에서 중국은 미국에 대한 취약성을 감소시키는 항로개발과 대양해군력을 강화하고 있다. 중국은 우선 취약한 대양해군력을 강화하기 위해 우크라이나로부터 수입한 항모를 개조하여 2012년 제1호 항공모함인 랴오닝호를 진수했고 2013년 북해함대에 배치했다. 아울러 현재 랴오닝호의 두 배 규모의 항공모함을 2척 건설 중에 있고 특히 항공모함에 탑재할 스텔스항공기인 J-31을 개발하여 해군의 공중작전 역량을 크게 강화하고 있다. 이러한 중국의 대양해군력 강화 전략은 중국의 에너지수입 해상로인 말라카해협(Malaccan Strait)과 호르무즈해협(Hormuz Strait)이 미국의 통제권에 있다는 데서 비롯되었다.[271] 미국의 해상통제권으로부터의 경제적, 안보적 취약성을 갖는 중국은 기존 해양질서에 대한 불만족도가 커지면서 대양해군전략을 추진하고 있는 것이다.[272]

이런 맥락에서 중국은 대양해군 건설과 더불어 해양력을 인도양(Indian Ocean)과 페르시아만(Persian Gulf) 영역으로 확장하는 전략을 전개하고 있다. 특히 미국이 해상통제권을 확보하고 있는 말라카해협을 우회하고 인도양에서의 해양 영향력을 강화하기 위해 중국은

---

271) Gabriel B. Collins and William S. Murray, "No Oil for the Lamps of China?" *Naval War College Review*, Vol. 61, No. 2, Spring 2008, pp. 81-83.

272) Robert Ross, "China's Naval Nationalism," *International Security*, Vol. 34, No. 2, Fall 2009, pp. 69-71.

진주목걸이전략(strings of pearls strategy)을 추진하고 있다. 중국은 미얀마의 시트웨(Sittwe) 항구사용에 합의했으며 스리랑카의 함반토다항구 사용과 파키스탄의 과다르(Gwadar) 항구에 중국해군기지 건설에도 합의했다. 이러한 진주목걸이전략은 중국이 동중국해부터 중동해역까지 군사력 투사능력을 배가시키고 자원운송의 해상로를 보호하는 등 중국의 해양력을 확대하려는 전략의 일환인 것이며 2013년 시진핑주석이 제기한 일대일로(一帶一路)의 해상실크로드 부분에 해당되는 것이다.[273] 즉 중국의 '일로'정책은 중국의 지속적인 경제성장을 위한 아시아, 아프리카 그리고 유럽을 잇는 해상무역로의 성격이지만 중국해양군사력 강화 전략과 결합되면서 해양력 확장을 위한 중국대양해군 팽창의 교두보의 역할도 수행하는 것이다.

이렇듯 중국의 반접근전략과 대양해군전략은 국력의 신장과 더불어 지속적으로 추진되고 있으며 이는 미국 중심의 해양질서에 대한 불만족에 기인하고 있으며 결과적으로 기존 해양질서를 위협하는 요인으로 작용하고 있다.

Ⅳ. 미국의 해양정책

미국은 9.11 테러를 기점으로 소련 붕괴로 인해 주춤했던 군비증강을 재개했다. 미국은 2001년부터 테러와의 전쟁, 아프가니스탄전쟁 그리고 이라크전쟁 등을 수행하며 국방비를 지속적으로 증액시

273) Zhuo Bo, "The Strings of Pearls and the Maritime Silk Road," *China & US Focus*, Feb. 11, 2014. http://www.chinausfocus.com/foreign-policy/the-string-of-pearls-and-the-maritime-silk-road/ (2015/4/4 검색)

켰다. 그러나 2008년 서브프라임 모기지 사태 발생으로 인한 미국의 경제위기는 국방비의 축소를 불러와 2013년도 미국 국방비 예산은 전년대비 300억 달러 삭감된 6,130억 달러로 책정되었다.[274] 따라서 미국의 국방력은 절대적 개념에서 약화되었으며 이러한 추세는 매년 두 자리 수 이상 증가하는 중국 국방비와는 대비되는 것이다. 즉 미국의 국방력이 아직 중국에 비해 우월하지만 양국의 국방력 격차는 축소되고 있는 것이다.

이러한 추세는 해군예산에도 적용되어 해군력의 상대적 약화는 불가피하게 나타나고 있다. 미국해군은 2000년 54만 명에서 2010년 45만으로 감소되었으며 해병대병력도 2013년 20만 명에서 2017년 18만 명으로 축소할 예정이다.[275] 특히 순양함 7척을 해체하고 잠수함과 수륙양용전차의 도입은 물론 전투함 2척과 초고속함 8척의 구매계약도 철회하였다. 이렇듯 중국이 전체 국방비의 1/3 이상을 해군예산에 지출하는 것과는 달리 미국은 경제위기와 더불어 해군력도 약화되는 추세를 면하지 못하고 있다.

그러나 오바마대통령의 '아시아 회귀(pivot to Asia)' 정책이 채택되면서 미국은 부상하는 중국과 경쟁하는 아시아 군사역량은 현재 수준을 유지하거나 오히려 강화하고 있다. 미국은 유럽에 배치된 미군 4개 전투여단을 2개 여단으로 줄이고 2013년 57만 명의 육군병력을 2017년까지 49만 명으로 축소시킬 예정이지만 아시아 배치병력은 그대로 유지하고 있다.[276] 리언 패네타 국방부장관은 호르무즈해협 통제 역할을 수행하는 항공모함 엔터프라이즈호에서 국방

274) 연합뉴스, 2012년 1월 27일.
275) 동아일보, 2012년 1월 27일.
276) 연합뉴스, 2012년 1월 27일.

비 삭감에도 불구하고 11척의 항공모함을 유지할 것을 강조함으로서 중동지역 등에 대한 중국의 해양력 강화에 대한 견제를 명확히 했다. 특히 미국이 전체 국방비의 40% 이상을 해군에 지출하고 있다는 것은 미국의 해군력 강화 의지를 확인시키는 것이다.[277]

이러한 역량을 바탕으로 하는 미국은 해양통제권 확보를 강조하는 알프레드 마한(Alfred Mahan)제독의 '대양해군' 전략을 유지하고 있다. 미국해군은 마한의 주장과 같이 대형함대의 전진배치를 통해 세계해양질서를 주도하고 있다. 예컨대 미국은 세계의 바다를 서대서양(2함대), 동태평양(3함대), 남아메리카(4함대), 중동(5함대), 동대서양(6함대), 서태평양(7함대) 등으로 구분하여 함대를 배치함으로써 해상통제권을 유지하고 있다. 즉 미국의 대양해군전략은 미국패권의 핵심전략으로 활용되어 왔으며 중국의 부상과 더불어 강화되고 있다.

미국은 중국의 부상이 본격화되자 2007년 해양전략을 발표하고 미국해군의 주요 대상 지역을 태평양 및 대서양에서 서태평양과 인도양으로 이동했다. 2007년 해양전략보고서(A Cooperative Strategy for 21st Century Seapower)는 아시아지역의 중요성을 강조하며 역내 잠재적 적국 또는 경쟁국을 억지하고 승리로 이끌기 위해 미해군 역량 강화와 적극적 개입을 강조하고 있다.[278] 미국은 중국의 '반접근전략'과 '대양해군전략'에 대응하기 위한 전략으로 '전지배치' '억지' '해상통제' '군사력 투사' 등을 강조했다.[279] 냉전시대의 '대양에서의 전투

277) Robert Ross, *op. cit.*, p. 56.

278) Department of Defense, "A Cooperative Strategy for 21st Century Seapower," October, 2007, pp. 6-7.

279) *ibid.*, pp. 9-11.

개념'에서 벗어나 '바다로부터의 힘의 투사' 전략으로 전환된 것이다.[280] 이는 '아시아 회귀'를 주장한 오바마정부 출범 이전부터 미국은 중국견제의 목적으로 해양력을 강화하고 새로운 해군전략을 도입하기 시작했음을 보여주는 것이다.

오바마정부 등장과 더불어 아시아지역에 대한 미국의 해양개입정책은 보다 구체화되었다. 미국은 2010년 '해군전략개념(Naval Operation Concept 2010)' 보고서를 제시하고 해군력을 미국패권 유지의 핵심전력으로 활용할 것을 명확히 하고 있다.[281] 미국은 동 보고서에서 강력한 해군력 구축과 동맹국가들과의 협력을 통해 투사능력을 강화하고 제해권을 장악함으로써 지역적 도발과 분쟁을 억지하여 전쟁을 승리로 이끈다고 주장하고 있다.[282] 미국은 중국을 직접 지적하지 않았지만 소수 국가들의 반접근/지역거부 역량을 극복하기 위해 미국은 해양통제권 유지와 해양기지 활용전략을 강화해야 한다고 강조하고 있다. 이렇듯 미국은 해군력을 통한 패권유지를 위해 '전지배치' '해양안보' '해상통제권' '군사력 투사' '억지' 그리고 '미래역량구조 구축' 등의 전략을 제시하고 있다.[283] 특히 서태평양과 인도양으로 해양력을 확장하고 있는 중국을 견제하기 위해 미국은 제5함대와 제7함대 등의 항모타격전단과 해병원정대를 원정타격군으로 통합 운용함으로써 중국의 남중국해 도발과 인도양 진출 억제 의도를 분명히 하고 있다.[284]

---

280) 정철호, "미국과 중국의 동아시아 해양전략과 한국의 해양안보," 『세종정책연구』, 2012년 8월, p. 24.

281) Department of Defense, "Naval Operation Concept 2010; Implementing The Maritime Strategy," 2010, p. 2.

282) *ibid.*, pp. 81-82.

283) *ibid.*, pp. 25-81.

284) 이대우, 전게서, p. 37. 항모타격전단은 1척의 항공모함을 주축으로 유도미사일 순양함, 대공전함, 대잠 구축함 또는 호위함 등 최소 5척

이러한 오바마정부의 패권유지적 해양정책은 2011년 호주의회 연설에서 '아시아회귀(pivot to Asia)' 정책을 발표하면서 강화되고 있다. 오바마는 '아시아 회귀'정책을 미국의 세계전략의 핵심으로 규정하며 아시아에서의 미국의 역할 강화를 천명하고 있다. 오바마정부의 '미국의 아시아-태평양국가론' 또는 '아시아 올인(all in)론' 등으로 표현되는 '아시아 회귀정책'은 단순한 대 아시아정책이 아니라 미국패권개건축 전략이다. 우선 경제회복이 가장 시급한 과제인 미국에게 유럽 및 북미 등 전통적인 경제중심지역이 금융위기를 경험하는 상황에서 아시아는 유일한 성장동력지대라는 점이 미국의 적극적인 아시아개입정책을 추진하게 된 배경이다. 그러나 더욱 중요한 것은 미국의 패권적 질서를 위협할 수 있는 중국이 아시아지역에서의 영향력을 확대하고 있다는 것이다. 따라서 쇠퇴하는 오바마정부는 '아시아 회귀' 정책을 통해 경제력회복과 더불어 부상하는 잠재적 패권국인 중국을 견제하는 목적에서 출발한 것이다.

이러한 미국의 경제적 쇠퇴와 중국의 부상이라는 구조적 변화는 오바마정부의 해양정책에도 변화를 주었다. 미국은 자국의 경제적 쇠퇴 상황에서 중국이 '핵심이익'이라는 명분아래 서태평양과 인도양지역에 대한 영향력을 확대하여 미국과 우방국의 해양이익과 '자유 항해'의 원칙이 위협받고 있다고 인식했다.[285] 미국의 중국위협

의 전함과 핵잠수함 등으로 구성되어 대서양, 태평양, 인도양 등의 해상교통로와 유럽 및 아시아지역 등을 보호하는 역할을 수행한다. 정철호, 전개서, p. 36.

285) Mark Manyin, Stephen Daggett, Ben Dolven, Susan Lawrence, Michael Martin, Ronald O'Rouke, and Bruce Vaughn, "Pivot to the Pacific? The Obama Administration's "Rebalaning" toward Asia," *CRS Report for Congress*, March 28, 2012, pp. 1-2.

에 대한 인식은 기존의 해양전략에 '모든 영역접근' 전략을 추가하게 했다. 2015년 3월에 발간된 미국 국방부의 '21세기 해군력을 위한 협력 전략(A Cooperative Strategy for 21st Century Seapower)' 보고서는 기존의 '억지' '해양안보' '군사력 투사' '해상통제권' 등과 더불어 '모든 영역접근' 전략을 추가하여 중국의 반접근/지역거부전략을 무력화시켜 기존 해양질서를 지키겠다는 의지를 분명히 했다.[286] 특히 중국의 인도양 및 태평양으로의 영향력 확대를 위협으로 규정하고 이에 대응하기 위한 미해군의 전진배치와 동맹국들과의 안보협력을 강조하고 있다.[287]

2015년 보고서는 이란의 호르무즈해협에 대한 위협과 중국의 반접근/지역거부 역량을 기존질서에 대한 위협요인으로 규정하고 이에 대한 미해군역량 강화를 제시하고 있다. 미국은 2020년까지 미국 전투기와 함정의 60%를 아시아지역에 배치할 것이며 일본에 항모타격단 유지, 싱가포르에 해안전투함정 4척 전진 주둔, 해병순환군 호주배치, 인도와의 대규모 합동군사훈련, 그 외에 최첨단의 무기체계를 아시아 지역에 배치하여 기존 해양질서를 유지하겠다고 밝혔다.[288] 아울러 미국은 동보고서에서 중동, 유럽, 북극, 남극 등 모든 해역에 있어서의 미국주도의 질서유지를 천명했으며 따라서 '모든 영역접근'전략이 미국해군의 핵심전략이 되었다. 즉 오바마정부는 11개의 항공모함을 포함하는 기존의 압도적 해군역량에 추가하여 최첨단 무기체계 도입[289]과 동맹국들과의 안보협력 강화를 통해

---

286) Department of Defense, "A Cooperative Strategy for 21st Century Seapower," March 2015, pp. 1-2.

287) *ibid.*, pp. 3-4.

288) *ibid.*, pp. 10-11.

289) 미해군은 멀티미션 탄도미사일 방어함정, 잠수함, 첩보 · 감시 및

기존 질서를 유지하고 반접근/지역거부전략을 전개하는 중국을 견제한다는 것이다.

'모든 영역접근' 개념은 중국의 반접근/지역거부전략을 무력화하기 위한 미국의 새로운 군사전략에도 반영되었다. '핵심이익'이라는 명분을 바탕으로 전개되는 중국의 공격적인 반접근/지역거부전략에 대해 미국은 '공해전투개념(Air-Sea Battle Concept: ASB)' 및 '합동작전접근개념(Joint Operation Access Concept)'을 대응전략으로 제시하고 있다. '공해전투개념'은 "적군을 교란, 분쇄, 패퇴시키기 위한 네트워크로 연결되고 통합된 군사역량"을 의미한다.[290] 해군력과 공군력의 유기적이고 통합적인 운용을 통해 '반접근/지역거부전략'을 교란하고 적을 패퇴시키는 전략이다. 즉 종심이 깊은 공격을 위해 공군력을 활용하고 해상에서도 공군력과 해군력 그리고 자국과 동맹국의 기지의 네트워크를 구성해 적을 와해, 격파, 패퇴시키는 것이다.[291]

'합동작전접근개념'은 '공해전투개념'을 포함하는 개념으로서 미국의 접근 제약 요인들에 대한 개괄적인 극복 구상인 것이다.[292] 이 개념은 새로운 군사력을 추가하기 보다는 기존의 제 역량을 통합

정찰항공기, F-35C 라이트닝 II, MQ-4C 트라이튼 장기체공무인항공기, 줌월트급 전투구축함 등 다양한 최첨단 무기체계를 도입을 강조하고 있다.

290) Air-Sea Battle Office, "Air-Sea Battle: Service Collaboration to Address Anti-Access & Area Denial Challenges," May 2013. p. 4. http://www.defense.gov/pubs/ASB-ConceptImplementation-Summary-May-2013.pdf (2015/4/12 검색)

291) David Kearn, "Air-Sea Battle and China's Anti-Access and Area Denial Challenge," Orbis, Winter 2014, pp. 136-139.

292) Air-Sea Battle Office, *op. cit.*, pp. 7-9.

적이고 효율적으로 활용하여 '반접근전략'을 무력화시키는 방안인 것이다. 따라서 미국은 중국의 반접근/지역거부전략 극복방안으로 '모든 영역접근'전략을 기반으로 '공해전투'와 '합동작전접근'개념 등을 제시하고 이를 아시아지역에 대한 군사력 전진 배치와 동맹국 및 안보협력국들과의 공동해상훈련 실시 등으로 구현하고 있는 것이다.293) 특히 오바마정부는 최근 발간한 2015 국가안보전략(National Security Strategy)보고서에서도 해양안보를 강조하며 이를 위해 한국, 일본, 필리핀, 태국 등 기존 동맹국과 통합작전과 같은 안보협력을 강화하고 베트남, 인도네시아, 말레이시아 등 중국과 분쟁을 벌이는 국가들을 지원할 것을 명확히 하고 있다.294)

이렇듯 부상하는 역량을 바탕으로 기존 해양질서를 위협하는 중국에 대해 미국은 군사역량을 아시아에 집중시키고 '해상통제권' '전진배치' '군사력 투사' 그리고 '모든 영역접근' 등의 전략을 통해 중국을 견제하고 패권유지를 추진하고 있는 것이다.

V. 미중 해양패권 경쟁과 갈등

미국과 중국의 해양갈등과 경쟁이 본격적으로 시작하는 계기는 1995년 중국이 대만 연안에 미사일 발사를 하면서 부터다. 중국은 대만이 직선으로 총통을 선출하고 완전한 독자국가로 전환되는 것에 대한 경고의 표시였지만 이러한 중국의 대만해협에 대한 공격적

293) 박영준, "동아시아 해양안보의 현황과 다자간 해양협력방안."『제주평화연구원 정책포럼』, No. 2012-10, 2012, p. 8.
294) 연합뉴스, 2015년 2월 7일.

행태는 미국의 우려를 증폭시키는 계기가 되었다.295) 중국의 1년여에 걸친 대만해협 미사일 발사의 상황에서 미국은 대만에 대한 안전보장과 대만해협의 통제권 유지를 위해 제7함대를 대만해협에 파견함으로써 중국을 견제했다. 이는 대만해협의 기존질서를 유지하려는 미국과 타파하려는 중국의 대결이며 양국 간 해양경쟁을 가속화시킨 계기가 되었다.

이러한 중국의 해양력 확장과 이에 대한 미국의 대응은 2000년대 들어 남 · 동중국해역 영유권 분쟁과 더불어 본격화 되었다. 중국은 남중국해 및 동중국해역 주도권을 양보할 수없는 주권과 관련된 '핵심이익(core interest)'으로 규정하면서 주변국들은 물론 미국과의 충돌도 불사하는 공격적 입장으로 전환하였고 이에 대해 미국은 기존 해양질서를 유지에 집중하면서 양국 간 해양갈등이 첨예하게 전개된 것이다.296)

2001년 미국해군의 EP-3 정찰기가 중국이 주장하는 배타적 경제수역인 하이난섬 인근에서 중국전투기와 충돌하는 사건이 발생했으며 중국은 미국에 대해 엄중 경고했다.297) 이는 남중국해역에서 미국 주도권에 대한 중국 도전의 시작이며 중국의 반접근/지역거부전략의 시작이었던 것이다. 결국 2004년 중국이 하이난섬에 핵잠수함기지 건설이 노출되면서 중국의 남중국해와 말라카해협에서의 영향력 확대가 공식화되었고 2009년 현재 중국은 이미 핵잠수함을 배치하고 있으며 향후 2개 항모로 구성된 제4함대를 배치할 것으로 보도되었다.298) 특

295) 중앙일보, 1995년 8월 17일.
296) New York Times, April 23, 2010; New York Times, July 23, 2010.
297) 연합뉴스, 2001년 5월 16일.
298) 조선일보, 2009년 3월 13일; 『중앙일보』, 2011년 9월 9일.

히 2009년에는 미해양관측선인 임페커블(Impeccable)호가 정찰을 수행하던 중 중국함정과 잠수함들에 의해 압박을 당하는 사건이 발생함으로서 미중 간의 해양갈등은 물리적 충돌 수준으로 악화되었다.299) 이러한 중국의 강경대응은 주변국은 물론 미국도 반접근/지역거부전략의 대상임을 명확히 하는 것이다.

중국은 강력해진 국력을 기반으로 남중국해를 '핵심이익'으로 규정하면서 주변 국가들의 접근도 강력히 거부함은 물론 영유권분쟁을 통해 역내 해양주도권을 확장해나가고 있다. 2012년 4월 남중국해 황암도해역에서 필리핀해군이 영유권 침해를 이유로 조업하던 중국어선과 선원을 나포하자 중국은 초계정을 급파되어 필리핀을 압박했고 한 달여간 대치상황을 지속시켰다.300) 중국의 이러한 공격적 행태에 대해 미국은 필리핀과 부근 해역에서 합동군사훈련을 실시했으며 이에 대응해 중국도 필리핀 루손섬 부근에서 해군훈련을 실시했다.301) 특히 미국은 필리핀 수빅(Subic)만에 '루이스빌' 핵잠수함과 '노스캐롤라이나' 핵잠수함을 파견함으로써 중국을 압박하고 남중국해역의 기존 질서유지 의지를 분명히 했다.302) 아울러 미국은 필리핀의 요청에 의해 22년 전에 철수했던 수빅기지와 클라크공군기지 등에 다시 주둔하기로 합의함으로써 중국의 남중국해 영향력 확대를 견제하고 있다.303)

중국은 남중국해와 더불어 동중국해에서도 영향력 강화를 적극

299) 연합뉴스, 2001년 5월 16일.

300) BBC News, May 11, 2012. http://www.bbc.co.uk/news/world-asia-pacific-13748349 (2015/4/13 검색)

301) 연합뉴스, 2012년 4월 25일; 5월 14일.

302) 연합뉴스, 2012년 6월 25일.

303) 세계일보, 2014년 4월 28일.

적으로 추진하고 있다. 2010년 9월 동중국해 조어도 열도 부근에서 조업 중이던 중국어선이 일본순시선에 의해 나포되자 중국은 조어도의 영유권을 천명하며 함정을 파견하는 등 일본에 대한 압박의 강도를 높였다. 이러한 중국의 공격적 행태에 대해 힐러리 클린턴 미국 국무장관은 기존의 영토분쟁 불개입 전통에서 벗어나 조어도가 미국의 자동개입을 요구하는 미일안보조약 제5조에 해당하는 것이라고 강조함으로써 중국을 압박했다.[304] 특히 미국은 오키나와 근해에 원자력 항공모함 칼빈슨호와 제7함대를 동시에 파견하였고 아울러 2010년 12월 오키나와지역과 조어도해역 등에서 일본과 합동군사훈련을 실시했다.

중국의 동중국해역에서의 공격적 행태는 2012년 일본정부가 조어도 국유화를 선언하면서 최고조로 치달았다. 중국은 곧바로 조어도에 대한 영해기선을 선포하고 어업행정선과 10여척의 해양감시선을 조어도 영해로 진입시켰다. 이러한 중국과 일본의 조어도 대치는 양국의 항공기와 함정 등이 4개월 넘게 대치하는 국면으로 비화되었고 미국은 중국을 압박하기 위해 일본과 대규모 합동군사훈련을 실시했다. 미국은 일본, 캐나다, 뉴질랜드 등과 함께 중국이 조어도 점령상황을 상정한 낙도 탈환훈련을 대규모로 실시함으로서 중국의 동중국해 영향력 확장에 적극적인 대응태세를 견지하고 있다.[305] 2015년 5월에는 미국과 일본이 정상회담을 통해 미일안보 가이드라인 수정안을 제시하고 미일 군사일체화를 천명함으로써

304) 전일욱, "중일 영토분쟁의 전개과정과 분쟁구조의 특징," 『평화학연구』, 제14권 1호, 2013, p.118.

305) Konas. 2013년 6월 11일.
http://www.konas.net/article/article.asp?idx=31245 (2015/4/30 검색)

중국견제를 강화했다.[306)]

중국의 주변해역에 대한 강력한 주권의식은 서해에서도 나타났다. 2010년 천안함침몰사건 발생 이후 미국의 항공모함 조지워싱턴호가 서해에 진입하자 중국은 미국에 대한 비난 수위를 높였으며 같은 해에 발생한 남중국해와 동중국해의 영유권분쟁에서 보다 더 강경한 입장을 전개했다.[307)] 즉 중국은 자국이 '핵심이익'으로 규정하는 서해에 미국이 항공모함을 진입시키고 대잠수함 작전을 강행하는 것은 중국의 안보에 직접적 위협을 주는 것이라고 주장하고 강력한 반대를 천명했다. 특히 이런 미국의 서해 진입을 저지하고자 중국도 서해에서 합동군사훈련을 실시했으며 2012년에는 중국 최초의 항공모함인 랴오닝호를 서해의 전략적 요충지인 청도에 배치했다.

이러한 중국 근해에서의 미국과 중국의 해양갈등은 최근 인도양 전역으로 확대되는 추세에 있다. 중국은 해적퇴치와 안전한 해상로 확보라는 명분으로 인도양전역에 중국 해양력을 확장하는 '진주목걸이' 전략을 추진하고 있고 이는 최근 시진핑주석이 최근 제안한 '일대일로' 실크로드정책과 부합되면서 체계적으로 전개되고 있다. 2008년 중국해군이 해적퇴치를 위해 소말리아 해역에서 활동하면서 시작된 인도양 진출은 2012년 현재도 구축함 2척과 대형 상륙함 쿤룬산호를 파견하고 있다.[308)] 특히 2011년 중국이 소말리아 해역

---

306) 오마이뉴스, 2015년 5월 2일. (2015/5/3 검색)
http://www.ohmynews.com/NWS_Web/View/at_pg.aspx?CNTN_CD=A0002104603

307) Michael Swaine, "Perceptions of an Assertive China," China Leadership Monitor, No. 32, May 2010, pp. 2-4.

308) 차도희, 『동아시아 미 · 중 해양패권 쟁탈전』, 성남: 북코리아, 2012,

에 파견된 중국함정들을 보급하기 위한 목적으로 인도양의 케냐 동부에 위치한 세이셀군도에 해군기지를 건설하면서 원양에서의 영향력 확장을 본격화하고 있다. 중국은 세이셀군도 기지를 보급항의 목적으로 추진하지만 이는 중국항공모함의 원양 작전을 위한 목적에도 활용될 것으로 예상되면서 중국의 대양해군의 전초기지 역할을 할 것이다.

중국의 아라비아해역에서의 영향력 확대는 호르무즈해협에 있어서의 미국의 통제권을 견제하려는 취지인 것이다. 이에 중국은 미국의 통제력 약화를 위해 이란에 대한 미사일판매와 더불어 합동 해군훈련 등을 실시하고 있다.[309] 중국은 이란에 수 백기의 HY-2 실크웜 대함미사일과 C-802대함순항미사일을 장착한 20척의 경비정을 판매했고 이란과 해상합동훈련을 실시함으로써 호르무즈해협에서의 미국의 통제권을 위협하고 있다.

중국의 아라비아해역에서의 해양력 확대를 위협으로 받아들이는 미국은 바레인에 항공모함 2척, 순양함 2척, 구축함 6척, 상륙함 6척, 지원함 2척 그리고 전략잠수함 4척으로 구성된 제5함대를 배치하고 있고 해적퇴치 목적으로도 TF-53과 CF-151부대를 아라비아해에 파견하고 있다.[310] 특히 2007년 딕 체니 미국부통령은 직접 2개항모단과 호르무즈해협에서 해상훈련을 실시하며 해상통제권 유지를 천명했다.[311]

말라카해협은 호르무즈해협과 더불어 중국이 가장 취약성을 보

---

p. 205.

309) 연합뉴스, 2014년 9월 21일.

310) 이대우, *op. cit.*, p. 10.

311) 동아일보, 2007년 2월 26일.

이는 해상로이다. 중국은 미국이 해상통제권을 확보하고 있는 말라카해협에 대한 의존도를 낮추고 안전한 에너지 운송로를 확보하는데 노력을 기울이고 있다. 이에 중국은 미얀마 시트웨 항구를 확보하여 중국윈난까지 연결되는 송유관을 건설했다. 미얀마 시트웨항구 활용은 중국이 '말라카 딜레마'를 약화시킬 수 있는 대안적 수송로이며 중국의 안정적 항로의 일부로 사용될 것이다. 아울러 파키스탄 과다르에도 중국은 해군기지를 건설하여 중국의 석유수송선 보호는 물론 중국의 원양작전능력을 강화하고 있다.312) 특히 과다르항은 중국군함과 잠수함이 배치된다는 점에서 인도양의 미해군의 재해권에 대한 도전의 의미를 가진다.

이러한 중국의 인도양과 말라카해협 등에서의 영향력 강화에 대해 미국은 기존 동맹국은 물론 새로운 국가들과도 협력관계를 강화하고 있다. 우선 미국은 미얀마에 대한 중국의 독점적 지위를 약화시키기 위해 2012년 미국대통령으로는 처음으로 오바마대통령이 미얀마를 방문했으며 2013년에도 백악관에서 미-미얀마정상회담을 가졌다. 말라카해협의 통제력 강화를 위해 싱가포르와의 군사협력을 확대해 2013년 연안전투함인 프리덤호를 싱가포르에 배치하고 그 수를 증대시키고 있다. 이런 맥락에서 '2015 국가안보전략보고서'에서 미국은 남중국해와 말라카해협에서의 분쟁을 억지할 수 있는 역량확보를 강조하며 동시에 아세안(ASEAN)과 인도 등과의 안보협력을 통한 기존 질서 유지를 강조하고 있다.313)

---

312) 중앙일보, 2011년 5월 24일.

313) White House, "National Security Strategy," Feb. 2015, p. 13 & 24. (2015/4/27 검색) https://www.whitehouse.gov/sites/default/files/docs/2015_national_security_strategy.pdf

VI. 결론

중국은 1990년대부터 급속한 경제성장을 배경으로 군사력을 확충했으며 특히 해군력을 지속적으로 강화시켜왔다. 미국 중심의 기존 해양질서에 만족하지 않는 중국은 강력해진 해군력을 바탕으로 '핵심이익'이라는 명분을 통해 남 · 동중국해역에서 '반접근/지역거부전략'으로 기존해양질서를 타파하는 행태를 이어가고 있다. 중국은 근해뿐만 아니라 서태평양과 인도양 등 원해에서의 영향력도 확장하고 있다. 이에 중국은 안전한 무역 및 자원운송과 미국의 해상통제권에 대한 취약성을 개선시키기 위해 대양해군전략을 추진하고 있다. 특히 중국은 호르무즈해협과 말라카해협 등 중요한 전략해역이지만 미국이 해상통제권을 장악하고 있는 해역에서의 도전적 행태를 강화하고 있다. 즉 중국은 국력 부상과 더불어 미국 중심의 해양질서에 높은 불만족도를 보이며 근해 및 원해에서 도전적 행태를 전개하고 있는 것이다.

반면 미국은 1995년 중국의 대만해역 미사일발사 이후 중국의 해양력 팽창에 대해 '접근전략' 및 '전진배치 전략' 등을 통해 견제함으로써 미국 중심의 기존 해양패권질서를 유지하고 있다. 중국이 남 · 동중국해역에서 주변 국가들과의 영유권 분쟁을 불사하며 해양 영향력을 확장하자 미국은 주변 국가들과의 안보협력관계를 강화함으로써 중국을 견제하고 있다. 2008년 경제위기로 인한 국방비 감축의 상황에서도 미국은 오히려 아시아에 군사역량을 집중시킴으로써 부상하는 중국을 견제하고 있다. 특히 미국은 패권의 필수조건인 해양패권 유지를 위해 경제적 쇠퇴의 상황에서도 남은 역량을 해양력 강화에 집중시켜 중국을 압박하고 있는 것이다. 이에 중국의 기존 해양질서에 대한 도전에 대해 미국도 '공해전투개념'과 '합동작전접근개념'을 바탕으로 중국을 포함한 '모든 영역접근'을 통해 해양패권 유지를 추구하고 있는 것이다.

이와 같이 중국은 국력신장을 바탕으로 자국의 핵심이익을 침해하고 있다고 간주하는 기존 해양질서를 타파하는 행태를 전개하고 있으며 이에 대해 미국은 중국이 기존 해양질서를 위협하고 궁극적으로 미국패권에 도전한다고 인식함으로써 양국 간 해양갈등과 경쟁이 심화되는 것이다. 즉 중국의 부상과 미국의 상대적 쇠퇴로 인해 양국 간 힘의 분배상태의 격차가 축소되는 환경에서 중국의 기존 해양질서에 대한 불만과 중국의 패권도전에 대한 미국의 우려가 미중 간의 해양갈등으로 나타나고 있는 것이다.

이는 본 연구가 접근법으로 제시한 세력전이이론의 주장과 같이 패권국과 도전국의 힘의 격차의 축소와 같은 물질적 요인과 더불어 도전국의 기존 질서에 대한 불만족도라는 인식적 요인도 현재의 미중 간 해양패권경쟁의 중요한 요인으로 작용하고 있음을 확인시켜주는 것이다. 중국의 부상과 미국의 쇠퇴를 통한 미중 간 힘의 격차 축소라는 구조적 요인이 양국 간 해양경쟁의 물질적 환경을 만들었다면 갈등과 경쟁의 정도는 중국의 기존질서에 대한 불만족 정도와 중국의 도전에 대한 미국의 패권유지 의지라는 인식적 요인이 중요한 영향을 미치고 있음을 보여주고 있다. 따라서 미국과 중국의 해양갈등과 경쟁은 세력전이의 과정에서 나타나는 불가피한 현상이며 기존 질서에 불만을 가진 중국의 다극화정책과 미국의 패권재건축정책의 충돌의 산물인 것이다.

제 6 장

미중 금융 및 통화패권경쟁 : IMF & G-20 vs AIIB & NDB

I. 서론

2008년 서브프라임 모기지 사태 발생과 더불어 미국의 경제적 쇠퇴가 기정사실화 되자 미국과 중국은 본격적인 패권경쟁에 돌입하고 있다. 특히 중국이 세계최대 무역국으로 등장하며 강력한 경제력을 보이면서 양국 간 경제적 비대칭성이 축소되며 경쟁관계는 심화되기 시작했다. 중국은 세계경제대국으로의 부상을 가속화하여 강대국으로써의 위상 확보를 추진하고 있으며 경제적 쇠퇴를 경험하는 미국은 급격한 쇠퇴를 저지하고 경제력을 회복시킴으로 패권적 역량을 유지하는데 집중하고 있는 것이다. 이러한 중국의 경제적 급부상과 미국의 패권유지 노력은 다양한 분야에서 양국 간 경쟁관계를 촉진하는 효과를 보이고 있다.

서브프라임 모기지 사태 발생 이후 미중 간 갈등 및 경쟁관계가 가장 빨리 전개된 영역은 환율분야였다. 경제적 쇠퇴에 직면한 미국은 경제회복의 일환으로 무역적자 개선을 위해 최대 무역적자국인 중국에 대한 위안화절상 압력을 행사했다. 오바마는 대통령 당선 전부터 미중 간 무역수지 불균형은 중국의 인위적 위안화 평가절하에서 비롯된 것이라 주장하며 위안화 환율절상을 압박하기 시작했고 취임 이후에도 이런 압박을 지속적으로 이어갔다.[314] 같은 맥락에서 미국 하원도 중국 위안화 절상을 압박하기 위해 2010년 9월 '공정무역을 위한 환율개혁법안'을 찬성 348표 반대 79표로 압

314) 한국경제매거진, 제677호, (2008년 11월).
http://magazine.hankyung.com/main.php?module=news&mode=sub_view&mkey=1&vol_no=677&art_no=36&sec_cd=1006 (2015년 2월 10일 검색)

도적으로 통과시켰으며[315] 상원도 저평가된 환율을 보조금으로 간주하여 보복관세를 부과할 수 있게 하는 '환율감시개혁법안'을 2011년 10월 11일 통과시킴으로서 중국위안화 절상을 위한 다양한 압박을 전개했다.[316]

미국의 압박에 대해 당시 중국 원자바오총리는 2009년부터 위안화는 인위적으로 평가절하 되어있지 않다고 반복적으로 주장함으로써 미국의 요구를 정면으로 거부했다.[317] 특히 원자바오는 미국이 환율 불균형을 명분으로 보호주의를 추진하는 것이라고 비판하며 미국의 압박에 반발하며 자국의 환율은 독자적으로 결정할 것임을 분명히 했다.[318] 급격히 부상하는 중국의 이러한 강경한 태도는 쇠퇴하는 패권국 미국의 입장에서는 기존 국제통화체제에 대한 도전으로 받아들여지며 미중 간 환율갈등은 증폭되었다.

1980년대 미국이 '쌍둥이 적자(twin deficits)'를 경험할 당시 미국은 최대 무역적자국인 일본에 대해 환율절상 압박을 통해 무역적자를 해소하는 방안을 채택했고 현재도 가장 큰 무역적자 양산국인 중국

---

315) 이 법안은 환율조작이 의심되는 국가에 대해 미 상무부가 보복관세를 부과할 수 있다는 내용으로 되어 있으나 실질적으로 중국을 겨냥하는 법안인 것이다. 『아시아경제』, 2010년 9월 30일. http://www.asiae.co.kr/news/view.htm?idxno=2010093015561210371 (2015년 2월 10일 검색)

316) 경향신문, 2011년 10월 12일. http://news.khan.co.kr/kh_news/khan_art_view.html?artid=201110122121035&code=970201(2015년 2월 10일 검색)

317) 뉴시스, 2009년 12월 27일. (2015년 2월 10일 검색) http://media.daum.net/foreign/asia/newsview?newsid=20091227213212439

318) 연합뉴스, 2010년 3월 14일. (2015년 2월 10일 검색) http://www.yonhapnews.co.kr/bulletin/2010/03/14/0200000000AKR20100314031700083.HTML?did=1179m

에 대해 환율절상 압박을 시도하고 있다. 현재 미국의 경제적 쇠퇴는 1980년대 쇠퇴기 보다 심화되었고 본질적 현상으로 전개되고 있다. 이런 경제쇠퇴의 심각성이 미국정부로 하여금 중국에 대한 환율절상 압박을 강화하는 요인으로 작용하고 있지만 중국은 일본과는 달리 미국의 요구에 대해 강한 거부 의사를 분명히 하고 있는 것이다.

중국의 미국 중심의 국제통화체제에 대한 불만과 도전의 표시는 단지 위안화 평가절상 요구에 대한 거부로 끝나지 않았다. 서브프라임 모기지 위기 발생이후 중국은 달러화를 대신해 특별인출권(SDR)의 확대를 강조했고 자국의 화폐인 위안화의 국제화에 집중함으로서 달러화에 대한 도전의사를 보였다.[319] 이와 더불어 중국의 경제력을 반영해 중국은 IMF 지배구조 개선 요구를 강력히 제기함으로서 미국 중심의 국제통화 및 금융체제의 변화를 요구하고 있다.[320]

특히 중국은 2014년 신흥경제국가들(중국, 러시아, 인도, 브라질, 남아프리카공화국)을 중심으로 브릭스(BRICS) 신개발은행 창설을 주도했다. 이는 미국 중심의 국제금융 및 통화체제에 대한 도전을 의미하는 것이며 미국패권의 핵심요소인 IMF와 세계은행을 일부 대신하는 역할을 수행하면서 기존 금융질서의 변화를 도모하겠다는 것이다.[321] 더 나아가 중국은 미국 중심의 아시아 금융질서의

319) Andrew Batson, "China Takes Aim at Dollar," *Wall Street Journal*, March 24, 2009. http://www.wsj.com/articles/SB123780272456212885 (2014년 12월 20일 검색)

320) 人民網, Feb. 17, 2013. http://kr.people.com.cn/203087/8131906.html (2014년 12월 21일 검색)

321) 연합뉴스, 2014년 8월 14일. (2015년 2월 10일 검색)

다극화 차원에서 세계은행과 아시아개발은행에 대항하는 아시아인프라투자은행(Asia Infrastructure Investment Bank)을 2016년 창설을 목표로 추진 중이며 이미 영국과 호주 등을 포함해 다수의 국가들이 미국의 반대에도 불구하고 참여를 선언했다.[322]

미국의 금융위기 발생과 더불어 미국은 경제회복과 중국견제를 위해 위안화 평가절상 요구와 같은 중국금융체제의 자유시장화를 압박하고 있고 반면 중국은 미국의 요구를 거부하며 국제금융시장의 구조적 변화를 주도하고 있다. 즉 쇠퇴하는 패권국 미국과 부상하는 도전국 중국이 패권의 핵심적 요소인 통화 및 금융분야에서 정면으로 부딪치고 있는 것이다.

왜 중국은 미국과의 환율갈등을 국제통화 및 금융체제에 대한 도전 수준으로 확대 재생산하고 있는가? 왜 미국은 중국에 대해 보다 강력한 압박을 취하지 못하는 것인가? 어떤 이론적 접근이 최근 전개되고 있는 미중 간 금융패권경쟁에 대해 보다 적절히 설명하는가?

본 연구는 미국과 중국의 패권전이의 환경에서 미중 간 통화 및 금융패권경쟁 요인들을 이론적 접근을 통해 체계적으로 설명하는데 목적이 있다. 국제통화 및 금융은 국제경제의 핵심적 요소로서 다수의 패권안정이론가들은 기축통화 및 금융패권을 패권의 필수적 요소로서 주장하고 있다.[323] 이는 미중 간 국제통화 및 금융체제

---

http://www.yonhapnews.co.kr/international/2014/08/16/0601210100AKR20140816058700094.HTML

322) 뷰스앤뉴스, 2015년 3월 13일.
http://www.viewsnnews.com/article/view.jsp?seq=119269 (2015년 3월 13일 검색)

323) Robert, Gilpin, *U.S. Power and The Multilateral Corporation*, (New

에 대한 주도권 경쟁은 세력전이의 과정에서 쇠퇴하는 패권국과 부상하는 도전국 사이에 불가피하게 발생하는 갈등과 경쟁이라는 것이다.

이에 본 연구는 미중 간 통화 및 금융체제 주도권 경쟁은 양국 간 패권경쟁의 일환이라고 주장한다. 중국은 미국 중심의 국제통화 및 금융체제를 다극화시키고 이를 제도화하는 시도를 전개하고 있는 것이다. 즉 미국 달러 중심의 통화체제와 월가중심의 금융체제가 유지되고 중국이 기존 체제에 의존하는 한 미국패권은 유지되고 중국의 패권도전 기회는 요원하다는 것이다. 반면 미국은 2008년 서브프라임 모기지 사태 발생으로 금융패권이 흔들리자 중국에 대해 국제시장원리에 맞는 위안화 평가절상 요구 등 중국통화 및 금융체제의 자유시장화를 요구하고 기존의 통화 및 금융질서 유지에 대한 의지를 분명히 했다. 이에 본 연구는 최근의 미국과 중국의 통화갈등과 금융체제 주도권 경쟁은 1980년대 미일간 전개되었던 것과 같이 단순한 양국간 국제수지 개선을 위한 갈등이 아니라 패권경쟁의 일환이라고 주장하는 것이다.

이에 본 연구는 우선 미중 간 통화갈등과 금융체제 주도권 경쟁을 설명하기 위한 이론적 접근법으로 패권안정이론(theory of hegemonic stability)을 제시하고 이에 대한 논의로 시작한다. 둘째, 이러한 이론적 논의를 배경으로 본 연구는 서브프라임 모기지 사태 발생 이후 중국의 기존 통화 및 금융질서에 대한 도전을 분석하기 위해 유럽금융위

York: Basic Books, 1975); Robert Keohane, "The Theory of Hegemonic Stability and Changes in International Economic Regimes, 1967-1977," In Holsti, Ole, et eds, *Change in the International System*, (Boulder, Colo: Westview Press, 1980).

기 상황과 국제금융기구 창설 등에서의 중국의 역할을 연구한다. 셋째, 본 연구는 미국의 중국의 도전에 대한 대응을 분석하기 위해 미국의 대중국 환율절상 압박과 G-20 구성 등을 연구한다. 마지막으로 이런 연구결과를 바탕으로 본 연구가 제시한 이론적 접근법의 적실성을 평가한다. 아울러 이러한 미중 간 통화 및 금융패권 경쟁이 한국경제에 미칠 영향을 전망한다.

II. 이론적 논의

현실주의 이론가들은 패권국 형성의 필요조건으로 금융권력을 강조한다. 우선 수잔 스트레인지(Susan Strange)는 패권국 형성을 위해서는 안보, 생산, 금융, 지식과 같이 국가들의 관계를 규정하는 구조를 구성하는 '구조적 권력(structural power)'의 확보를 강조한 바 있다.[324] 즉 금융권력은 게임의 룰을 규정하여 타국의 선호에 영향을 미치는 구조적 권력이라는 것이다. 로버트 코헨(Robert Keohane)도 패권국은 자본과 시장 그리고 고도의 기술에 대한 통제력을 가져야만 다른 국가들에 대한 리더십을 확보할 수 있다고 강조했다.[325] 유사한 맥락에서 로버트 길핀(Robert Gilpin) 및 에릭 헬리에너(Eric Helliener)도 기축통화권과 금융주도권을 패권국의 필요조건으로 강조하고 있다.[326] 찰스 킨들버거(Charles Kindleberger)는 보다 구체적으로 패권

324) Susan Strange, 2nd ed. *States and Markets*, (London: Pinter, 1994), pp. 24-25.

325) Robert Keohane, After Hegemony: Cooperation and Discord in the World Political Economy, (Princeton: Princeton University Press, 1984), p. 32.

국은 환율구조를 관리할 수 있어야 하며 각국의 통화정책 조정도 가능해야 한다고 주장하면서 통화 및 금융통제력을 패권국의 필수조건으로 지적했다.[327)]

패권안정이론가들이 패권국의 필수조건으로 통화 및 금융통제력을 강조하는 것은 패권국이 공공재(public goods)를 제공할 수 있는 역량이 있어야 안정적 질서를 유지할 수 있다는 이들의 핵심주장과 직접적 관계가 있기 때문이다. 즉 패권국은 공공재를 통해 하위국가들에 이익을 제공하거나 배제시킴으로서 리더십을 확보하여 국제사회의 안정을 도모한다는 것이다. 패권국은 자국의 역량으로 공공재를 제공하는 국제레짐을 창설하여 제도적으로 다른 국가들을 관리한다. 예컨대 미국은 안정적인 기축통화와 IMF, 세계은행 등과 같은 국제레짐 등을 통해 우방에게는 자본시장의 접근을 허용하여 보상을 제공했고 반대로 적성국에게는 접근을 금지하여 응징함으로서 미국패권 유지에 결정적으로 활용했다.[328)] 이렇듯 패권국은 통화 및 금융과 관련된 국제레짐을 통해 공공재를 제공하여 패권을 유지하는 것이다. 따라서 국제사회의 안정은 단일국가에 의해 압도되는 패권적 권력구조가 존재할 때에만 가능하다는 것이다.[329)]

---

326) Robert, Gilpin, *War and Change in World Politics*, (New York: Cambridge University Press, 1981), pp. 173-175; Eric Helliener, *States and reemergence of global finance: From Bretton Woods to the 1990s*, (New York: Cornell University Press, 1994).

327) Charles Kindleberger, "Dominance and Leadership in the International Economy: Exploitation, public Goods, and Free Rider," *International Studies Quarterly*, Vol. 25, (1981), p, 247.

328) Robert Gilpin, *The Political Economy of International Relations*, (Princeton: Princeton University Press, 1987), p. 77.

329) Robert, Gilpin, *op. cit.*, (1975),; Robert, Gilpin, *ibid*, (1987),; Stephen Krasner, "State Power and Structure of International Trade," *World*

그러나 패권안정이론은 패권의 역량이 쇠퇴할 경우 기축통화의 안정성이 떨어지고 패권국이 창설한 국제레짐들의 역량도 동시에 쇠퇴하게 되어 결국 불안정성이 높아지게 된다고 주장한다.[330] 패권국은 대내외적 요인으로 궁극적으로 쇠퇴하고 체제를 관리할 역량과 의지가 소멸되어 국가들 사이의 경제갈등과 불안정성이 증가한다는 것이다. 패권체제 유지비용이 자국의 경제역량을 상회하고 다른 국가들이 자유경제체제에서 더 많은 이익을 얻게 됨에 따라 패권국은 역량의 쇠퇴로 체제관리 의지도 사라져 체제적 불안정성은 커질 수밖에 없다는 것이다.[331] 특히 길핀은 패권국의 체제관리 역량이 쇠퇴함에 따라 금융위기와 같은 현상이 발생할 수 있다고 주장한다.[332]

패권국의 역량 쇠퇴는 곧바로 패권의 소멸로 이어지지는 않는다. 역량의 쇠퇴와 더불어 패권국은 패권유지를 위해 공공재 제공보다는 점차 자국 중심의 행태를 전개하게 되고 패권국과 다른 국가들 사이의 갈등은 증가하게 되는 것이다. 이에 길핀은 이러한 쇠퇴하는 패권을 약탈적 패권(predatory hegemony)으로 명명하고 이런 상태에서 패권은 다른 국가들에 대해 자국의 이익증진을 위해 추출하는 행태를 전개하게 되어 갈등과 불안정성은 급속히 증대된다고 주장한다.[333]

Politics, Vol. 28, (April 1976), p. 317-320.

330) Robert Keohane, *op. cit.*, (1980), p. 132.

331) 기존 패권국과 부상하는 국가들 사이의 불균등성장이론에 대한 최근 연구는 다음을 참조. Richard Saull, "Rethinking Hegemony: Uneven Development, Historical Blocs, and the World Economic Crisis," International Studies Quarterly, Vol. 56, (2012).

332) Robert Gilpin, *op. cit.*, (1987), p. 79.

333) *Ibid.*, p. 345.

따라서 현재 전개되고 있는 미국과 중국의 통화갈등과 금융패권 경쟁은 미국패권의 역량쇠퇴의 결과인 것이다. 특히 유럽금융위기 등과 같은 상황에서 필요한 공공재를 충분히 제공하지 못하는 미국의 금융역량 쇠퇴가 부상하는 중국과 금융패권 주도권 경쟁을 불러온 것이다. 쇠퇴하는 미국패권은 경제회복을 위해 중국에 대해 위안화 평가절상 요구라는 추출적 행태를 보인 것이며 결국 미국의 요구를 거부하는 중국에 대해 유효한 수단을 제시하지도 못했다. 더욱이 미국의 역량쇠퇴는 기존 국제금융질서에 대한 도전으로 이해할 수 있는 중국 주도의 BRICS 및 AIIB와 같은 국제금융레짐의 등장도 저지하지 못하는 현상으로 나타나고 있다. 1997년 동아시아 금융위기 당시 일본을 중심으로 아시아통화기금(Asia Monetary Fund: AMF) 창설시도가 있었으나 여전히 압도적 금융권력을 보유했던 미국의 반대로 무산되었던 사례는 미국역량의 쇠퇴가 최근 중국 주도의 국제레짐 형성을 가능하게 한 요인임을 보여주는 것이다. 서브프라임 모기지 사태 발생 이후 취약해진 미국금융역량이 유럽금융위기 개선을 위한 공공재 제공에 실패한 반면 중국의 적극적인 역할은 미국이 더 이상 국제금융을 주도적으로 운영할 수 없음을 보여주는 것이다.

이에 본 연구는 미국의 통화통제권과 금융패권이 상대적으로 쇠퇴하고 반대로 중국은 자본축적과 경제성장을 통해 신금융권력으로 부상하면서 양국간 경제적 역량의 비대칭성이 축소되는 과정에서 패권유지를 위한 미국의 현상유지정책과 중국의 현상타파정책이 불가피하게 양국 간 통화갈등과 금융경쟁을 양산했다고 주장한다. 따라서 양국 간 금융경쟁은 국제수지 개선과 같은 단순한 경제적 이익 확보차원이 아니라 세력전이 과정에서 쇠퇴하는 패권국과 부상하는 도전국간의 패권경쟁의 일환으로 규정한다. 즉 미중 간 통화갈등과 금융경쟁은 패권유지에 필수적 요소인 통화 및 금융통제권을 견지하려는 미국과 국제금융구조의 다극화를 통해 미국패권을 견제하고 약화시키려는 중국의 의도가 충돌한 결과라는 것이다.

III. 중국의 유럽금융위기 지원 및 국제금융기구 창설

1. 중국의 유럽금융위기 역할

2008년 서브프라임 모기지 사태 발생 이후 미국은 기존 국제금융질서를 유지하기 위해 G-20 정상회의를 개최했지만 오히려 중국은 달러기축통화체제 대체 및 IMF와 세계은행의 구조개편 등을 요구했고 브라질은 이에 동조하는 등 미국 중심의 국제통화 및 금융질서에 대한 도전이 전개되었다. 이에 미국과 일본은 이런 요구를 일축했지만 유럽연합은 입장을 제시하지 않았다.[334] 이러한 유럽의 침묵은 미국으로부터 확산되기 시작한 금융위기가 유럽으로 본격적으로 이전되는 상황에서 미국의 입장만을 수용할 수 있는 처지가 아니었기 때문이다. 그리스가 구제금융을 신청하면서 시작된 유럽재정위기는 아일랜드와 포르투갈의 구제금융 신청에 이어 이탈리아와 스페인 신용등급하락 등으로 확산되면서 위기가 고조되었다. 특히 유럽의 재정위기가 민간금융기관의 부실로 전이되면서

334) 한겨레신문 2009년 3월 29일.

유럽국가들은 금융위기 해결을 위한 다양한 대안들을 모색하기 시작했다.

이런 환경에서 중국은 서브프라임 모기지 사태 발생과 더불어 미국은 물론 유럽각지로부터 금융지원요청을 받았다. 세계경제의 중심이었던 미국과 유럽이 동시에 금융위기를 경험하는 과정에서 중국은 3조2천억 달러에 달하는 외환보유고와 연평균 성장률 약 9%의 고도성장 그리고 이에 따른 매년 2천억 달러의 무역흑자를 배경으로 가장 유력한 '구원자'로 부각되었기 때문이다.[335] 특히 미국패권이 자국 발 금융위기로 유럽금융위기 극복을 위한 '공공재'를 제공할 역량이 상실된 상황에서 유럽은 중국의 지원이 절실했던 것이다. 이러한 환경에서 유럽정상들은 중국지도부에 지속적으로 지원을 요청했다.

2011년 8월 사르코지 프랑스대통령은 중국을 방문해 중국의 협력을 요청했고 후진타오 중국주석은 유럽은 금융위기 극복의 역량이 있음을 강조함으로서 원칙적 입장을 견지했다. 그러나 2011년 10월 유럽재정안정기금(the European Financial Stability Facility) 대표인 클라우스 레그링(Klaus Regling)이 북경을 방문하여 중국정부의 유럽에 대한 4천400억 유로 규모의 채권투자를 요청하자 중국은 긍정적 반응을 보이기 시작했다.[336]

2012년 2월 엔젤라 마르켈(Angela Merkel) 독일총리가 중국을 방문하

335) 임학철, "유럽재정위기와 중국의 역할: 중국이 얻을 수 있는 것과 우리의 대응," *Chindia Journal*, (2011년 11월), p. 32.

336) *The Telegraph*, Oct. 27, 2011. (2015년 3월 7일 검색) http://www.telegraph.co.uk/finance/financialcrisis/8854442/EU-bailout-fund-chief-Klaus-Regling-travels-to-China-to-ask-for-help.html

자 원자바오 중국총리는 마침내 유럽금융위기는 "매우 긴급하고 중요한" 사안이라고 강조하며 유럽재정안정기금(EFSF)과 유럽안정기구(European Stability Mechanism) 등을 통한 지원을 언급함으로서 중국의 역할 의지를 분명히 했다.[337] 이어 2주 후인 2012년 2월 14일 14차 중-EU 정상회담에서 헤르만 롬페이(Herman Rompuy) 유럽이사회 의장과 조제 바로소(Jose Barroso) 유럽위원회 집행위원장이 유럽금융위기 극복을 위한 중국의 지원을 요청하자 원자바오 중국총리는 "중국은 유럽금융위기 해결을 위한 지원에 확고한 의지를 갖고 있으며 행동으로 나타날 것이다"라고 강조했다.[338] 이러한 중국의 유럽금융위기 지원은 2012년 3월 7일 국가인민회의에서 첸데민(Chen Demin) 중국상무부장의 언급으로 공식화되었다. 첸데민은 중국은 유럽으로부터의 수입 확대를 강조했으며 동시에 유럽지역에 대한 개발 및 합병을 위한 투자를 급속히 확대할 것을 약속했다.[339]

이러한 중국의 유럽금융위기 극복을 위한 역할은 2012년부터 본격화되기 시작하여 수출축소 및 수입확대, 유럽채권 구매, 중국의 직접투자 확대 그리고 유럽자산 매입 등의 방법을 통해 활발하게 전개되었다.

---

337) *CCTV.com*, Feb. 3, 2012.
http://english.cntv.cn/program/newsupdate/20120203/105910.shtml (2015년 3월 7일 검색)

338) 人民網, Feb. 16, 2012. http://english.peopledaily.com.cn/90883/7730760.html (2015년 3월 7일 검색);
BBC News, Feb. 14, 2012. http://bbc.co.uk/news/world-asia-17022756 (2015년 3월 7일 검색)

339) 新聞中心, March 7, 2012.
http://news.sina.com.cn/c/2012-03-07/120724074689.shtml (2015년 3월 7일 검색)

첫째, 중국은 〈표 2〉의 지표가 보여주듯이 유럽에 대한 수출은 축소되었고 반대로 수입은 확대됨으로서 유럽국가들의 무역수지개선에 긍정적인 효과를 보였다. 특히 2011년 같은 시기에 비추어 2012년 일사분기 중국의 대 유럽 수출은 1.8%로 하락한 반면 유럽으로부터의 수입은 12.4% 증가했고 이는 같은 시기 중국전체 수입 증가율인 6.8%를 크게 상회하는 것이다.340) 이는 중국이 유럽의 고용을 증대시키는 수출을 촉진하여 금융위기 대응에 긍정적으로 기여했음을 보여주는 수치인 것이다.

둘째, 중국은 유럽의 국가채권, 구제기금(bail-out funds) 그리고 유로

〈표 2〉 EU-중무역

(단위 천억 달러)

	2009		2010		2011		2012	
	China exports	China imports	China exports	China imports	China exports	China imports	China exports	China imports
EU 27	236.20	127.69	311.24	168.48	356.02	211.19	75.18	51.67
Germany	49.92	55.72	68.05	74.34	76.43	92.72	15.85	22.34
France	21.46	13.00	27.65	17.14	30.00	22.08	6.38	5.66
Italy	20.24	11.01	31.14	14.01	33.70	17.59	6.10	3.79
Spain	14.06	4.29	18.17	6.23	19.72	7.56	4.01	1.51
Greece	3.46	0.22	3.96	0.39	3.95	0.35	0.73	0.13
Portugal	1.92	0.48	2.51	0.75	2.80	1.16	0.53	0.37
Ireland	1.98	3.24	1.99	3.41	2.17	3.70	0.46	0.92

* 2012년 지표는 일사분기 수치임.

출처: Jiang Shixue, "The European Debt Crisis in a Chinese Perspective," Working Paper Series on European Studies Institute of European Studies Chinese Academy of Social Science, Vol. 6, No. 3, (2012), p. 3.

---

340) 중국상무부, 유럽국, May 4, 2012. http://ozs.mofcom.gov.cn/aarticle/date/201205/20120508104951.html (2015년 3월 7일 검색)

자산 등을 구매함으로서 유럽에 외환을 공급하는 역할을 수행했다. 그러나 금융위기에 처해있는 유럽국채와 구제기금 매입은 유럽만을 위한 것은 아니었다. 즉 중국은 평소보다 저렴한 가격에 채권과 기금을 구입할 수 있었고 이는 미국달러에만 집중되어 있는 외환보유고를 분산시키는 효과가 있었기 때문에 중국 스스로도 선호하는 지원방식이었다는 것이다. 따라서 중국은 이미 유럽국가들의 채권을 구입하고 있었고 2011년 1월 현재 스페인 국채의 13%를 통제하고 있었다. 이런 맥락에서 이강(Yi Gang) 중국중앙은행인 인민은행장은 영국언론과의 인터뷰에서 "중국은 유럽채권의 지속적인 구매자이며 유럽에 대한 장기적 투자 의사를 가지고 있다"고 언급함으로서 중국도 유럽채권과 기금의 지속적 구매 필요성이 있음을 확인했다.[341] 중국언론은 2012년 5월 중구의 외환보유고의 20%는 유로기금 또는 유로로 표기된 자산에 투자되어 있고 2012년 3월까지 그 금액은 총 6,600억 유로 정도라고 보도했다.[342] 즉 중국의 외환보유수단의 다각화 목적과 급락한 유럽자산을 헐값에 구매하려는 이해관계가 유럽국가들의 절실한 해외투자 증대의 필요성과 결합되면서 중국의 유럽채권 및 자산투자가 증대된 것이고 결국 위기상황에 있던 유럽에게는 긍정적 역할을 수행한 것이 되었다.

셋째, 중국은 유럽에 대한 직접투자 확대로 고용증가 등 유럽금융위기 개선에 기여했다. 중국의 대유럽 직접투자는 2004년부터

341) *Guardian*, Jan. 12, 2011. (2015년 3월 8일 검색)
http://www.theguardian.com/business/2011/jan/12/supportive-china-buys-european-bonds

342) *China Daily*, March 13, 2012. (2015년 3월 8일 검색)
http://www.chinadaily.com.cn/business/2012-03/13/content_14819630.htm

2008년까지 지속적으로 증가했지만 그 증가 규모는 10억 유로 미만의 비교적 작은 수준이었다. 그러나 서브프라임 모기지 사태 발생 직후인 2009년부터 19억 유로 그리고 2010년에는 27억 유로 등으로 증가폭이 커졌으며 유럽금융위기가 본격화하기 시작한 2011년부터는 76억 유로, 2012년에는 78억 유로 등 세 배 이상의 큰 폭의 증가를 보이고 있다.[343] 중국의 대유럽 직접투자는 공항건설과 같은 인프라투자부터 산업기계 및 에너지 분야까지 다양한 분야에서 이루어지고 있다. 이러한 중국의 대유럽 직접투자 확대에 대해 일부 유럽 언론은 "중국이 헐값에 유럽의 보석을 매집하고 있다"라고 비난하기도 하지만 금융위기 상황에서 단기자금이 필요한 유럽기업들은 중국으로 하여금 이러한 상황을 활용하게 허용하는 수밖에 없는 것이다.[344] 즉 중국의 유럽 직접투자는 중국기업의 상업적 이익에 의해 전개되었지만 유럽기업들의 자금문제 해결과 고용증대 및 중국시장 접근성 증대 등에 기여한다는 측면에서 유럽금융위기 개선에 기여하고 있는 것이다. 이러한 중국과 유럽의 이해관계의 일치는 2012년 3월 13일 중국국가인민회의에서 이강 인민은행장의 "중국은 유럽의 장기적이며 책임 있는 투자자다"라는 언급에서 확인되는 것이다. 중국의 유럽에 대한 투자는 '공공재'적 성격도 있지만 동시에 중국의 사적 이익에 근간을 두고 있음을 보여주는 것이다.

---

343) Thilo Hanemann, "The EU−China Investment Relationship: From a One−Way to a Two−Way Street," *Rhodium Group*, (Jan. 28, 2013). (2015년 3월 10일 검색)
http://rhg.com/articles/the−eu−china−investment−relationship−from−a−one−way−to−a−two−way−street

344) The Economist, June 27, 2011.
http://economist.com/blogs/charlemagne/2011/06/china−and−europe (2015년 3월 10일 검색)

2. 중국의 국제금융기구 창설 및 역할 확대

중국의 다자금융기구에 대한 접근은 기존 금융기구의 지배구조 변화에 대한 접근에서 시작했다. 중국은 IMF와 세계은행과 같은 기존 금융기구들이 미국에 의해 과도하게 지배당하고 있다고 주장하며 중국의 역할 확대를 강조했다. 제11차 전인대 양회에서 원자바오 중국총리는 IMF의 지배구조가 회원국들, 특히 개발도상국가들의 균형있는 권리와 의무 규정을 위해서 개혁되어야 한다고 주장했다. 특히 서브프라임 모기지 사태 발생 이후의 경제력 변동을 감안하여 모든 회원국들의 IMF지분은 각국의 국가실상과 자발성에 근거하여 재규정되어야 한다고 강조함으로서 중국 지분 확대를 직접적으로 요구했다.[345]

중국은 2010년 IMF 이사회에서 국제금융위기에 적절히 대응하고 변화하는 회원국들의 경제역량을 감안하여 지분구조 변화와 기금확대를 주장했다. 결국 IMF 이사회는 기존 선진국들의 지분을 축소하고 대신 중국을 비롯한 신흥경제국가들의 지분을 확대하는 결정을 내렸다. 신흥경제국가들인 중국과 브라질 등은 유럽금융위기 극복을 위해서도 IMF 기금의 규모를 대폭 확대하고 그에 따라 지분율도 변화시켜야 한다고 미국을 압박했다. 그러나 신흥국 의결권을 확대하는 쿼터 개혁은 IMF 이사회를 통과했음에도 불구하고 미국의회의 비준을 받지 못하면서 중국 등 신흥경제국가들의 지분율은 여전히 낮은 수준으로 머물러있고 중국도 전체의 4%에 불과

345) 新华网首页, 2009년 3월 13일.
http://news.xinhuanet.com/video/2009-03/13/content_11005123.htm
(2015년 3월 10일 검색)

한 쿼터를 보유하고 있다.[346)]

이렇듯 중국은 기존 국제금융기구의 구조 변화 노력이 큰 효과를 보이지 않자 중국 중심의 국제금융기구 창설에 집중하기 시작했다. 시진핑 중국주석은 2014년 7월 브라질에서 개최되는 브릭스정상회의에서 미국 중심의 세계은행에 맞서는 '브릭스개발은행' 설립을 주도했다. 브릭스개발은행은 중국, 러시아, 인도, 브라질 그리고 남아프리카공화국이 각각 100억 달러씩을 출자해 500억 달러 규모로 2016년에 출범하여 5년 안에 자본금을 1,000억 달러로 늘릴 예정이다.[347)] 특히 브릭스 5개국정상들은 1,000억 달러의 '위기대응기금' 설치도 합의함으로서 세계은행에 대한 실질적인 대안으로 부상했다. 중국은 '미니 IMF'라고 불리는 '위기대응기금'에 5개국 중 가장 많은 410억 달러를 출자함으로서 다른 신흥경제국들을 압도하고 미국과 더불어 국제금융을 주도하는 한축으로 자리매김했다.[348)] 그러나 브릭스개발은행은 자본금도 IMF와 비교하기 어려운 수준이며 참여국의 수도 브릭스국가에 제한되어 있어 국제금융에 미치는 영향은 제한적일 수밖에 없다는 회의적 시각도 있다.

그러나 중국의 다자금융기구를 통한 국제금융구조의 변화시도는 아시아인프라투자은행(AIIB) 설립 추진으로 가시성을 높이고 있다. 브릭스개발은행이 폐쇄적 구조의 성격을 보였다면 AIIB는 참여국가들의 범위를 모든 국가에게 개방하는 개방적구조를 지향하고 있다. AIIB는 중국이 2013년 처음으로 제안하면서 시작되었고 아시

---

346) IMF, March 10, 2015. http://www.imf.org/external/np/sec/memdir/members.aspx (2015년 3월 10일 검색)

347) 한겨레신문, 2014년 7월 15일.

348) 한겨레신문, 2014년 7월 17일.

아지역의 인프라 건설에 대한 지원을 목적으로 추진되고 있다. 하지만 중국의 AIIB 추진은 IMF 등과 같은 기존 국제금융기구들의 지배구조 개선과 역량강화 등에 대한 중국의 요구가 수용되지 않고 미국 중심의 질서가 유지되는 상황에 대한 반발의 결과로 평가되고 있다.[349] 아시아인프라투자은행에 출자액은 1,000억 달러로 추진되고 있으며 중국은 이미 500억 달러의 초기자본금을 출자했고 다른 국가들의 참여를 주도적으로 종용하고 있다. 이에 2014년 10월 21개국이 베이징에 모여 AIIB 설립 양해각서를 교환함으로서 공식적 출범을 시작했다.

미국은 이러한 중국 중심의 AIIB 설립에 대해 부정적 입장을 밝히며 호주, 한국 그리고 인도네시아 등 동맹국들을 대상으로 압력을 행사하는 것으로 보도되었다.[350]

그러나 미국의 반대에도 불구하고 2015년 1월 뉴질랜드를 시작으로 3월에는 영국, 프랑스, 독일 등이 가입을 선언했으며 심지어 일본과 호주 그리고 한국 등이 참여를 심각하게 고민하는 것으로 알려졌다.[351] 아시아지역의 인프라 건설 지원이라는 '공공재' 제공 목적에서 새로운 국제레짐 형성을 주도하는 중국에 대해 미국패권이 통제능력을 보여주지 못하는 상황에서 더 많은 국가들이 국익증

349) *The Guardian*, March 13, 2015. (2015년 3월 15일 검색)
http://www.theguardian.com/world/2015/mar/13/support-china-led-development-bank-grows-despite-us-opposition-australia-uk-new-zealand-asia

350) *Affairs Cloud*, Oct. 24, 2014. (2015년 3월 15일 검색)
http://www.affairscloud.com/china-launches-aiib-in-asia-to-counter-world-bank/

351) 연합뉴스, 2015년 3월 20일. (2015년 3월 15일 검색)
http://www.yonhapnews.co.kr/bulletin/2015/03/20/0200000000AKR20150320123900009.HTML

진 차원에서 AIIB에 참여를 결정한 것이다. 이는 미국패권이 더 이상 독점적으로 국제금융을 좌우할 수 없음을 보여주는 것이며 금융역량을 통한 패권유지도 도전을 받을 수밖에 없는 구조가 된 것이다. 즉 중국의 기존 국제금융질서에 대한 이러한 도전은 미국 패권의 쇠퇴 환경에서 자국의 풍부한 경제력과 새로운 다자금융기구 설립을 통해 미국에 대항 할 수 있는 금융권력을 구성하여 미국 금융패권을 견제하고 국제금융의 다극화를 추진하려는 시도인 것이다.

Ⅳ. 미국의 대중국 환율절상 압박과 G-20 구성

1947년 브레튼우드체제(Bretton Woods System)를 통해 국제통화 및 금융체제를 주도하기 시작한 미국패권은 1970년대 초반 금태환제와 고정환율제가 폐기되며 제도적 변화를 받기는 했지만 달러기축통화와 IMF 그리고 세계은행 등을 중심으로 통화 및 금융패권을 유지해왔다. 미국은 1970년대 초부터 '쌍둥이 적자'를 겪으며 경제력의 상대적 약화가 있었지만 서방선진국들인 G-7과 IMF 등을 통해 안정적 통화와 금융안정성 등의 공공재를 지속적으로 제공해왔다.

그러나 2008년 미국에서 서브프라임 모기지 사태가 발생하며 미국의 경제적 쇠퇴가 가시화되자 미국은 무역수지개선을 통한 경제력 회복을 위해 중국에 대한 위안화 평가절상 요구를 강력하게 제기하기 시작했다. 미국은 무역적자가 미국과 중국 간의 불균형의 핵심이라고 파악한다. 즉 무역적자가 중국에 대한 산업경쟁력을 약화시켜 궁극적으로 미국의 경제력을 취약하게 한다는 것이다.352) 미국의 대중국 무역적자는 2000년 840억 달러에서 2012년 3,150억 달러로 매년 증대되고 있고 중국의 의도적인 위안화 평가절하가 이런 무역불균형의 주된 원인이라고 인식하는 것이다. 이에 경제적 쇠퇴를 경험하기 시작한 미국패권은 1980년대 미국의 최대 무역적자 양산국인 일본에 대해 했던 엔화절상 요구라는 '추출적' 접근을 중국에게도 적용하기 시작했다.

오바마는 대통령선거 캠페인 시기부터 중국에 대해 위안화 평가절상을 압박하였으며 집권 후에도 지속적으로 압력을 전개했다. 오바마 미대통령은 중국의 저평가된 위안화는 미국기업들의 경쟁력에 매우 큰 약점으로 작용하고 있어 위안화문제를 해결해야 할 최우선과제로 설정했다고 주장했다.353) 이런 오바마의 기조 설정에 따라 티모시 게이트너(Timothy Geithner) 미국재무부장관은 중국이 시장에 근거한 유연한 환율체제를 채택할 것을 강조하며 '통화 전쟁'이란 용어를 사용함으로서 양국 간 긴장을 고조시켰다.354) 특히 2010년 G-20 서울 정상회담에서 오바마대통령은 중국은 환율의 재조정을 해야 한다고 주장했고 후진타오주석은 역으로 미국의 양적완화 정책에 대한 우려를 표시함으로서 양국정상이 위안화 절상 문제로 충돌하는 장면을 보였다.355)

---

352) Richard Saull, *op. cit.*, p.325.

353) The White House, Remarks by the President at the Senate Democratic Policy Committee Issues Conference, (February 3, 2010).

354) *Macro Press*, Oct. 14, 2010. (2015년 3월 12일 검색) http://en.mercopress.com/2010/10/14/us-treasury-secretary-sees-no-risk-of-global-currency-war

355) 세계일보, 2010년 11월 12일. http://www.segye.com/content/html/2010/11/11/20101111005551.

이러한 미행정부의 중국 위안화 평가절상 요구는 미의회로 확대되어 2010년 미하원은 불공정하게 화폐가치를 절하하는 국가의 상품에 대해 미상무부가 상계관세를 부과할 수 있는 권한을 부여하는 '공정무역을 위한 환율개혁법안(Currency Reform for Fair Trade Act)'을 통과시켰다. 같은 맥락에서 미상원도 2011년 낮게 평가된 환율을 보조금으로 간주하여 관세를 부과할 수 있게 하는 '환율감시개혁법안(Currency Exchange Rate Oversight Reform Act)'을 발의하고 통과시켰다.

미국의 전방위적인 압력에 대해 중국상무부장관은 환율은 주권에 해당되는 사안이기 때문에 다른 국가와의 논의의 대상이 아니라고 일축하며 미국이 중국을 '환율조작국'으로 규정할 경우 상응한 조치를 취할 것임을 강조했다.[356] 상무부 부장관인 지앙 야오핑(Jiang Yaoping)도 위안화 절상이 미국의 문제를 해결하지 못하며 미국 무역적자는 미국의 낮은 저축율과 과소비에 기인한다고 주장하면서 미국의 요구에 대한 수용의사가 없음을 분명히 했다.[357]

이렇듯 중국은 미국의 위안화 평가절상 요구에 대해 거부했음에도 불구하고 미국은 하원과 상원에서 각각의 법안을 통과시켰지만 어느 법안도 법으로 만들지는 않고 있다.[358] 이는 미국이 중국 위안

---

html (2015년 3월 12일 검색)

356) KBS, 2011년 10월 5일.
http://news.kbs.co.kr/news/NewsView.do?SEARCH_NEWS_CODE=2367116 (2015년 3월 13일 검색)

357) *Reuters*, Jan. 11, 2011. (2015년 3월 13일 검색)
http://www.reuters.com/article/2011/01/11/us-china-usa-trade-idUSTRE70A18H20110111

358) Wayne Morrison and Marc Labonte, "China's Currency Policy: An Analysis of the Economic Issues," *CRS Report for Congress*, (July 22, 2013), p. 1.

화 평가절상의 필요성에도 불구하고 요구를 관철시키지 못하고 있음을 보여주는 것이며 동시에 미중 '환율전쟁'을 불러올 수 있는 최종적인 수단 외에 유용한 압박수단도 갖지 못하고 있음을 확인하는 것이다. 즉 미 상하원이 제시한 위안화 절상을 위한 법안들이 입법화될 경우 중국이 오히려 환율 절상에 반대되는 정책을 추진하거나 더 나아가 미국수출품 또는 중국에 진출한 미국기업들에 대한 보복조치를 실행할 것 등에 대한 미국의 우려가 입법화를 추진하지 못하고 있는 것이다.[359] 쇠퇴하는 미국패권이 부상하는 중국을 통제할 수 있는 역량에 한계를 보이고 있음을 확인하는 것이다.

미국은 중국에 대한 일방적 압박이 위안화 평가절상에 효과적이지 못함이 드러나고 국제금융시장에 안정성이라는 '공공재'를 제공해야하는 미국의 역량이 한계를 보이자 미중 전략경제대화(the Strategic & Economic Dialogue)라는 양자 간 협의체를 통해 중국과의 문제해결을 그리고 G-20라는 다자간 협의체를 통해 안정성이라는 '공공재'를 제공하는 접근을 시도하고 있다.

첫째, 오바마대통령은 부상하는 중국을 제도적으로 관리하기 위한 목적에서 2009년부터 매년 양국 간 최고위급의 전략경제대화를 주도하고 있다. 이는 미국 주도의 양국관계에 대한 제도적 안정성을 확보하는 차원이며 이 대화를 통해 위안화 평가절상과 같은 양국 간 현안들을 다루려는 취지인 것이다. 2011년 5월 제3차 전략경제대화에서 게이트너 미재무장관은 중국의 위안화 절상이 중국의 인플레이션 우려 해소와 국내소비 증진을 통한 성장을 견인할 수 있다는 점에서 보다 빠르게 추진되어야 한다고 주장했다.[360] 이러한 미국

---

359) *ibid.*, p. 14.

360) U.S. Department of State, Joint Closing Remarks for the Strategic and

의 중국에 대한 환율문제 요구는 2012년 전략경제대화에서는 보다 제도화에 초점이 맞추어졌다. 미국은 중국의 위안화 절상노력을 인정하며 시장에 근거한 환율결정과 위안화 국제화를 위한 중국금융시장의 자유화를 강조했다.[361] 이는 미국의 중국에 대한 최종 목표가 위안화 절상이 아니라 중국금융시장과 자본시장의 자유화에 있음을 보여주는 것이다.[362]

둘째, 미국의 위안화 평가절상과 중국금융시장의 자유화 노력은 G-20와 같은 다자기구를 통해서도 추진되고 있다. G-20은 2008년 서브프라임 모기지 사태 발생 이후 금융위기를 극복하려는 취지에서 부시 미대통령의 주도적 노력으로 구성되었다. 미국이 기존 경제 및 금융질서를 유지하기 위해 제기한 것이지만 현실은 기존에 존재하던 G-8로는 국제금융위기를 극복하기 어렵다는 미국패권의 한계를 인정한 결과였던 것이다.[363]

미국은 G-20을 통해 기존의 보호주의 배격을 통해 자유무역질서를 유지하고 재정지출 확대를 통해 유동성과 안정성이라는 '공공재'를 공급하여 세계적 경기침체를 방지하기 위해 구상된 것이다. 미국과 유럽이 금융위기의 진원지였기 때문에 미국패권의 기존 질서를 유지하기 위해서는 신흥경제국가들의 협력이 필수적이었기

Economic Dialogue, May 10, 2011, http://www.state.gov/secretary/rm/2011/05/162969.htm (2015년 3월 13 검색)

361) Department of the Treasury, Press Release, May 4, 2012, (2015년 3월 16일 검색) http://www.treasury.gov/press-center/pressreleases/Pages/tg1566.aspx.

362) 이찬근, "미국의 금융패권 전략금융화, 위기 그리고 중국," 『무역학회지』, 제36권, 제3호, (2011년 6월), p. 74.

363) 최영종, "G-20과 글로벌 금융거버넌스 체제의 변화," 『국제관계연구』, 제15권, 제2호, (2010), p. 200.

때문에 G-20로 확대되었던 것이다.

미국은 G-20을 기존 경제질서 유지의 동력으로 활용했지만 동시에 미국의 경제력 회복을 위한 제도적 수단으로도 이용했다. 2010년 6월 오바마 미대통령은 G-20 정상들에게 환율의 시장결정구조(market-determined exchange rates)의 중요성을 강조하는 편지를 보냈고 중국은행은 이에 대해 위안화의 유연성을 확대시킬 것이라고 밝혔다.[364] 이에 2010년 10월 G-20 재무장관 및 중앙은행회의에서 가이트너 미재무장관은 G-20 국가들은 향후 몇 년 동안 무역불균형(흑자 또는 적자)을 줄이는 노력을 해야 한다고 주장하며 동시에 G-20국가들은 경쟁력을 확보하기 위한 수단으로 자국 화폐가치를 절하하거나 절상을 의도적으로 방지하는 행위를 하지 말아야한다고 강조했다. 특히 가이트너는 G-20 신흥국가들은 환율은 자국의 경제적 기초 역량에 일치하는 수준으로 조정해야 한다고 강조함으로서 중국위안화 환율결정구조의 시장화(market based system)를 강조했다.[365]

이렇듯 미국은 양자 또는 다자적 접근을 통해 중국의 위안화 평가절상과 금융시장 자유화를 압박함으로서 무역수지 개선으로 경제력을 회복하고 패권을 유지하려는 노력을 경주하고 있는 것이다. 그러나 중국은 이러한 미국의 요구에 대해 일시적 위안화 조정을 시행하기는 했지만 환율의 시장결정성을 제도적으로 수용하지 않고 있다. 이는 미국의 압력에 의해 금융시장의 자유화와 개방을

364) Daniel Drezner, "The System Worked: Global Economic Governance during the Great Recession," *World Politics*, Vol. 66, No. 1, (Jan. 2014), p. 143.

365) Department of the Treasury, Dear G-20 Colleagues Letters, (Oct. 20, 2010).

단행한 일본의 지난 20년간의 부정적 경험과 자유화에 따른 중국자본시장의 통제력 상실에 대한 우려가 중국으로 하여금 미국주도의 자유화를 거부하는 근거로 작용하고 있다.[366] 특히 미국의 무역불균형의 원인을 위안화 평가절하가 아닌 미국상품의 자체 경쟁력 약화와 미국의 과소비에 근거한다는 중국의 인식도 미국의 요구를 수용하지 않는 이유이다.

그러나 이러한 중국의 거부에도 불구하고 미국은 부상하는 중국을 제어할 유효한 억제수단 및 역량을 가지고 있지 못하기 때문에 미중 갈등관계는 심화되고 체제적 불안정성은 커지고 있는 것이다. 즉 쇠퇴하는 미국패권의 '공공재' 제공과 '추출역량'의 한계가 기존 국제금융질서의 불안정성은 물론 중국과의 갈등관계를 증대시키고 있는 것이다.

V. 결론

2008년 서브프라임 모기지 사태 발생 이후 경제적 쇠퇴를 겪고 있는 미국은 기존 금융질서 유지와 경제회복을 위해 미중전략경제대화와 G-20과 같은 양자 및 다자적 기구를 통해 중국을 압박하고 필요한 '공공재' 제공을 시도하고 있다. 반면 중국은 미국의 위안화 평가절상 요구를 쇠퇴하는 패권의 자국이익을 위한 '추출적' 강제로 인식하며 수용을 거부하며 기존 금융질서에 대한 도전을 시도하고 있다. IMF와 같은 기존 국제금융기구의 지배구조 개선을 요구했던

---

366) 이찬근, *op. cit.*, p. 76.

중국은 2010년 합의안의 IMF 이사회 통과에도 불구하고 미국의회의 비준 연기로 변화가 지연되자 브릭스개발은행과 아시아인프라투자은행 설립을 주도하며 미국 중심의 국제금융질서에 도전하고 있다. 특히 유럽금융위기 상황에서 미국패권이 충분한 '공공재' 제공에 실패하면서 중국은 풍부한 외환보유고를 바탕으로 유럽에 다양한 지원을 제공하며 금융 영향력을 세계적으로 확장하고 있다.

쇠퇴하는 미국이 패권유지를 위해 기존 금융질서를 강제하는 상황에서 부상하는 중국은 미국패권의 요구를 거부하며 새로운 금융기구 설립을 강행하는 등 금융질서의 다극화를 추진하면서 미중간 통화갈등과 금융경쟁이 본격적으로 전개되고 있는 것이다. 이는 패권안정이론이 주장하는 패권국의 쇠퇴가 국가간 경제갈등과 체제의 불안정성을 높인다는 주장을 뒷받침하고 있는 것이다. 즉 쇠퇴하는 패권국은 기존 질서 유지를 위해 공공재 제공보다는 자국의 이익증진을 위해 추출하는 행태를 보이게 되고 이러한 행태가 국가간 경제 갈등을 야기한다는 패권안정이론의 주장이 양국 갈등관계에서 확인된 것이다. 이는 미국의 위안화 평가절상 요구를 거부하고 더 나아가 기존 국제금융질서에 도전하는 새로운 금융기구 창설을 주도하는 중국에 대해 쇠퇴하는 미국이 효과적인 제재수단을 제시하지 못하는 점에서 입증되는 것이다. 패권국은 기존 질서 유지를 위해 '공공재' 제공 및 강제력을 발휘할 역량을 확보해야 하지만 미국의 경제적 쇠퇴와 중국의 급속한 부상은 양국 간 힘의 대칭성을 증대시켜 중국의 거부를 가능하게 한 것이다. 특히 패권국의 역량의 쇠퇴가 자국 중심의 국제레짐의 역량도 약화시킨다는 패권안정이론의 주장도 유럽금융위기 상황에서의 미국과 IMF의 제한적 역할에서 검증되고 있다. 이렇듯 미국과 중국 사이의 통화갈등과 금융경쟁은 1980년대 미국과 일본 사이의 국제수지 개선을 위한 갈등의 수준을 넘어 패권의 쇠퇴에서 비롯된 구조적 변화의 산물인 것이다.

달러가 여전히 기축통화의 역할을 수행하고 있고 미국 경제력의 급격한 쇠퇴도 저지되었다는 점에서 기존 금융질서의 급격한 변화는 발생하지 않을 것으로 평가된다. 특히 중국이 달러통화체제에 대해 높은 의존도를 보이고 있고 자산의 상당부분이 달러와 미국채권으로 구성되어 있다는 측면도 중국의 국제금융에 있어서의 영향력 확대를 제한하는 요인이라고 파악된다. 그러나 현재와 같이 중국이 새로운 국제금융기구 설립과 영향력 확대 등의 국제금융구조의 다극화전략을 보이고 미국이 중국견제를 위해 양자 및 다자기구를 통한 중국금융시장 자유화전략을 추구할 경우 양국 간 통화갈등과 금융경쟁은 지속적으로 발생할 수밖에 없고 국제금융은 물론 국제경제질서의 불안정성은 커질 것으로 평가된다.

제 7 장

미중 무역패권경쟁
: TPP vs RCEP

I. 서론

2013년 4월 24일 일본의 아베정권이 환태평양경제동반자협정(Trans Pacific Partnership: TPP) 가입협상에 참여할 것을 밝히면서 TPP는 국제무역관계에 중요 이슈로 부상했다. 경제력 세계 1위 미국과 3위 일본의 경제적 통합 등으로 TPP는 EU를 능가하는 GDP 38%와 무역규모 28%에 이르는 거대 자유무역권으로 부상할 것이기 때문에 TPP가 향후 국제무역질서에 미칠 영향은 심대할 것으로 예상되는 것이다. 특히 2013년 11월 경제력 세계 15위인 한국도 갑작스럽게 TPP 참여의사를 표명하면서 '자유주의 경쟁'이 TPP를 매개로 전개되며 TPP의 확장력이 증대되고 있음을 보여주었다.[367] 하지만 TPP의 세계무역질서에 있어서의 중요성은 이러한 TPP 경제규모와 참여국가 수의 증가뿐만 아니라 TPP가 '포괄적이며 높은 수준(comprehensive and high-standard)'의 자유무역을 추구하고 있다는 점에 있다.[368] TPP는 2009년 미국의 공식 가입이후 협력 대상국가와 대상범위가 확대되고 있으며 동시에 자유무역의 수준도 심화되는 추세에 있다. 즉 미국은 TPP를 세계 최대 규모의 지역경제공동체로 확대하고 있으며 동시에 EU에 버금가는 매우 높은 수준의 자유무역지대로 추진하고 있는 것이다.

---

367) 한국일보, 2014년 1월 10일.
http://news.hankooki.com/lpage/economy/201401/h2014011021473321500.htm (2014/3/30 검색)

368) Ian F. Fergusson, William H. Cooper, Remy Jurenas, and Brock R. Williams, "The Trans-Pacific Partnership Negotiations and Issues for Congress," CRS Report for Congress, Congressional Research Service, June 17, 2013, p. i.

미국이 TPP를 중심으로 아시아태평양국가들과 국제무역협력을 강화하고 있다면 중국은 역내 포괄적 경제동반자협정(RCEP)을 중심으로 아시아 국가들과의 경제협력을 추진하고 있다. 2012년 11월 동아시아 정상회의에서 중국은 ASEAN+6개국으로 구성된 RCEP의 협상 개시를 선언함으로서 지역무역협력체 형성의 주도 의사를 분명히 했다. 미국이 TPP에 뒤늦게 참여했으나 주도적 역할을 수행하는 것과 같이 RCEP도 ASEAN이 중심이 되어 지역자유무역지대 창설구상을 제시했으나 최근 중국은 RCEP를 TPP에 대항하는 협력체로 상정하며 이를 적극적으로 주도하려는 의지를 보이고 있다.369)

이렇듯 G-2 국가로서 세계패권을 두고 경쟁하고 있는 미국과 중국은 최근 지역 전체를 포괄하는 자유무역지대가 없는 아시아 태평양지역을 대상으로 각각 상대국을 배제하며 자국이 주도하는 지역경제협력체 구축에 나서고 있다. 즉 패권경쟁을 본격화하고 있는 양국 모두 경제성장을 촉진하기 위해 국제무역협력을 추구하고 있는 것이다. 10년간의 아프가니스탄 전쟁과 이라크전쟁 그리고 2008년의 서브프라임 모기지 사태 발생 이후 본격적인 경제적 쇠퇴를 경험하고 있는 미국은 환태평양동반자협정을 통해 경제력 회복을 추진하고 있는 것이다. 반면 35년 이상의 장기적인 고도성장을 통해 세계 제2위의 경제대국으로 부상한 중국도 역내 포괄적 경제동반자협정을 통해 중국의 최대 과제인 지속가능한 경제성장을 추구하고 있는 것이다. 그러나 양국은 TPP와 RCEP를 각각 적극적으로 강화하면서도 상대국에 대해서는 가입을 권유할 의사를 보이지

369) 서울경제신문, 2014년 3월 30일.
http://economy.hankooki.com/lpage/economy/201403/e20140330175540117560.htm (2014/3/30 검색)

않는 상호 배제적인 입장을 보이고 있다.

왜 미국과 중국은 WTO와 같은 세계무역기구를 통한 국제협력보다는 지역에 기반을 두는 지역경제공동체를 통한 협력에 집중하는 것일까? 특히 양국은 이런 지역경제공동체 확대에도 불구하고 상대국가의 참여는 배제하고 있는 것인가? 어떤 요인이 미국과 중국으로 하여금 상대국에게 배타적인 지역경제협력체의 확대를 강조하게 하는가?

본 연구는 이렇듯 미국과 중국이 국제무역협력을 추구하면서도 상호배제적 지역경제협력체를 추진하는 요인을 규명하는데 목적이 있다. 즉 어떤 요인이 미국과 중국으로 하여금 국제무역협력을 추진하게 했는지 그리고 동시에 상호배제적 협력을 추진하게 했는지를 파악하는데 연구 목적이 있는 것이다.

이런 국제협력에 관한 연구는 불가피하게 국제협력이론들의 적실성 검증을 요구한다. 신자유주의 국제제도 이론은 '절대적 이익' 요인이 국제협력을 촉진하는 요인으로 주장한 반면 신현실주의이론은 '상대적 이익' 요인이 국제협력을 어렵게 한다고 주장하고 있기 때문이다. 즉 미국과 중국이 TPP와 RCEP를 통해 각각 국제협력을 추진하면서도 상대국에 대해서는 협력을 기피하는 행태가 어떤 요인에 의해서 규정되는지를 파악함으로서 기존 국제협력이론들의 주장을 경험적으로 검증할 수 있는 것이다.

신자유주의 국제제도이론은 국가는 이기적이며 합리적 존재이기 때문에 국제협력을 저해하는 무정부상태의 불신의 상황을 최소화할 경우 '절대적 이익'을 추구하는 국가들은 다른 국가들과의 협력에 긍정적이 된다고 주장하고 있다.[370] 즉 미국과 중국이 TPP와 RCEP를 강화하고 확대하는 정책을 추진하는 것은 각각의 '절대적 이익'인 경제성장 요인이 국제협력을 촉진한 결과라는 것이다.

반대로 신현실주의이론은 자력구제의 무정부상태적인 국제관계에서 국제협력은 상대국에게 더 많은 이익을 제공할 수 있고 이는 군사력으로 전환되어 자국 안보를 위협할 수 있기 때문에 국가안보를 우려하는 국가는 국제협력을 기피한다고 주장한다.[371] 즉 신현실주의이론은 '상대적 이익' 요인에 의해 국제협력이 저해된다고 주장하는 것이다. 따라서 신현실주의이론은 본격적인 패권경쟁에 접어든 미국과 중국은 상호간 국제협력을 기피하고 경쟁적 정책을 취한다고 주장한다. 이런 맥락에서 미국과 중국이 TPP와 RCEP를 상호배제적으로 추진하는 것은 상대국과의 협력을 기피하게 하는 '상대적 이익' 요인이 작용한 결과라는 것이다.

본 연구는 이런 기존 연구들의 주장과는 달리 신자유주의 이론이 주장하는 '절대적 이익'과 신현실주의이론이 주장하는 '상대적 이익'이 상호 대체적(代替的)으로 작동하지 않으며 동시에 병행적으로 국제협력에 영향을 미친다고 주장한다. 즉 본 연구는 기존 이론들이 주장하듯이 '상대적 이익' 또는 '절대적 이익' 요인이 대체적으로 작용하여 국제협력이 실패하거나 또는 성취되는 것이 아니라 '두 가지 이익' 요인이 동시에 작용할 수 있다는 것이다. 특히 '상대적

370) Robert Keohane, *After Hegemony*, Princeton: Princeton University Press, 1984; Stephen Haggard and Beth A. Simmons. "Theories of International Regimes" *International Organization*, 41, 1987; Robert Keohane and Lisa L. Martin. "The Promise of Institutional Theory," *International Security*, Vol. 20, 1995.

371) Kenneth Waltz, *Theory of International Politics*, New York: Random House, 1979; John J. Mearsheimer, "The False Promise of International Institutions" *International Security*, Vol. 19, 1994/5; Joseph Grieco, "Anarchy and the Limits of Cooperation," *International Organization*, 42, 1988.

이익' 요인이 국제협력을 저해한다는 신현실주의이론의 주장과는 달리 '상대적 이익'이 협력을 촉진하는 요인으로도 작용할 수 있다는 주장을 수용한다.372) 따라서 국제협력에 관한 기존 이론들이 양자관계에만 집중하여 '상대적 이익'과 '절대적 이익' 요인을 이분법적으로 접근하는 것과는 달리 본 연구는 협력 당사국의 협력 대상국은 물론 제3국과의 역학관계를 동시에 고려함으로서 '상대적 이익'과 '절대적 이익' 요인의 적용 범위를 확대 해석한다.

따라서 본 연구는 국제협력에 관한 기존 이론들의 주장과 본 연구가 대안적으로 제시하는 이론적 주장에 대한 소개로 시작한다. 본 연구는 이런 이론적 주장들을 경험적으로 검증하기 위해 미국의 TPP정책과 중국의 RCEP 정책을 비교적으로 분석한다. 우선 III장은 미국이 TPP에 가입하는 과정에 대한 연구를 수행함으로서 TPP 가입동기를 파악하고 특히 가입 이후 TPP를 주도하며 참여국의 수를 적극적으로 확대하는 정책을 추진하게 된 요인 규명에 집중한다. 이와 더불어 본 연구는 미국의 TPP에 관한 대중국정책에 대해서도 조사함으로서 미국이 가입국 확대정책에도 불구하고 중국에 대해서는 왜 유보적이며 배제적인 입장을 견제하는 지에 대해서도 살펴본다.

같은 맥락에서 IV장에서 본 연구는 중국의 RCEP에 대한 전략을 분석한다. ASEAN의 주도로 한국, 중국, 일본, 호주, 뉴질랜드, 인도 등 6개국을 포함하여 구성된 RCEP 협상을 왜 중국이 주도하려는 지에 대한 요인 규명에 집중하는 등 중국의 RCEP 전략에 대해

372) 김관옥, "상대적 이익과 국제협력이론 논쟁의 재조명: 한-미FTA와 미-인도핵협력 사례연구를 중심으로," 『대한정치학회보』, 19권 1호, 2011.

조사한다. 특히 미국의 TPP정책에 대한 중국의 대응방안을 파악하고 대응방안으로서 RCEP의 활용전략을 규명한다. 따라서 본 연구는 미국의 TPP 가입 및 확대정책과 중국의 RCEP 정책 그리고 양국의 상대국에 대한 자국이 주도하는 지역경제공동체 포함여부에 대한 입장 등을 분석함으로써 양국의 국제무역협력 촉진 요인과 상호배제적 입장 결정요인 등을 규명하는데 집중한다. 마지막으로 결론에서 연구결과를 바탕으로 기존 국제협력이론들과 본 연구가 제시한 이론적 주장의 적실성을 평가한다.

II. 이론적 논의

국제협력에 대한 이론적 접근은 게임이론과 패권안정이론 그리고 신자유주의 국제제도이론 등을 통해 전개되고 있다. 특히 로버트 코헨(Robert Keohane) 등 신자유주의 국제제도 이론가들은 국제제도가 국가들로 하여금 상호간에 협력을 기피하게 하는 무정부상태 효과를 감소시키는 기능을 제공하여 국제협력을 가능하게 한다고 주장했다. 즉 본 연구가 사례연구의 대상으로 지정한 TPP 및 RCEP 등과 같은 국제제도가 국가들 사이의 협력을 촉진하는 역할을 수행한다고 주장하는 것이다.

신자유주의 국제제도이론은 무정부상태의 국제관계에서도 국제협력이 가능하다고 주장한다.[373] 신자유주의 국제제도 이론은 패권국이 존재할 경우 협력이 발생할 수 있다는 패권안정이론의 주장

373) Robert Keohane, *op. cit.*, pp. 25-26.

을 수용하는 바탕에서 전개된 것이다. 즉 패권국이 무정부상태 효과를 감소시킴으로서 국제협력이 가능하다는 주장을 인정한 것이다.[374] 그러나 신자유주의이론은 이런 패권국이 쇠퇴하거나 존재하지 않는 상황에서도 국제협력이 가능하다는 것을 주장하는 것이다. 국제제도가 패권국 역할의 일부를 수행함으로서 국가들 사이의 협력을 가능하게 한다는 것이다.[375] 이는 신자유주의 이론이 무정부상태를 국가들을 강제할 기구의 부재로 인식하여 국제협력의 최대 장애 요인을 배신자를 규제할 권위체의 부재로 본다는 것이다.[376] 따라서 국제제도가 국가들을 규제하는 중앙권위체의 기능을 수행하여 국가들의 협력을 이끌어 낼 수 있다는 것이다.

신자유주의 국제제도이론은 협력의 과정에서 발생할 수 있는 높은 거래비용과 상대에 대한 정보부재 및 불확실성 그리고 배신의 가능성 등이 다른 국가들과의 협력을 저해하는 요인으로 주장하고 있다.[377] 국제제도가 무정부상태에서 발생할 수 있는 이와 같은 문제들을 감소시키는 기능을 수행함으로서 협력을 촉진시킨다는 것이다. 즉 국제제도가 협력 상대 국가들에 대한 정보를 제공하여

---

374) 패권안정이론에 대해서는 다음 문헌들 참조. Charles P. Kindleberger, *The World in Depression, 1929–39, Berkeley*: University of California Press, 1973; Robert Gilpin, *War and Change in World Politics*, New York: Cambridge University Press, 1981.

375) Robert Keohane, *op. cit.*; Robert Axelrod and Robert Keohane, "Achieving Cooperation Under Anarchy: Strategies and Institutions," *World Politics*, Vol. 38, 1985; Stephen Haggard and Beth A. Simmons. "Theories of International Regimes" *op. cit.*; Robert Keohane and Lisa L. Martin. "The Promise of Institutional Theory," *op. cit.*

376) Robert Axelrod and Robert Keohane, "Achieving Cooperation Under Anarchy: Strategies and Institutions," *ibid*, p. 226.

377) Robert Keohane, *op. cit.*, pp. 85–96.

불확실성을 감소시키고, 배신자에 대한 처벌을 명확히 하며 더 나아가서 소요되는 거래비용을 절감함으로서 '절대적 이익'을 추구하는 국가들로 하여금 협력을 추진하게 한다는 것이다. 따라서 국제기구 또는 국제레짐과 같은 국제제도의 기능으로 국제협력의 저해 요인들이 최소화되고 궁극적으로는 패권국의 존재 없이도 '절대적 이익'을 추구하는 국가들은 협력을 하게 된다는 것이다.[378)]

반면 이러한 국제협력 가능성에 대해 신현실주의이론은 협력을 통해 발생하는 '절대적 이익'이 균등하거나 유리하게 배분되지 않아 상대국가가 더 많은 이익을 얻을 경우 무정부상태의 국제관계에서 상대국가가 그 '상대적 이익'을 군사력으로 전환하여 자국의 안보를 위협할 수 있기 때문에 국가들은 협력을 기피한다고 주장한다. 즉 신현실주의이론은 무정부상태가 국가들로 하여금 생존에 집중하게 하여 안보를 최대 과제로 간주하게 한다는 것이다.[379)] 이런 환경이 자국 안보에 위협을 줄 수 있는 '상대적 이익(relative gain)'을 양산할 수 있는 국제협력을 회피하게 한다는 것이다.[380)]

이렇듯 국제협력에 대해 상반된 주장을 제기하는 신자유주의 이론과 신현실주의이론은 결국 '절대적 이익' 요인과 '상대적 이익' 요인을 통해 국제협력의 가능여부를 설명하고 있는 것이다. 이는 두 이론이 '절대적 이익' 또는 '상대적 이익'을 상호 대체적 개념으로 간주하여 둘 중 하나의 요인만을 통해서 국제협력의 가능성을 설명하는 것이며 두 요인이 동시에 국제협력에 영향을 줄 수 있음을

---

378) *Ibid.*, p. 246.

379) Kenneth Waltz, *op. cit.*, p. 113.

380) Joseph Grieco, "Anarchy and the Limits of Cooperation," *op. cit.*, pp. 497–499.

인정하지 않는 것이다. 즉 신현실주의이론과 신자유주의이론은 이익 개념에 대해 이분법적으로 접근함으로서 국제협력의 성취와 실패가 함께 발생하고 있는 국제정치 현실을 설명하지 못하는 것이다. 특히 신현실주의이론은 '상대적 이익' 요인이 국제협력을 저해하는 요인으로만 이해하고 있다. '상대적 이익' 요인이 어떤 조건에서 국제협력을 저해하는지를 규명하는데 주목하는[381] 반면 '상대적 이익'요인의 국제협력 성취에 대한 긍정적 역할에 대해서는 간과하고 있는 것이다.

본 연구는 국제협력에 대한 기존 연구들의 설명력의 한계는 국제협력에서 발생하는 이익을 '절대적 이익' 또는 '상대적 이익'이라는 병존하지 않는 대체적 개념으로 이해하는데서 비롯되었다고 주장한다. 국제협력의 가능성을 규명함에 있어 신자유주의이론은 자국의 이익 요인만을 고려했다면 신현실주의이론은 협력당사국들의 양자 간의 이익분배에만 집중했기 때문에 제3국과의 이익관계가 협력에 미치는 영향을 간과한 것이다. 즉 기존 연구들의 이익에 대한 이분법적 개념화는 국제협력의 성취여부를 협력에 참여하는 국가들 간의 관계에서만 조망하고 있기 때문인 것이다. 자국의 이익(절대적 이익) 또는 상대국의 이익(상대적 이익)의 요인만을 통해 국제협력 성취여부를 분석하기 때문에 특정한 제3국이 국제협력에 미치는 영향을 간과하게 되는 것이다. 특히 신현실주의이론이 상대국의 '상대적 이익'을 자국의 안보 위협요인으로 전제하는 것은 모든 국가를 외생적으로 주어진(exogenously given) 잠재적 '적' 또는 '안

381) John Matthews, "Current Gains and Future Outcomes," *International Security*, Vol. 21, No. 1, 1996; Charles Lipson, "International Cooperation in Economic and Security Affairs" *World Politics*, 37, 1984.

보 위협국'으로 규정하기 때문인 것이다.[382] 이런 맥락에서 기존 연구들은 제3국과의 관계 속에서 구성되는 이익의 관점이 국제협력에 미치는 영향을 반영하지 못하는 것이고 그 결과로서 '상대적 이익' 요인이 국제협력을 촉진하는 효과를 발휘하거나 '절대적 이익'과 '상대적 이익' 요인이 동시에 국제협력에 미치는 영향을 설명할 수 없는 것이다.

본 연구는 자국의 '절대적 이익'과 상대국의 '상대적 이익' 더불어 관련된 제3국의 '상대적 이익' 요인이 동시에 국제협력에 영향을 미친다고 주장한다. 특히 자국과 경쟁 또는 갈등관계에 있는 제3국의 '상대적 이익' 요인은 다른 국가들과의 국제협력을 촉진하는 효과를 발휘할 수 있으며 반대로 그 해당 3국과의 협력은 제약하는 부정적 효과를 동시에 전개할 수 있다고 주장하는 것이다. 따라서 본 연구는 제3국과의 경쟁 또는 갈등이 증대될수록 제3국의 '상대적 이익' 요인에 대한 우려가 협력 상대국의 '상대적 이익'에 대한 우려를 약화시켜 오히려 국제협력을 촉진시키는 역할을 할 수 있다는 주장을 수용한다.[383] 이는 신현실주의이론이 국제협력을 저해하는 환경으로 규정한 무정부상태 효과(effects of anarchy)가 오히려 국가들도 하여금 협력을 하게 할 수 있다는 것이다. 즉 국제협력에 의해 공급되는 배타적 이익을 통해 제3국의 상대적 이익을 상쇄하는 차원에서 국제협력이 촉진된다는 것이다.[384]

그러나 본 연구가 제3국의 상대적 이익이 국제협력 촉진에 기여할

382) Alexander Wendt, "Anarchy is What States Make of It," *International Organization*, Vol. 46, No. 2, 1992, pp. 416.

383) 김관옥, *op. cit.*, pp. 7-8.

384) *ibid.*, p. 8.

수 있음을 강조하지만 여전히 '절대적 이익'과 '상대적 이익' 요인이 동시에 국제협력에 영향을 미치고 있음을 주장한다. 즉 기존 연구들의 주장과는 달리 본 연구는 '절대적 이익'과 '상대적 이익' 요인이 함께 국제협력에 영향을 미침으로서 미국과 중국이 각각 TPP와 RCEP 등 국제협력을 강화하면서도 동시에 상호배제적 정책을 취하게 된다는 것이다. 이처럼 중국을 배제한 TPP와 미국을 배제한 RCEP가 동시에 진행되는 것은 협력과 배제가 함께 전개되는 것을 의미하며 이는 '상대적 이익' 요인과 '절대적 이익' 요인 그리고 제3국의 '상대적 이익' 요인이 동시에 작용한 결과라는 것이다.

III. 미국의 환태평양동반자협정(TPP)

미국은 2008년 3월 TPP 협상에 참여하기 시작했고 2009년 공식적으로 의회에 통보함으로써 TPP 참여국가가 됐다. TPP는 본래 2003년 싱가포르, 뉴질랜드, 칠레 3국이 자유무역의 일환으로 협상을 개시했고 2006년에 브루나이와 더불어 설립한 환태평양전략적 경제동반자협정(Trans-Pacific Strategic Economic Partnership Agreement, TPSEP 혹은 P4)을 기반으로 형성된 자유무역지대이다. 미국은 브루나이에 이어 5번째 참여한 국가로 이후 주도적 역할을 수행하고 있다. 오바마 대통령은 TPP를 "높은 수준의 자유무역을 구현하는 21세기형 지역 경제공동체"라고 규정하며 참여국 확대의사를 표명했다.[385)]

미국이 2008년 참여 이후 TPP 참여국가의 확대를 주도하여 같은

385) 오바마 도쿄연설, 2009년 11월 4일. http://korean.seoul.usembassy.gov/p_pres_111409.html (2014/3/1 검색)

해에 호주, 페루, 베트남 등이 가입했고 2010년 말레이시아 그리고 2012년 캐나다와 멕시코 등이 공식적으로 가입했다. 결국 2013년 일본이 TPP에 공식적으로 참여하면서 현재 12개국이 무역자유화에 대한 협상을 전개하고 있다. 최근 일본의 가입으로 TPP는 세계경제 1, 3위인 미국과 일본이 포함되는 전 세계 GDP의 약 40%의 비중을 차지하는 최대 규모의 지역경제공동체로 부상하고 있다.

미국은 2006년 아시아 태평양 지역 전체 국가들을 모두 포함하는 아시아태평양자유무역협정(Free Trade Area of the Asia Pacific: FTAAP)을 주장하였으나 단기간 달성 가능성에 대한 회의적 시각이 확산되자 2008년 비교적 갑작스럽게 TPP로 전환했고 그 이후 TPP를 주도하고 있다.[386] 특히 2008년 서브프라임 모기지 사태 발생으로 경제적 위기 상황에서 집권한 오바마정부는 TPP 참여와 참가국 확대를 통해 미국경제의 회복을 추진하려는 의도를 분명히 했다. 오바마 미대통령은 2013년 연두교서에서 "미국의 수출을 증가시키고 일자리를 보전하며 성장하는 아시아시장에서 미국의 역할을 확대시키기 위해 TPP협상을 조만간 마무리한다"고 언급함하면서 미국의 TPP 참여가 미국의 경제성장의 목적에 있다는 것을 명확히 했다.[387] 이는 미국이 역동적으로 성장하는 아시아 태평양지역과의 시장통합을 통해 경제성장을 성취하고 동시에 경제적 영향력을 유지하려는 목적에서 TPP 참여를 결정했음을 보여주는 것이다. 즉 경제적 위기 상황에서 미국은 경제회복이라는 자국의 '절대적 이익'

---

386) 박수현, 권승혁, "TPP(환태평양경제동반자협정) 추진현황과 주요국 입장," 『해외경제포커스』, 제2013-23호, 2013, p. 7.

387) "State of the union address 2013," The Guardian, Feb. 13, 2013. http://www.theguardian.com/world/2013/feb/13/state-of-the-union-full-text (2014/3/2 검색)

을 추구하기 위해 TPP에 참여를 결정한 것이다.

이렇듯 미국은 조속한 경제력 회복이라는 목적을 위해 TPP에 가입했지만 기존 가입국들은 경제규모가 작은 4개국으로 구성되어 있다는 점에서 '경제성장'이라는 미국의 목적이 P4를 통해서 달성되기 어려운 조건이었다. 이는 미국이 P4를 그대로 수용하려는 것보다는 미국이 TPP로 명칭을 바꾼 것과 같이 참여국의 수와 자유무역의 내용과 수준을 모두 주도하겠다는 것을 전제한 참여인 것이다. 미국은 P4를 단순한 몇 개국으로 구성된 자유무역지대 이상의 잠재적으로 높은 전략적 가치를 지닌 지역경제협력체로 평가한 것이고 이러한 맥락에서 TPP 참여를 결정한 것이다. 즉 미국의 TPP 가입은 매우 전략적 판단에 근거했던 것이다.

첫째, P4는 지역적으로 지역자유무역협력체가 부재한 아시아-태평양 지역 전체를 아우르면서도 지도적 역할을 수행하는 국가가 존재하지 않아 미국이 주도적 역할을 수행할 수 있다는 점이 미국의 TPP 참여 동기를 강화시켰다. 싱가포르, 뉴질랜드, 칠레 그리고 브루나이 등이 기존 참여국들인 상황에서 미국은 주도국의 위상을 확보하기에 용이했고 이런 맥락에서 미국은 2011년 11월 12일 참여국들이 합의하여 발표한 TPP 협정문개요(Outline of Trans-Pacific Partnership Agreement)의 내용을 주도했다. 즉 미국의 참여 이전인 P4 시기의 협상 내용에 포함되지 않았던 금융서비스 및 투자분야 그리고 전자상거래(E-commerce) 등이 포함되었고 개방 폭도 P4 시기 협상수준이 전체적으로 WTO 수준이었다면 미국의 참여와 더불어서 TPP협정문의 범위와 수준이 WTO를 상회하는 정도로 수정되었다.[388] 따라

388) 배성준, "TPP에 대한 미-중전략분석과 한국의 대응방안," 『무역통상학회지』, 제12권 3호, 2012, pp. 24-25.

서 미국의 참여에 대해 브루나이와 칠레 등 일부국가들은 미국이 환경 및 노동 등 일부 민감한 분야에서 자국의 기준을 적용하는 등 주도적 역할을 수행할 것을 우려하기도 했다.[389] 그러나 이런 우려와 같이 미국을 견제할 수 있는 국가가 존재하지 않는 TPP의 권력구도는 오히려 미국으로 하여금 TPP의 협상방식과 협정문 내용 등을 주도할 수 있는 기회를 보장함으로서 미국의 참여를 촉진하는 효과를 보인 것이다.

둘째, 미국은 TPP를 세계 최대 규모의 배타적 자유무역지대로 구성함으로서 경제성장을 성취하고 동시에 역외 경쟁국가들 보다 유리한 시장구조를 확보하려는 목적에서 참여한 것이다.[390] 이런 목적 하에 미국은 TPP를 APEC과 연계하여 확장하는 전략을 추진하고 있다. 이는 TPP를 통해 궁극적으로 APEC 국가들과의 대륙간 자유무역지대를 형성해 세계경제질서를 주도해나가겠다는 것이다. 특히 APEC 가입국의 총 GDP가 전 세계 GDP의 60%에 이르며 다른 어떤 지역보다도 빠른 경제성장률을 보이는 등 세계경제성장을 주도하는 지역이라는 점에서 미국의 TPP 가입국 확대정책의 목적이 있는 것이다. TPP 국가들과의 무역이 미국의 상품 및 서비스 무역에 차지하는 비중은 최근 일본의 가입으로 36%에 이르고 있으며 모든 APEC 가입국가들이 포함될 경우 56%까지 확대되는 등 APEC을 기준으로 TPP 참여국을 확대할 경우 미국의 시장확대에 크게 기여할 수 있는 것이다. 이는 현재 전체 미국무역량의

389) 한민정, "한국의 TPP 참여전략에 관한 연구: 전자상거래를 중심으로," 『통상정보연구』, 제15권 1호, 2013, p. 313.

390) USTR, "Joint Statement from Trans-Pacific Partnership Ministers Meeting on Margins of APEC in Big Sky, Montana," press release, May 2011.

17.5%만이 자유무역협정을 체결한 국가들과의 교역에 해당되며 82.5%는 자유무역협정이 체결되지 않는 국가와의 무역에서 발생한다는 점에서도 자유무역시장의 확대는 미국의 경제적 이익을 제고할 수 있는 것이다.[391] 즉 2008년의 경제적 쇠퇴과정에서 미국이 절실히 필요했던 경제성장이라는 '절대적 이익' 요인이 미국의 TPP 참여를 촉진했던 것이다.

더욱 중요한 것은 TPP 참여국가들이 기존에 다양한 다자(multilateral), 지역(regional) 그리고 양자(bilateral) 무역 및 경제협력체에 속해있다는 것이다. 2007년 베트남의 WTO 가입으로 모든 TPP 참여국가들이 WTO 회원국이며 대부분의 TPP 참여국가들은 다수의 지역 및 양자간 자유무역협정을 체결하고 있다. 6개의 TPP 참여국을 포함해 전체 20개 국가와의 FTA를 체결한 미국은 아시아-태평양지역에서 체결된 180개 이상의 자유무역협정에서 대부분 배제되어 있기 때문에 TPP는 미국에게 지역자유경제체제 구축을 주도하여 자국의 경쟁력 있는 상품과 서비스 수출에 더 많은 기회를 확보하게 되는 것이다.[392]

미국은 TPP 참여를 통해 미국경제의 문제로 등장한 내수시장 부진을 극복하고 최대 경제성장지역인 아시아-태평양 시장진출로 경제회복을 꾀하려는 것이다. 미의회보고서에 의하면 2012년 미국이 참여한 최대 자유무역지대인 NAFTA에 대한 미국의 상품수출이 5,000억 달러이며 서비스 수출이 800억 달러라면 같은 해 TPP에

391) 배성준, "TPP에 대한 미-중전략분석과 한국의 대응방안," *op. cit.*, pp. 27-28.

392) Ambassador Ronald Kirk, 2011 Trade Policy Agenda, Office of the United States Trade Representative, March 2011, p. 4, http://www.sice.oas.org/ctyindex/USA/2012_rep_e.pdf (2014/3/1 검색)

대한 상품 및 서비스 수출은 각각 7,000억 달러와 1,600억 달러에 이를 만큼 최고의 경제적 이익을 제공할 수 있다는 것이다.[393] 이는 경제성장이라는 '절대적 이익' 요인이 미국의 TPP 참여를 촉진한 요인이었음을 보여주는 것이다.

셋째, P4로 불리는 환태평양전략적경제동반자협정의 내용이 미국이 지향하는 "포괄적이며 높은 수준의 자유무역협정"에 부합했다는 측면도 미국이 TPP 참여를 선택한 이유로 평가된다.[394] 즉 P4가 발효되기 시작한 이후 90% 이상의 관세철폐 비율을 보였고 서비스분야에는 금지분야 열거방식인 네거티브 리스트 접근방식을 채택했으며 비관세장벽제거, 지적재산권, 정부조달을 포함시키는 등 높은 수준의 시장개방을 추구했다는 점에서 고도의 자유무역협정을 통해 배타적 이익을 추구하던 미국으로서는 참여의 필요성이 있었던 것이다.

이러한 맥락에서 미국이 주도했던 TPP 협정문개요의 가장 큰 특징은 '포괄적인 시장개방'과 더불어 규제통합문제 및 중소기업문제 등 '무역 쟁점 사안(cross-cutting issues)'들도 모두 포괄하여 일괄협상타결방식(single undertaking)을 적용하는 높은 수준의 포괄적 자유무역협정을 추진한다는 것이다.[395] 즉 TPP협정 개요는 일괄타결방식으

---

393) Brock R. Williams, "Trans-Pacific Partnership (TPP) Countries: Comparative Trade and Economic Analysis," *CRS Report for Congress*, June 10, 2013, pp. 10-11.

394) 한민정, "한국의 TPP 참여전략에 관한 연구: 전자상거래를 중심으로," *op. cit.*, p. 312.

395) USTR, "Outline of the Trans-Pacific Partnership Agreement," November 12, 2011. http://www.ustr.gov/about-us/press-office/fact-sheets/2011/november/outlines-trans-pacific-partnership-agreement (2014/3/1 검색)

로 제 분야들의 정책이슈들이 협상 대상으로 논의되는 것이다. 예컨대 환경, 금융서비스, 노동, 정부투자기업, 전자상거래 등 기존에 협상대상에서 제외 되었던 사안들도 대거 포함되고 있다.[396] 이에 조셉 바이든 미부통령은 "TPP가 세계에서 전개되고 있는 가장 야심적인 무역협상으로서 세계경제의 대동맥이 되어 국제무역의 규칙과 규범을 급격히 향상시킬 것"이라고 강조한 바 있다.[397] 이는 미국이 TPP를 가장 높은 수준의 무역자유지대로 형성하여 미국의 경제성장을 성취하고 동시에 세계경제의 주도권을 확보하려는 구상을 보여주는 것이다.

특히 미국 참여 이후 TPP가 신규 참여국들에게 가입조건으로 높은 수준의 무역자유화 실천의지 표명을 제시하고 있는 것도 고도의 포괄적 자유무역협정을 성취하려는 미국의 의사가 적극 반영된 결과인 것이다.[398] 중국이 선호하는 단순한 상품위주의 자유무역이 아닌 미국의 경쟁력이 확보된 서비스산업과 농산물 등이 포함된 고도의 자유무역협정을 통해서만 미국이 경제성장의 기회를 확보할 수 있다고 간주하기 때문이다.[399] 이런 측면에서 TPP는 미국이

---

396) USTR, "Outline of the Trans-Pacific Partnership Agreement," November 12, 2011. http://www.ustr.gov/about-us/press-office/fact-sheets/2011/november/outlines-trans-pacific-partnership-agreement (2014/3/1 검색)

397) Joseph Biden's Speech at the Export-Import Bank's Annual Conference, April 5, 2013. http://www.c-span.org/video/?311928-4/vice-president-biden-us-global-economy (2014/3/2 검색)

398) 박수현, 권승혁, "TPP(환태평양경제동반자협정) 추진현황과 주요국 입장," *op. cit.*, p. 3.

399) Ian F. Fergusson, william H. Cooper, Remy Jurenas, and Brock R. Williams, "The Trans-Pacific Partnership Negotiations and Issues for Congress," *CRS Report for Congress*, June 17, 2013, p. 4.

요구하는 수준의 자유무역협정을 이끌어 낼 잠재적 토양이 존재했던 것이다.

이는 미국이 TPP를 경제회복 전략의 일환으로 접근하고 있음을 보여주는 것이다. 미국은 대부분의 TPP 참여국가들과 상품무역에 있어서 지속적인 적자를 겪고 있지만 서비스무역에 있어서는 흑자를 보이고 있다는 점에서 미국은 TPP 자유무역 내용의 고도화를 통해 서비스 등 미국이 경쟁력을 확보한 분야를 대거 포함시키고자 하는 것이다.[400]

이렇듯 미국의 TPP 참여는 미국의 상품과 서비스를 수출할 수 있는 자유무역시장 규모를 대폭 확대하여 경제회복을 달성하려는 '절대적 이익'의 추구에서 시작되었던 것이다. 특히 2008년 서브프라임 모기지 사태 발생 이후 미국경제의 쇠퇴가 본격화되면서 새로운 성장동력이 필요했던 미국으로서는 조속한 경제회복을 위해 TPP에 가입했고 참여국가 수도 급속히 확대시키고 있으며 협정문 내용도 미국의 경쟁력 있는 서비스 수출을 확대하기 위해 높은 수준의 자유무역협정을 추구하고 있는 것이다.

그러나 미국의 TPP 참여국 확대정책에도 불구하고 세계 2위의 경제대국인 중국을 포함시키지 않는 행태는 경제성장을 위해서는 협력을 통해 자유시장을 더 확대해야 한다는 논리에 모순이 발생한다는 점에서 '절대적 이익' 요인만으로는 충분히 설명되기 어렵다. 이는 미국이 '절대적 이익'을 위해 TPP 협력을 추진하지만 동시에 '상대적 이익' 요인에도 영향을 받고 있음을 보여주는 것이다. 특히

400) 미국의 다른 TPP 가입국가들과의 서비스분야에서의 무역흑자는 2011년 780억 달러에 이르는 반면 같은 국가들과의 상품무역에서는 2012년 1,550억의 적자를 보이고 있다. Brock R. Williams, *op. cit.*, p. 4.

2008년까지 아시아 태평양 전 지역을 대상으로 한 '아시아태평양자유무역협정'을 추진하던 미국이 갑자기 시장 규모가 매우 작은 P4를 선택한 것은 경제적 이익이라는 '절대적 이익' 요인만으로는 설명하기 어려운 것이다.

넷째, 또 다른 미국의 TPP 참여 결정요인으로 작용한 것은 중국과의 경쟁적 관계인 것이다. 즉 패권유지를 위해서는 중국과의 경쟁관계에서 우월한 입장을 유지해야 하는 미국이 장기간에 걸쳐 급속히 부상하는 중국의 '상대적 이익'에 대한 우려에 기인해서 TPP에 참여하게 되었다는 것이다. 즉 중국이라는 제3국의 '상대적 이익' 요인이 미국으로 하여금 다른 국가들과의 협력을 통해 이를 상쇄시키려는 동기를 촉진시킨 것이다. 이러한 미국의 중국에 대한 '상대적 이익' 우려는 미국이 2008년 서브프라임 모기지 사태 발생으로 경제적 쇠퇴에 직면하면서 더 크게 증폭되었다. 이에 힐러리 클린턴 미국무장관은 공공연히 미국의 TPP 참여는 중국에 대한 견제 목적에서 비롯되었다고 주장했다.[401]

즉 미국이 가장 우려하는 것은 중국의 급속한 경제성장으로 아시아-태평양 국가들이 '중화경제권'으로 편입 되는 것이다. 이는 이 지역 국가들에 대한 미국의 경제적 영향력의 축소를 의미하는 것으로서 오바마정부는 이를 저지하기 위해 TPP를 중심으로 중국을 견제할 수 있는 경제적 역량을 아시아-태평양국가들이 구축해야 한다고 주장했던 것이다.[402] 특히 중국의 장기적인 고도성장에 따

401) Hillary R. Clinton, Secretary of State, "America's Pacific Century," East-West Century, Honolulu, November 10, 2011. http://www.reuters.com/article/2011/11/11/us-apec-usa-clinton-idUSTRE7AA0GJ20111111 (2014/3/3검색)

402) 정인교, "오바마 행정부의 범태평양파트너십(TPP) 추진, 어떻게 봐

른 아시아국가들의 '중화경제권'으로의 흡수현상은 아시아 국가들의 중국에 대한 의존도를 증가시켜 미국의 역내 국가들에 대한 영향력 감소로 이어졌다. 한국과 일본 그리고 호주 등 주요 아시아 국가들의 중국경제에 대한 의존도는 급격히 증가추세에 있고 이미 미국에 대한 의존도를 앞서고 있다.[403] 이러한 경향성은 미국이 금융위기를 겪으면서 더 강화되는 추세에 있기 때문에 미국은 보다 빠른 경제회복을 시도하는 차원에서 TPP와 같은 경제협력을 적극적으로 추진하게 된 것이다.

따라서 미국은 아시아 국가들의 중국경제 의존도를 감소시키고 중국 중심의 동아시아 경제통합 논의를 견제하기 위한 목적에서 미국이 TPP 참여를 결정했다는 것이다.[404] 이를 위해 미국은 TPP 가입 후 세계 3위 경제력을 확보한 일본의 TPP 참여를 적극 독려함으로서 TPP를 명실상부한 아시아-태평양지역의 최대 자유무역지대로 구성하여 여타 국가들을 흡수하려는 전략인 것이다.[405] 즉 일본의 참여로 아시아에서의 경제적 구심점을 중국에서 TPP로 이동시키고자하는 미국의 중국견제전략의 일환으로 해석할 수 있는 것이다. 따라서 미국의 TPP를 통한 국제협력은 자국의 경제적 쇠퇴와 중국의 부상에 따라 발생한 '상대적 이익' 요인이 작용하여 추동된 성격이 강한 것이다. 신현실주의이론의 주장과는 달리 '상대적

야하나?" 한국경제연구원, 2010년 11월 1일, p. 2.

403) 2013년 한국수출의 대중국의존도는 25%, 일본은 18% 그리고 호주는 27%를 보이고 있다. 이는 미국에 대한 의존도를 크게 상회하는 것이다. http://www.tradingeconomics.com/country-list/exports (2014/3/30 검색)

404) Financial Times, May 22, 2013.

405) 김용민, 박창건, "일본의 TPP 참가 논의에 대한 정치경제적 함의: 어쩔 수 없는 찬성," 2012 국제지역학회 춘계학술회의 2012년 6월 2일.

이익' 요인이 오히려 국제협력을 촉진한 것이다.

하지만 중국의 '상대적 이익' 요인은 미국의 TPP 신규 가입국에 관련된 정책에도 영향을 미치고 있다. 미국의 TPP 확대정책은 중국의 경제력을 견제하기 위해 추진된 성격이 크기 때문에 중국 이외의 아시아-태평양국가들에 대한 참여는 촉구하면서도 중국에 대해서는 배제적인 입장을 견지하는 것이다. 즉 신현실주의이론의 주장대로 '상대적 이익' 요인이 미국으로 하여금 중국과의 협력을 저해하는 효과를 발휘한 것이다. 특히 미국은 TPP의 협정내용에 높은 수준의 무역자유화를 반영할 것을 강조함으로서 상품무역 중심의 낮은 수준의 무역자유화를 추구하는 중국이 가입하기 어려운 조건을 만들고 있는 것이다.[406] 미국은 새로운 TPP 참여국가를 환영한다고 하지만 신규 가입국은 현재 진행되고 있는 협상의 내용을 수용할 수 있는 자유화 노력이 전제되어야 한다고 밝힘으로서 사실상 중국이 참여하기 어려운 조건을 구성하고 있는 것이다.

미국의 TPP를 통한 국제협력의 적극적 추진과 중국배제 입장은 기존이론들이 주장하듯이 '절대적 이익' 또는 '상대적 이익' 하나의 요인만으로는 설명하기 어려운 것이다. 미국은 2008년 서브프라임 모기지 사태 발생 이후 경제적 쇠퇴에 직면하면서 조속한 경제성장이 절실했던 상황에서 자유무역확대를 통한 자국의 '절대적 이익'을 추구하는 차원에서 TPP에 가입한 것이다. 그러나 미국은 이런 '절대적 이익'의 목적과 더불어 패권경쟁국인 중국의 장기적 고도성장을 상쇄시키고 아시아 국가들의 '중화경제권'에 대한 의존도를 감소

406) Ian F. Fergusson, william H. Cooper, Remy Jurenas, and Brock R. Williams, "The Trans-Pacific Partnership Negotiations and Issues for Congress," CRS Report for Congress, June 17, 2013, pp. 4-5.

시키기 위해서 TPP를 통한 다른 국가들과의 협력을 강화한 것이다. 그러나 미국은 TPP를 통해 다른 국가들과의 국제협력을 강화하면서도 협력으로부터 발생할 수 있는 중국의 '상대적 이익'에 대한 우려로 중국을 TPP로부터 배제하는 입장을 견지하고 있는 것이다. 즉 본 연구가 주장한대로 '경제성장'과 '중국견제'라는 '절대적 이익'과 '상대적 이익'의 두 요인이 동시에 영향을 미침으로 해서 국제협력이 촉진되면서도 경쟁국인 미국과 중국 사이에는 협력이 발생하기 어려운 모습이 동시에 발생하는 것이다.

IV. 중국의 역내포괄적경제동반자협정(RCEP)

중국은 2002년 비교적 늦게 세계무역기구에 가입하면서부터 본격적인 다자간 국제무역협력을 시작했다. 2003년부터 태국과의 FTA를 시작으로 최근인 2014년 3월 24일 체결된 중-스위스FTA까지[407] 11개의 FTA를 체결했으며 6개의 자유무역협정에 대한 협상을 전개하고 있다. 협상이 전개되고 있는 6개 FTA도 3개 국가와는 본협상 중에 있지만 3개 국가와의 FTA는 본협상을 위한 예비협상 단계에 있다.[408] 이 중 예비협상 단계에 있는 한, 중, 일FTA 만이 지역자유무역지대의 성격을 보이는 것이지만 아직 본격적인 협상 단계에도 진입하지 못한 것이다. 즉 중국은 자유무역질서에의 편입

407) CRI onile, 2014년 3월 24일.
http://korean.cri.cn/1660/2014/03/24/1s210385.htm (2014/3/25검색)

408) China FTA Network, April 20, 2014.
http://fta.mofcom.gov.cn/english/index.shtml (2014/4/15 검색)

이 상대적으로 늦었고 지역경제공동체 참여도 전무한 상태에 있는 것이다.

특히 중국이 FTA를 체결한 국가들도 싱가포르, 뉴질랜드, 브루나이, 스위스 등을 제외하고는 대부분 지리적으로 인접한 홍콩, 대만, 파키스탄 그리고 ASEAN 들이다. 그 외에 일부 남미 자원부국들과 FTA를 체결하고 있지만 10대 무역상대국이 대부분 제외되었다는 점에서 매우 수동적 접근을 해왔음을 보여준다. 더욱이 대만, 홍콩, 마카오, 싱가포르 그리고 ASEAN 등 주변국들과의 FTA는 경제적 이익보다는 이들 주변국들을 '중화경제권' 영역으로 흡수하고 정치, 경제적 영향력을 확대하려는 정치적, 전략적 목적에 의해 추진된 것으로 평가되고 있다.[409] 그 외의 FTA도 필요한 자원을 목적으로 형성된 성격이 더 크다. 따라서 중국의 기존 FTA들은 경제적 실익보다는 지역경제대국으로서의 전략적 목적에 근거한 측면이 컸던 것이다.

이렇듯 중국은 세계 제2위의 경제규모와 높은 경제성장률에 비해 소수의 자유무역협정을 체결하고 있으며 지역경제공동체 구성에 있어서도 성과를 보이지 못하고 있는 것이다. 특히 중국은 지역경제공동체 창설에 있어 주도적 역할을 수행하기 어려운 역학구도에 있었다. 2005년 동아시아 정상회의(East Asian Summit)가 출범하면서 지역경제공동체 구성에 대한 논의가 시작되었지만 중국과 일본의 주도권 경쟁이 심화되면서 진전을 이루지 못했던 것이다.[410] 유사한 수준의 경제력을 보유한 중일 양국이 상호 견제적 행태를 취했던 것도 중국이 지역경제공동체 창설을 주도하기 어렵게 한 요인이었다.

---

409) 배성준, *op. cit.* p. 30.

410) 김용민, 박창건, *op. cit.*, p. 518.

이와 더불어 중국의 자유무역협정에 대한 경험 부족도 중국이 아시아 지역의 경제공동체 형성을 주도하기 어려운 또 다른 이유였다.

이렇듯 지역경제공동체에 구성에 대해서 수세적이었던 중국은 미국과 EU의 FTA 및 지역경제공동체 구축에 따른 '상대적 이익' 요인에 상당한 영향을 받았다. 즉 일종의 경쟁적 자유화(competitive liberalization)에 따른 '상대적 이익'이 중국으로 하여금 보다 적극적으로 지역경제공동체를 통한 국제협력을 추구하게 했다.411) 우선 중국은 미국의 TPP를 통한 중국 배제적 지역경제협력에 대해 비판적 입장을 개진하고 있다. 즉 중국은 미국이 WTO와 같은 다자주의를 무력화시키고 중국을 배제하는 국제무역질서를 구축하고 있다고 비판하고 있는 것이다. 위상이 강화된 중국을 견제하고 미국의 경제적 주도권을 유지하기 위한 의도에서 미국이 중국의 TPP 참여를 요청하지 않는다는 것이다. 이런 맥락에서 웨이지엔궈(魏建國) 전 중국상무부차관은 "TPP는 미국의 중국 배제정책(Anything but China)의 일환"이라고 주장하며 "특히 미국이 서비스 및 투자부분까지 포괄하는 높은 수준의 경제통합과 국유기업, 노동, 환경 등 새로운 통상 이슈를 자유무역의 협상의제로 포함시키는 것은 구조적으로 중국 가입을 어렵게 하기 위한 것"이라고 강조했다.412)

하지만 중국은 이런 미국의 중국 배제적 TPP 확대정책에 대해 같은 맥락에서 접근하여 2012년 11월 동아시아정상회의에서 ASEAN+6개국으로 구성된 RCEP 협상 개시를 주도했다. 특히 중

411) 배성준, *op. cit*, p. 35.
412) China Inside, "새로운 세계 무역질서 구축을 위해 '공수전환'을 준비하는 중국," 『주간금융브리프』, 한국금융연구원, 22권 20호, 2013년 5월 11일- 5월 16일, pp. 22-23.

국은 2013년 총 무역액이 4조 1,600억 달러로 미국을 추월해 세계 최대무역국으로 부상했기 때문에 이런 경제력을 바탕으로 다른 지역경제공동체를 주도하는 전략을 전개하고 있다.[413] 무엇보다도 미국의 내수시장이 침체되어 있는 상태인 반면 중국은 고성장을 거듭하고 있기 때문에 다른 국가들에게 더 매력적인 시장이라는 점에서 중국이 주도하는 지역경제공동체의 확대가 가능하다고 보는 것이다.[414]

이런 맥락에서 중국은 TPP에 대한 대응으로 2012년 RCEP 협상 개시를 주도했고 2013년 공식협상이 시작되어 2015년 마무리되는 것으로 예정되어 있다. RECP는 미국을 포함하지 않는 16개 국가들의 지역경제협력체로서 34억 명의 인구와 전 세계 GDP의 33%를 차지하는 비중을 보여준다. 2011년 RCEP 국가들의 전 세계 수출에 차지하는 비중은 26.8%이며 수입은 26.7%를 차지함으로서 세계 무역에 약 30%를 차지하는 비중을 보여주는 것이다.[415] 따라서 경제규모로는 EU, NAFTA보다 크며 TPP와 유사한 수준이고 무역량에 있어서도 NAFTA와 TPP보다 크며 EU보다 소폭 작은 것으로 나타나고 있다. 특히 역내 국가들의 경제성장률이 다른 지역보다 높다는 점도 RCEP의 영향력을 제고시키는 요인이다.

이런 맥락에서 중국은 2013년 APEC회의에서 미국 중심의 TPP가 ASEAN 국가 전체로 확산되는 것을 방지하기 위해 예정대로 RCEP 협상을 2015년까지 종결시킬 것을 다시 천명했다.[416] 최근

---

413) Financial Times, Jan. 10, 2014.

414) 배성준, "TPP에 대한 미-중전략분석과 한국의 대응방안," *op. cit.*, p. 30.

415) 이창재, 방호경, "한중일 FTA 및 RCEP 협상의 개시와 우리의 대응방안," KIEP 오늘의 세계경제, Vol. 12, No. 24, 2012년 11월 20, p. 3.

416) Phuong Nguyen, "China's Charm Offensive Signals a New Strategic

중국 난닝에서 전개된 제4차 협상에서도 중국은 협상의 주도적 역할을 자임하며 기한 내 RCEP 협상타결을 위한 적극적 역할 수행을 약속했다.[417] RCEP는 TPP 수준의 포괄적이며 높은 수준의 관세축소와 무역자유화를 추구하지 않기 때문에 참여국들이 자국에 민감한 분야는 협상대상에서 제외할 수 있다. 따라서 RCEP는 높은 수준의 무역자유화에 준비되지 않은 국가들이 보다 쉽게 접근할 수 있다는 점에서 TPP보다 조기에 실현될 가능성이 크다는 것이다.[418]

RCEP가 중국의 기존 자유무역정책 방향과 일치한다는 점도 중국이 TPP에 대항하기 위한 무역협력체로 활용하려는 이유이다. 앞서 언급한대로 중국은 정치적, 전략적 목적에서 주변국가들과의 FTA체제 구축을 추진했고 RCEP는 이런 중국의 아시아경제협력체 주도와 '중화경제권' 확대전략에 부합한다는 것이다. 즉 RCEP는 지역성을 기반으로 한 기능적 협력이기 때문에 중국으로서는 가장 역동적 성장지역인 아시아경제를 주도할 수 있는 기회를 제공받는 것이며 더욱이 미국에 대한 자연스러운 배제를 가능하게 함으로서 미국을 견제할 수 있는 기제가 될 수 있는 것이다.[419] 이는 RCEP를 통해 아시아 국가들의 TPP 참여를 억제하여 미국의 아시아 지역으

Era in Southeast Asia,' *CSIS*, Oct, 17, 2013. http://csis.org/publication/chinas-charm-offensive-signals-new-strategic-era-southeast-asia (2014/3/23 검색)

417) Petchanet Pratruangkrai, "China Presses RCEP Partners to Move," *The Nation*, April, 19, 2014. http://www.nationmultimedia.com/business/China-presses-RCEP-partners-to-move-30231595.html (2014/4/25 검색)

418) Ian F. Fergusson, william H. Cooper, Remy Jurenas, and Brock R. Williams, "The Trans-Pacific Partnership Negotiations and Issues for Congress," *op. cit.*, p. 7.

419) 김용민, 박창건, *op. cit.*, p. 525.

로의 영향력 확장을 제한하려는 취지인 것이다. 미국의 '상대적 이익' 요인이 중국으로 하여금 RCEP라는 국제협력을 보다 적극적으로 추진하게 작동한 것이다.

특히 이런 '상대적 이익' 요인은 미국과의 관계에서만 발생하는 것이 아니다. TPP의 구성은 중국과 유사한 상품을 수출하는 아시아 개발도상국들과의 심한 경쟁을 예상하게 하는 것이다. 즉 TPP가 구성될 경우 중국과 유사하지만 더 값싼 상품을 미국 또는 일본 등에 수출하는 아시아 국가들과의 경쟁이 촉발되어 중국의 대미수출에 상당한 위협을 줄 것으로 전망되기 때문이다.[420] TPP는 중국으로 하여금 미국은 물론 아시아 개발도상국가들의 '상대적 이익'을 고려하게 함으로서 이를 상쇄할 수 있는 RCEP 형성을 촉진시키는 효과를 발휘한 것이다.

하지만 중국의 RCEP 추진전략이 단지 미국의 TPP에 대한 견제라는 '상대적 이익' 요인에 의해서만 이루어진 것은 아니다. 중국의 가장 중요한 경제정책 목표는 지속가능한 경제성장이다. 2012년 11월 새로운 지도부를 구성하는 제18차 중국공산당 전국대표대회에서 대표보고서는 지속 가능한 경제성장을 최우선의 과제로 제시함으로서 기존의 성장 중심의 경제모델을 유지하겠다는 것을 분명히 했다.[421] 현 중국정치체제를 유지하는데 경제성장이 여전히 중요하다고 판단한 시진핑정부는 자유무역 확대를 통한 경제성장에 집중한다는 것이다. 특히 중국정부는 지속 가능한 경제성장을 위해

---

420) Guoyou Song, "The U.S. see TPP As a New Leverage to Deal with China," *International Herald Tribune*, November 11, 2011.

421) 이기현 외, "중국 18차 당대회 분석과 대내외정책 전망," 통일연구원, 서울: 통일연구원, 2013, pp. 54-56.

서는 지역경제공동체를 통해 중국경제의 체질을 개선하는 개혁이 여전히 필요하다고 인식하고 있기 때문에 RCEP를 적극 추진하는 것이다.[422] 중국은 지속 가능한 경제성장이라는 '절대적 이익'을 위해서도 RCEP 창설과 주도의 필요성이 있는 것이다.

중국의 이러한 '절대적 이익'에 근거한 RCEP 추진은 중국의 대외 의존적 경제구조에서 여실히 드러난다. 무역이 국내총생산(GDP)에 차지하는 비중이 2010년 현재 50.6%를 나타내고 있고 이는 미국의 22%, 일본의 26.8%에 비해 월등히 높은 것이다.[423] 이는 중국이 자유무역을 유지하고 확대하는데 있어 상당한 이해관계가 있음을 보여주는 것이다.

따라서 중국의 RCEP 적극적 추진은 미국의 TPP 확대정책에 자극받은 성격이 크지만 중국 스스로의 지속 가능한 경제성장 목적을 위해서도 추진되고 있는 것이다. 즉 미국 중심의 TPP에 대한 '상대적 이익' 요인과 중국 경제성장이라는 '절대적 이익' 요인이 함께 중국의 RCEP 구성정책에 영향을 미치고 있는 것이다.

그러나 미국이 중국의 장기적 성장에 대한 견제로서 중국배제의 TPP 전략을 전개하고 있듯이 중국도 '지역성'에 근거하여 자연스럽게 미국을 RCEP로부터 배제하고 있다. 이는 TPP에서 배제된 중국이 경쟁적 관계에 있는 미국이 TPP와 더불어 RCEP로부터 받을 수 있는 더 많은 이익을 우려하기 때문이다. 즉 미국이 중국에게 TPP 참여를 요청할 경우 중국도 RCEP에 미국의 참여를 권유할

---

422) 왕용, "아시아경제의 역동성을 해부한다," 제8회 제주포럼 보도자료, 2013년 5월, pp. 2-5.

423) Aaditya Mattoo and Arvind Subramanian, "China and the World Trading System," The World Economy, Vo. 35, No. 12, Dec. 2012, p. 1742-1745.

수 있지만 '상대적 이익'이 발생할 수 있는 일방적인 협력은 기피하는 것이다. 이렇듯 신현실주의이론의 주장과는 달리 '상대적 이익' 요인은 중국의 사례에 있어서도 협력을 촉진하거나 기피하게 하는 두 가지 효과를 함께 보이고 있다.

V. 결론

미국은 세계최대 지유무역지대인 TPP를 통해 경제력 회복을 도모하며 동시에 환태평양 국가들의 대중국경제 의존도 심화를 방지하여 환태평양 지역에서의 미국의 경제적 영향력을 유지하려는 취지에서 TPP 확대를 추진하고 있다. 중국도 TPP와 유사한 수준의 규모를 보이는 RCEP를 통해 지속가능한 경제성장을 도모하고 동시에 아세안국가들의 미국 중심의 TPP 참여확산을 저지하려는 취지에서 RCEP를 적극적으로 추진하고 있다.

미국의 TPP 전략은 중국에 대한 정치, 경제적 균형정책의 일환인 것이다. 이는 양국의 패권경쟁에 영향을 직접적으로 주는 '중국의 장기적 부상'과 '미국의 경제적 쇠퇴'라는 요인들에 의해 영향을 받은 것이기 때문에 결국 '상대적 이익' 요인이 미국의 국제무역협력을 촉진하는 효과를 보여줬음을 보여주는 것이다. 같은 맥락에서 중국의 RCEP도 미국의 TPP 추진에 대한 대응 차원에서 전개된 성격이 강하다. 미국이 중국을 배제한 자유무역협력을 추진하자 배제에 따른 미국의 '상대적 이익'과 자국의 '상대적 손실'을 만회하려는 취지에서 RCEP를 추진하게 되었던 것이다. FTA 등을 통해 아시아지역에 대한 영향력 확대를 추진하고 있던 중국은 TPP를 미국의 자국 견제수단으로 인식하여 이에 대한 대응으로 RCEP를 주도하고 있는 것이다.

신자유주의이론과 신현실주의이론의 주장과는 달리 미국과 중국은 TPP와 RCEP를 경제성장과 같은 '절대적 이익' 뿐만 아니라 상대국의 '상대적 이익' 요인에 의해서 추진하고 있는 것이다. 지역자유무역협정에서 배제됨으로서 발생하는 배타적 '상대적 이익' 요인이 TPP와 RCEP를 추동하게 한 주요 요인이었던 것이다. 본 연구가 주장한대로 국제협력은 단순히 자국만의 이익 또는 양자 간의 관계에서 이익 개념에서만 영향을 받는 것이 아님이 확인된 것이다. 본 사례연구결과는 경쟁관계에 있는 제3국의 '상대적 이익' 요인이 결정적으로 미국과 중국의 TPP와 RCEP 정책을 규정하고 있음을 보여주었다.

하지만 미국과 중국이 상호 포함되는 지역경제협력체는 추진하지 않는 다는 점에서 '상대적 이익' 요인이 협력을 저해하는 작용을 동시에 하고 있음도 확인하였다. 이는 국제협력의 가능성을 '상대적 이익' 또는 '절대적 이익'의 기준을 통해 평가하는 기존 이론들의 주장이 지나치게 이분법적임이 확인된 것이며 본 연구가 주장하는 바와 같이 두 종류의 이익이 함께 국제협력을 추동할 수 있음을 보여준 것이다.

제 8 장

미중 에너지패권경쟁

: 에너지패권 vs 에너지안보

I. 서론

동북아시아는 20세기 중반부터 현재까지 세계에서 가장 역동적인 경제성장을 성취하고 있는 지역이다. 이러한 장기적인 고도경제성장은 필연적으로 경제활동에 필요한 에너지자원의 수요를 증가시켜왔다. 한국, 중국, 일본 등 동북아 3국의 2013년 현재 에너지 소비는 세계 전체 소비량 대비 28.2%에 해당하고 있으며 이 지역의 에너지 수요 증가 경향은 지속될 것으로 예상되고 있다.[424] 그러나 동북아시아 국가들은 폭발적 수요 증가와는 달리 에너지자원 보유에 있어서는 다른 지역에 비해 현저히 낮은 수준이다. 한국은 수요 에너지의 97% 가량을 수입에 의존하고 있으며 일본도 99%에 가까운 대외의존도를 보이고 있다.[425] 산유국인 중국도 수입의존도가 큰 폭으로 증가하고 있어 2013년 현재 석유 58.1% 가스 31.6%에 이르고 있다.[426] 이러한 에너지 수요의 폭증과 부존자원의 빈곤은 동북아시아 국가들의 고도 산업화 유지에 상당한 구조적 제약으로 작용하고 있다.

동북아 지역에서의 폭발적인 에너지자원에 대한 수요 증가와 빈약한 부존자원은 역내 국가들의 에너지안보를 위협하는 요인으로 작용하고 있다. 에너지는 경제활동을 유지시키는 가장 중요한 생산요소라는 점에서 군사안보와 더불어 국가의 안전과 안정적 경제활동을 보장하는 주요 국가안보 사안인 것이다. 즉 에너지 수입국의

---

424) BP, *BP Statistical Review of World Energy*, June 2014, p. 40. http://www.bp.com/content/dam/bp/pdf/Energy-economics/statistical-review-2014/BP-statistical-review-of-world-energy-2014-full-report.pdf (2014/10/11 검색)
425) 조현, "동북아 에너지협력의 현황과 전망," JPI정책포럼, 2009년 10월, p. 2.
426) China News, Jan. 21, 2014. http://kstrade.asia/18 (2014/10/15검색)

입장에서 동북아국가들의 에너지안보는 합리적 가격을 통해 충분한 양을 안정적으로 공급받는 것이 보장되는 것이라고 볼 수 있다.[427] 특히 고도의 경제성장을 바탕으로 국력을 향상 및 유지시키고 있는 동북아 3국은 지속 가능한 성장을 위해 에너지안보를 확보하는데 집중할 수밖에 없는 것이다. 따라서 한국, 중국, 일본 등의 에너지안보에 대한 우려는 증대되고 있으며 에너지 확보를 위해 경쟁과 갈등을 회피하지 않고 있다. 이런 환경에서 동북아 국가들의 에너지자원 경쟁 양상은 산유국들로부터의 자원 확보 경쟁에서부터 동중국해 영유권분쟁으로까지 다양하게 전개되고 있다. 한국, 중국, 일본은 러시아 등으로부터의 원유 및 가스 도입에 치열한 경쟁을 전개하고 있으며 조어도 및 독도 부근에 매장된 석유와 천연가스 확보를 위해 영유권분쟁까지 불사하고 있는 실정이다.[428]

동북아지역에서의 에너지자원 경쟁과 갈등은 지리적으로 역내 국가는 아니지만 상당한 영향을 미치고 있는 미국과도 발생하고 있다. 특히 G-2국가로서 최대 에너지 소비국들인 미국과 중국은 충분한 자원 확보를 위해 불가피한 경쟁을 전개하고 있다. 미국은 중국해양석유공사(CNOOC)의 미국석유기업 유노컬(Unocal)의 인수를 저지시키는 등 중국의 해외 에너지자원 투자 확대에 우려를 보이고 있다. 반대로 중국은 미국이 에너지 운송항로를 장악해 합리적 가격의 안정적 수급과 더불어 안전한 운송이 필수적인 중국 에너지안보[429]를 위협하고 있다고 인식

---

427) Daniel Yergin, "Ensuring Energy Security," Foreign Affairs, Vol. 85, No. 2, March/April, 2006, pp. 70-71.

428) 박홍영, "동북아 에너지 문제의 현황과 전망," 김영작, 김기석 외, 『21세기 동북아공동체 형성의 과제와 전망』, 서울: 한울, 2006, p. 307; 김재두, 심경욱, 조관식, 『왜 에너지 안보인가?』 서울: KIDA Press, 2007, p. 173; 동아일보, 2010년 5월 18일.

하고 대체 운송라인 확보에 집중하고 있다. 즉 지속가능한 경제성장을 최대과제로 삼고 있는 중국은 미국의 영향력을 벗어난 안정적 공급처 확보가 필요한 것이다. 따라서 한중일 동북아 3국과 미국은 에너지자원 확보와 통제권을 두고 첨예한 경쟁을 전개하고 있는 것이다.

이러한 에너지자원에 대한 경쟁과 갈등은 에너지안보를 확보하기 위한 불가피한 과정이라는 측면도 있지만 동북아시아 국가들 간의 소모적 경쟁이 양산하는 경제적 손실은 물론 군사안보적 갈등으로 비화되는 문제점도 빚어내고 있다. 동북아 3국의 과도한 에너지자원 경쟁은 종종 경제성이 떨어지는 부실투자[430]로 이어졌으며 다른 지역 국가들보다 더 많은 구입비용을 지불하는 아시아프리미엄을 불러오기도 했다.[431] 더욱 심각한 것은 에너지자원 확보 경쟁이 국가안보를 위협할 수 있는 군사적 충돌로 확대된 사례들이 있으며 동북아시아에서도 그러할 개연성이 높다는 것이다.

왜 동북아 국가들은 EU국가들과는 달리 에너지자원 확보를 위해 상당한 비용을 치루며 치열한 경쟁을 전개하는 것인가? 이러한 동북아 국가들의 에너지자원 경쟁과 갈등은 불가피한 것이며 협력은 불가능한 것인가? 어떤 이론적 접근법이 동북아 국가들의 에너지자원 경쟁과 갈등을 보다 체계적이고 효과적으로 설명하는가?

이렇듯 동북아 3국과 미국 등이 에너지자원 및 통제력 확보를

---

429) Janusz Bielecki, "Energy Security: Is the wolf at the door?" The Quarterly Review of Economics and Finance, Vol. 42, No. 2, 2002, p. 236.

430) 프레시안, 2014년 8월 29일. http://www.pressian.com/news/article.html?no=119821 (2014/10/16 검색)

431) 정상화, "에너지안보를 위한 동북아시아 협력 및 거버넌스: 패러다임의 변화와 문제점," 김규륜 외, 『협력과 갈등의 동북아 에너지안보』, 서울: 인간사랑, 2007, pp. 71-72.

위해 치열한 경쟁과 갈등을 전개하고 있지만 대부분의 기존 연구들은 경제적 요인을 중심으로 분석하고 있으며 외교안보적 분석을 제시하는 연구들도 이론적 접근보다는 안보 변수 규명에 집중하는 경향이 크다.[432] 즉 국제정치이론을 통해 동북아 국가들의 에너지자원 경쟁과 협력을 체계적으로 분석한 연구들은 충분히 제공되지 않고 있는 것이 현실인 것이다.[433]

따라서 본 연구는 미국과 중국을 포함하는 동북아 국가들의 에너지자원 경쟁과 갈등을 이론적으로 접근하여 체계적인 설명을 제공하는데 연구목적이 있다. 즉 동북아 국가들의 에너지자원 경쟁과 갈등의 원인을 이론적으로 분석하고 협력의 가능성을 모색하는데 집중하는 것이다. 이 연구목적을 수행하기 위해 본 장은 동북아 국가들의 에너지자원 경쟁과 갈등을 현실주의이론을 통해 설명하

432) 이충배, 김정환, 노진호, "한중일 동북아 3국의 석유자원개발전략과 한국의 대응방안," 『관세학회지』, 제13권, 제1호, 2012; Hyun-Jae Doh, "Energy Cooperation in North East Asia: Prospects and Challenges," East Asian Reviews, Vol. 15, No. 3, Autumn 2003; 김상원, "러시아의 에너지전략 변화와 러중에너지협력," 『한국동북아논총』, 제61호, 2011; Se Hyun Ahn, "Energy Security in North East Asia: Putin, Progress and Prospect," *Asia Research Centre Working Paper 20*, London School of Economic and Political Science, 2007; 김연규, "중국 · 러시아 "편의의 에너지동맹"(Energy Axis of Convenience)과 동북아 에너지협력," 한국국제정치학회 학술회의, 2011년 10월 24일.

433) 국제정치이론적 접근을 통해 동북아 국가들의 에너지 협력과 경쟁을 분석한 연구들은 다음을 참조. 조윤영, 나용우, 이용준, "에너지안보와 동북아 에너지협력," 『한국시민윤리학회보』, 제23집 제2호, 2010; 신범식, "동북아시아 에너지안보와 다자 지역협력: 러-북-남 가스관사업과 동북아 세력망구조의 변화 가능성," 『한국정치학회보』, 제46집, 제4호, 2012년; 이재승, "동북아 에너지협력 논의의 쟁점과 분석틀: 국제정치경제학적 의제 설정을 중심으로," 『한국정치연구』, 제16집, 제2호, 2007.

고 협력의 가능성을 신자유주의이론을 통해 평가한다. 이러한 이론적 접근은 동북아 국가들의 에너지자원 갈등과 협력에 대한 체계적 분석을 제공함은 물론 기존 에너지 연구에서 충분히 적용되지 않았던 국제정치이론들 주장의 적실성을 검증할 수 있는 기회이다.

이에 본 연구는 우선 미국과 중국 등이 추구하는 에너지안보 개념에 대해 살펴보고 안보딜레마이론과 신현실주의이론 그리고 신자유주의이론 등의 동북아 국가들의 에너지자원 갈등과 협력에 대한 주장들을 소개한다. 둘째, 이러한 이론적 접근을 바탕으로 미국과 중국 사이에 전개되었던 CNOOC와 UNOCAL의 합병실패 사례와 중국과 일본 사이에 전개되었던 러시아 ESPO 송유관 유치경쟁 사례를 연구함으로서 어떤 요인이 이 국가들로 하여금 협력을 기피하고 경쟁을 추구하게 했는지를 규명한다. 셋째, 본 연구는 동북아 국가들의 에너지협력의 가능성도 아울러 평가한다. 즉 신자유주의이론의 주장을 동북아 에너지자원 협력사례에 적용함으로서 협력의 가능성을 모색하는 것이다. 마지막으로 이러한 에너지자원 경쟁과 협력의 이론적 분석결과가 미국과 중국 등 동북아 국가들의 에너지자원 경쟁과 협력에 갖는 함의를 파악하고 향후 전개과정을 전망한다.

II. 이론적 논의

동북아 국가들의 에너지자원 경쟁과 갈등은 자국의 에너지안보를 확보하기 위한 노력의 결과로서 나타난 현상이다. 1973년 1차 오일위기 이후 에너지 수요국가들은 수급차원의 위협을 지속적으로 경험해 왔다. 에너지 수급 문제는 국가의 안정적 경제활동을 직접적으로 위협한다는 점에서 에너지안보의 개념으로 확장되었다. 이런 측면에서 초기 에너지안보의 개념은 "적절한 가격을 통해 충분한 공급량을 이용 가능하게 만드는 것"으로 비교적 좁은 의미로 정의되었다.434) 즉 가격의 적절성, 공급의 안정성 그리고 공급량의 충분성 등이 에너지안보의 주요 구성 요인인 것이다. 그러나 러시아의 우크라이나 및 그루지아와의 에너지분쟁, 소말리아 해적에 의한 탈취 그리고 미국의 멕시코만(灣) 허리케인 사태 등이 보여주듯이 안전한 수송이 에너지안보의 중요한 요소임이 확인되면서 최근의 에너지안보 개념은 기존의 개념에 수송의 안정성 개념이 추가되었다.435) 수요와 공급이라는 시장메커니즘 외에 에너지의 안전한 수송을 가능하게 하는 군사력까지가 포함되는 개념인 것이다.

동북아시아의 에너지안보 개념은 이런 기존의 에너지안보 개념에 추가하여 세계에서 가장 큰 에너지소비국들이 집중되어 있고 패권경쟁이 전개되고 있는 동북아의 지역적 특수성이 반영되면서 보다 복합적인 성격을 보이고 있다. 동북아 3국의 경제는 모두 에너지의존도가 높은 제조업중심의 경제구조를 가지고 있고 특히 에너지 대외의존도가 취약성 수준의 높은 의존도를 보이고 있어 에너지안보는 국가안보와 동일시되고 있다. 즉 동북아지역에서 에너지자원은 경제적 이익의 관점에서 분석하는 상품의 성격과 동시에 국가안정과 번영의 핵심요소의 성격이 함께 포함되어 있기 때문에 국가가 개입하는 외교안보적 개념이 전제되어 있는 것이다.436) 따라서

---

434) Daniel Yergin, *op. cit.*, pp. 70-71.

435) 이재승, "동아시아 에너지안보 위협 요인의 유형화: 에너지안보의 개념적 분석을 중심으로," 『국제관계연구』, 제19권 제1호, 2014년 봄호, p. 214.

436) 신범식, *op. cit.*, pp. 249-250.

동북아 국가들의 안보개념은 외부로부터의 군사적 위협에 대응하는 군사안보와 더불어 국가의 경제적 생존과 복지에 대한 위협에 대처하는 에너지안보를 포함하는 포괄적이며 복합적 성격인 것이다. 이런 맥락에서 한국, 미국, 중국, 일본 등은 모두 에너지안보를 국가안보로 규정하고 국가의 적극적인 역할을 강조하고 있다.[437] 미국 2001년 "국가에너지정책보고서"에서 에너지안보를 국가안보의 핵심 사안으로 규정했으며 2006년 부시행정부도 에너지안보를 위해 청정에너지 확보와 중동지역에 편중된 에너지의존도 감소를 강조했다.[438] 중국도 2001년 '21세기 석유안보전략 7대 요인'을 제시하였으며 중국국가계획위원회는 2003년 미국과 같이 전략비축유 보유를 결정하는 등 에너지안보를 국가안보와 동일시했다.[439]

이러한 에너지안보 개념은 동북아 국가들로 하여금 에너지안보를 무정부상태에서 자국 안보를 스스로 확보하는 자력구제(self-help system)의 원칙이 적용되는 대상으로 만들었다.[440] 이에 본 연구는 동북아 국가들의 에너지자원 경쟁과 갈등은 '자원 공급의 제한성'과

437) "National Energy Policy," May 2001. (2014/10/20 검색) http://web.ornl.gov/sci/propulsionmaterials/pdfs/National-Energy-Policy-2001.pdf; 중국도 2003년 3월 제10차 전국인민대표자대회 〈공작보고〉에서 에너지안보를 '절대절명'의 과제로 규정했다. 박영민, "에너지안보와 한-중 에너지협력의 발전과제," 2012 한국평화연구학회 · 복단대학교 한국학연구소 한 · 중 수교 20주년 기념 국제학술회의, 2012년 7월 17일-20일, p. 41.

438) Thomas Brewer, "The US Administration's 'Advanced Energy Initiative': New programmes and more funding or old programmes and less funding?" *CEPS Policy Brief*, No. 94, Brussels, March 2006, p. 1

439) 김관옥, 『갈등과 협력의 동아시아와 양면게임이론』, 서울: 리북, 2010, pp. 343-344.

440) Kenneth Waltz, *Theory of International Politics*, New York: Random House, 1979, p. 113.

'공급의 낮은 신뢰성 및 예측성' 그리고 '취약성 수준의 높은 해외에너지 의존도'가 자력구제의 무정부상태 효과를 양산함으로서 나타나는 현상이라고 주장한다. 현실주의이론이 주장하듯이 무정부상태의 상황에서 국가들은 자국 경제에 치명적 영향을 줄 수 있는 에너지안보를 스스로 확보해야 하고 특히 공급이 제한적인 제로섬(zero-sum)게임의 에너지자원 시장상황에서 수요국가들은 타국보다 먼저 적정한 가격에 필요한 양의 에너지자원을 확보해야하기 때문에 치열한 경쟁을 벌이게 된다는 것이다. 즉 에너지자원 수요국가들은 필요한 양의 안정적 수급이 보장되지 않는 불확실성이 높은 에너지자원 시장구조에서 국가안보에 심대한 영향을 미치는 에너지를 확보하기 위해 공격적인 자원외교를 전개하게 되고 불가피하게 제로섬게임의 경쟁상황을 겪게 된다는 것이다.

공급의 제한성과 공급의 낮은 신뢰성이 특징인 에너지 시장구조에서 한 국가의 에너지안보 강화는 그 국가의 의도와는 관계없이 다른 국가의 에너지안보를 약화시키는 효과를 양산하는 안보딜레마(security of dilemma)가 나타나는 것이다.441) 한 국가의 적극적인 에너지안보 강화활동은 다른 국가에게 에너지안보에 대한 불안과 두려움을 증폭시켜 이에 상응하는 공격적인 에너지자원 획득 시도를 전개하게 한다는 것이다. 국가들의 이런 행태는 결국 치열한 에너지자원 경쟁을 초래하게 된다는 것이다. 즉 절대적 에너지 수요국가들인 동북아 국가들은 자국의 정치, 경제적 생존을 담보하는 에너지안보를 강화하지만 의도와는 상관없이 다른 국가들의 에너지안보 우려를 증대시켜 치열한 경쟁이 전개된다는 것이다. 이런 맥락

---

441) Robert Jervis, "Cooperation under the Security Dilemma," *World Politics*, Vol. 30, 1978.

에서 중국과 일본 이 러시아 ESPO송유관 유치 및 이란 유전 수주전 경쟁을 전개한 것이고 동북아 3국이 공격적인 에너지자원외교와 제로섬 게임과 같은 치열한 경쟁과 갈등을 무릅쓰게 된 것이다.

본 연구는 이런 안보딜레마 양상의 동북아 국가들의 에너지자원 경쟁은 '상대적 이익 우려(relative gain concern)'로 인해 더욱 심화되는 것이라고 주장한다. 신현실주의이론은 협력을 통해 발생하는 이익은 균등하게 분배되지 않기 때문에 무정부상태에 있는 국가들은 상대국이 더 많이 얻은 이익으로 자국의 안보를 위협할 것이라고 간주하기 때문에 상대국과의 협력을 기피하게 된다고 주장한다.[442)]

동북아시아의 역학구도는 중국의 장기적인 부상으로 인해 변화되었다. 일본이 주도하던 역내관계는 중국이 이미 대신하고 있으며 중국은 패권국 미국에 버금가는 역량을 확보하고 있다. 중국의 부상은 미국과 일본에서 중국의 경제적 성장이 자국의 안보를 위협할 것이라는 '중국위협론'을 확산시키는 요인으로 작용했다.[443)] 중국의 이익이 자국의 안보와 이익을 위협할 것이라는 미국의 우려가 중국과의 협력을 기피하게 함으로서 중국의 유노컬(Unocal) 인수를 거부한 것이며 더 나아가서 캐나다의 중국과의 에너지협력에 대해서도 분명한 우려를 표시하게 했다는 것이다.[444)] 이런 우려는 특히

---

442) Joseph Grieco, "Anarchy and the Limits of Cooperation," *International Organization*, Vol. 42, 1988, pp. 497-499.

443) Aaron L. Friedberg, "The Future of U.S.-China Relations: Is Conflict Inevitable?" *International Security*, Vol. 30, No. 2, Fall 2005, pp. 17-22.

444) Washington Post, August 3, 2005, (2014/10/17 검색)
http://www.washingtonpost.com/wp-dyn/content/article/2005/08/02/AR2005080200404.html
David Zweig and Bi Jianhai, "China's Global Hunt for Energy," Foreign Affairs, September/October, 2005, p. 35.

패권경쟁을 전개하고 있는 미국과 중국 사이에 더 강력히 발휘되는 것이다. G-2로서 한 국가의 이득은 다른 국가의 손해로 이어지는 역학관계가 서로의 '상대적 이익'에 대한 우려를 가중시켜 결과적으로 에너지자원 경쟁을 심화시킨다는 것이다.

그럼 동북아 국가들은 안보딜레마의 에너지경쟁과 갈등상황에서 벗어나지 못하는 것인가? 동북아시아 국가들은 유럽석탄철강협력체(ECSC)와 같은 에너지자원 협력의 실현은 불가능한 것인가?

본 연구는 에너지자원 시장구조의 변화와 협력이 제공하는 '절대적 이익(absolute gain)'요인이 동북아 국가들의 에너지자원 협력을 촉진할 수 있다고 주장한다. 신자유주의 국제제도이론은 국가들이 협력을 기피하는 이유는 무정부상태에서 상대국의 행태에 대한 불확실성이 높고 배신에 대한 우려가 크기 때문이라고 강조한다.[445] 따라서 상대국 행태의 불확실성을 낮추고 배신의 비용을 증대시키며 '절대적 이익'의 가시성을 높일 경우 국가들은 협력할 수 있다는 것이다.[446] 이런 맥락에서 로버트 코헨(Robert Koehane)은 국제제도가 국제협력을 방해하는 요인들을 감소시키거나 제거하는 기능을 수행함으로서 협력을 촉진한다고 주장한다. 예컨대 국제에너지기구(International Energy Agency: IEA)가 오일위기의 상황에서 에너지수급에 곤란을 겪고 있는 회원국들에게 원유를 제공하는 기능을 수행함으로서 불확실성을 낮추고 절대적 이익의 가시성을 높여 협력을 촉진한다는 것이다.[447]

이에 신자유주의 국제제도이론은 동북아 국가들 특히 중국이

---

445) Robert Koehane, *After Hegemony*. Princeton: Princeton University Press, 1984, pp. 67-69.

446) *Ibid*., pp. 75-84.

447) *Ibid*., pp. 77-78.

IEA에 가입하지 않았고 동북아지역에 다자간 에너지기구가 존재하지 않는 것이 역내 국가들간의 에너지자원 경쟁과 갈등을 심화시키는 것으로 판단하는 것이다. 따라서 '동북아에너지협력기구'와 같은 국제제도가 구성될 경우 역내 국가들 상호간의 불확실성과 배신의 가능성을 감소시키고 '절대적 이익'을 보장하여 에너지자원 협력이 이루어질 수 있다는 것이다.

III. 미중일 에너지 경쟁과 갈등

동북아국가들의 에너지 자원 확보 경쟁은 고유가시대가 시작된 2000년부터 본격적으로 전개되어 왔다. 〈표 3〉이 보여주듯이 동북아 3국과 미국은 모두 거대 에너지소비국으로 등장하여 2013년 현재 중국은 22.4%로 세계 1위, 미국은 17.8%로 2위, 일본은 3.75%로 5위 그리고 한국은 2.1%로 9위의 규모를 보이고 있다.[448] 특히 주요 에너지자원인 석유와 천연가스 생산량에 있어서 동북아 국가들은 소비 규모에 비해 턱없이 낮은 비율을 낮은 비율을 보이고 있다. 따라서 동북아 국가들의 소비에너지 대부분은 해외에너지자원에 의존되어 있는 것이다. 이러한 대규모 소비와 높은 대외의존도는 에너지 수급차원의 안보 취약성을 높이는 것이다.

이러한 고소비(高消費), 저생산(低生産)의 구조적 환경에서 동북아 국가들은 다양한 에너지안보 위협요인들에 직면하고 있다. '주요 에너지자원 생산국들의 생산감소', '높은 에너지 가격', '안정적 에너

448) BP, BP Statistical Review of World Energy, June 2014, p. 40.

지공급의 낮은 신뢰도 및 제한적 시장접근성', '에너지자원 개발기술의 정체' 그리고 '불안정한 에너지 수송' 등이 동북아 국가들의 에너지안보를 위협하는 요인들로 지적되고 있다.[449] 특히 에너지자원의 해외의존도가 높은 동북아 국가들은 원자력발전을 에너지안보를 향상시키는 방안으로 활용해왔으나 2011년의 일본의 후쿠시마원전사고 발생 이후 해외에너지자원에 대한 수요와 의존도가 더욱 커지고 있다.[450]

〈표 3〉 한·미·중·일의 주요 에너지지표

		한국	미국	중국	일본
1차 에너지소비량 (백만 톤, 세계전체대비 %)	2003년	209.8	2302.3	1245.3	514.4
	2007년	231.9	2371.7	1880.1	526.7
	2012년	270.9	2208.0	2731.1	478.0
	2013년	271.3 (2.1%)	2265.8 (17.8%)	2852.4 (22.4%)	474.0 (3.7%)
석유생산량 (일일평균 천 배럴, 전체대비 %)	2003년	-	7362	3406	-
	2007년	-	6862	3742	-
	2012년	-	8892	4155	-
	2013년	-	10003 (10.8%)	4180 (5.0%)	-
천연가스 생산량 (백만 입방미터, 전체대비 %)	2003년	-	540.8	35.0	-
	2007년	-	545.6	69.2	-
	2012년	-	681.2	107.2	-
	2013년	-	687.6 (20.6%)	117.1 (3.5%)	-

출처: BP, BP Statistical Review of World Energy, June 2014. http://www.bp.com/content/dam/bp/pdf/Energy-economics/statistical-review-2014/BP-statistical-review-of-world-energy-2014-full-report.pdf (2014/10/11 검색)

449) 이재승, "동아시아 에너지안보 위협 요인의 유형화: 에너지안보의 개념적 분석을 중심으로," *op. cit.*, p. 217.

450) 아시아경제, 2014년 3월 9일. http://www.asiae.co.kr/news/ view.htm?idxno=2014030908415634594 (2014/10/20 검색)

에너지안보 위협에 직면하고 있는 동북아 국가들은 '해외유전 개발과 수주전 참여', '에너지자원외교 전개', '송유관 유치', '대체에너지 자원 개발', '대체수송라인 개척' 등 다양한 분야에서 개별적으로 에너지안보 확보를 위한 노력을 전개하게 하고 있다. 그러나 동북아 3국의 이런 개별적인 에너지안보 확보 노력은 제한적인 에너지자원을 각축하는 효과를 보여 불가피하게 경쟁과 갈등이 전개되고 있는 것이다. 특히 동북아 국가들은 에너지안보를 지속적인 경제성장을 위한 사활적 이익으로 간주하여 적극적으로 개입하는 중상주의적 접근을 추진함으로서 경쟁의 양상은 더욱 심화되고 있다.[451]

1. 중일 에너지자원 경쟁: 러시아 ESPO 송유관 유치경쟁

러시아의 에너지자원은 동북아 국가들에게는 지리적으로 가까워 원거리의 자원에 지불해야하는 아시아프리미엄을 완화시킬 수 있으며 동시에 안정적 수송도 가능한 장점이 있다. 동북아시아 지역에서 러시아 에너지자원은 1990년대 말까지 중국이 배타적 이용을 해왔다. 중국이 1990년대 중반부터 에너지수입을 본격화하였고 러시아는 소련붕괴 이후 동북아지역에 대한 영향력이 최소화되었던 상황이었기 때문에 양국은 상호 필요성에 의해 에너지협력관계를 긴밀하게 유지했다.[452]

그러나 동아시아에서 러시아 에너지자원에 대한 중국의 독점적 이용은 일본의 개입과 더불어 경쟁관계로 전환되었다. 일본은 러시아 에너지자원에 대한 중국의 독점적 이용이 자국의 에너지안보에

451) 조윤영, 나용우, 이용준, *op. cit*, p. 20.
452) 김연규, *op. cit.*, p. 58.

부정적이라고 간주하고 러시아에 대해 동북아 모든 국가들에게 에너지를 판매하는 것이 러시아 경제에 더 큰 이익임을 강조하는 로비를 전개함으로서 중국과의 에너지 자원 경쟁을 본격화하였다.[453]

1970년대부터 1990년대 초반까지 중국은 에너지자원 수출국 역할을 수행했기 때문에 에너지안보에 대한 우려도 크지 않았고 따라서 일본과의 에너지경쟁 보다는 일본에 에너지자원을 수출하고 일본은 중국으로부터 수입하는 상호보완적인 관계를 유지했다. 그러나 1990년대초 소련이 붕괴되면서 중일 간 정치적 또는 전략적 협력의 필요성이 약화되었고 특히 90년대 후반 중국의 급부상과 더불어 미일 간 동맹이 강화되면서 중일관계는 상호경쟁적 관계로 전환되었다.[454] 특히 중국이 에너지소비대국으로 등장하며 양국이 에너지 분야에서도 이해관계의 충돌이 발생하면서 중일 에너지자원 경쟁은 본격화되기 시작했다.[455]

러시아가 '에너지전략 2020'의 일환으로 제시한 동시베리아태평양 원유파이프라인(East Siberia–Pacific Ocean: ESPO) 프로젝트는 중국과 일본의 에너지자원 경쟁을 구체화시킨 계기가 되었다. 이미 중국은 러시아와 철로를 통한 원유를 공급받고 있었기 때문에 중국과 러시

---

453) Xuanli Liao, "The petroleum factor in Sino–Japanese relations: beyond energy cooperation," *International Relations of the Asia–Pacific*, Vol. 7, 2007, pp. 31–32.

454) MingJiang Li, "Cooperation for Competition: China's Approach to Regional Security in East Asia," *RSIS Working papers*, No. 134, July 2007, pp. 123–126. http://www.kas.de/upload/dokumente/2010/06/PolDi–Asien_Panorama_02–2010/Panorama_2–2010_SecurityPolitics_Li.pdf

455) J.P. Dorian, *Energy in China: Foreign Investment Opportunities, Trends and Legislation*, London: Financial Times Energy Publishing, 1995.

아는 2001, 2002년 장쩌민-푸틴정상회담을 통해 러시아 앙가라스크-중국 다칭(大慶)에 이르는 중국노선 송유관 건설에 원칙적으로 합의하였다.[456] 그러나 이러한 중러 원유송유관합의는 일본이 개입하면서 변화되기 시작했다.

일본은 다수의 정부지도자들이 러시아를 방문하여 일본노선 송유관 건설을 위한 50억 달러 그리고 동시베리아 석유개발을 위한 75억 달러 차관제공 등 다양한 재정지원을 제의했다.[457] 특히 일본은 이런 재정지원 약속과 더불어 중국만을 위한 송유관 건설의 비경제성과 일본라인의 시장확대 효과와 러시아 극동지역개발 효과 등을 강조하여 러시아를 자극했다.[458] 2003년 1월 고이즈미 일본수상이 러시아를 방문하면서 70억 달러 이상의 건설비 제공을 약속했고 일러정상은 일본라인 송유관건설 사업추진에 합의했다. 이에 2004년 러시아는 일본 공급 방향으로 건설계획을 변경할 것을 발표했다.[459] 이러한 일본의 적극적인 개입은 중국이 동시베리아의 석유자원을 선점할 경우 현재와 같은 중국에너지소비 증가율에 비추어 보면 일본의 러시아 석유자원 수입의 기회가 축소될 것이라는 우려가 크게 작용했다.[460] 즉 본 연구가 주장한대로 '한정된' 러시아 에너지자원에 대한 제로섬게임적 시각이 일본으로 하여금 상당한 금액의 차관을 제시하는 고비용의 경쟁을 무릅쓰게 한 것이다. 특

456) 김상원, *op. cit*, pp. 67-68.
457) 김경순, "한 · 러관계의 안보동학," 『평화연구』, 제11권 4호, 2003, p. 178.
458) 우평균, "러시아극동지역의 에너지 자원을 둘러싼 일본-중국간의 경쟁과 한국의 진로," 『세계지역연구논총』, 제23집 2호, 2005, p. 155.
459) Xuanli Liao, *op. cit.*, pp. 38-39.
460) Edward Chow, "Russian Pipelines: Back to the Future?" Georgetown Journal of International Affairs, Winter/Spring, 2004, p. 31.

히 초강대국으로 급부상하는 중국의 '상대적 이익'에 대한 일본의 우려가 경쟁을 촉발한 것을 보여주는 것이다.

일본의 개입에 의한 러시아의 노선 변경은 중국에게는 양보할 수 없는 사안이었다. 중국은 에너지안보의 핵심인 '신뢰할 수 있는 공급원' 확보를 위해 미국이 영향력을 행사하는 중동에 대한 에너지 자원 의존도를 감소시킬 목적으로 아프리카 및 남미 그리고 중앙아시아 등에 적극적인 자원외교를 전개한 것이다. 같은 맥락에서 중국은 에너지자원의 '안전한 수송' 또한 중요한 안보요소로 간주하여 미국의 영향력이 작용하는 말라카해협 경유로를 대체하는 수송로를 추진했던 것이다. 이에 후진타오 중국주석은 '말라카 딜레마'를 중국 에너지안보의 핵심요소로 규정하고 이를 보완할 목적으로 중앙아시아 송유관과 러시아 ESPO 송유관 유치에 전력을 기울인 것이다.[461)]

그러나 러시아는 2005년부터 다시 변화하기 시작했다. 원자바오 중국총리가 모스크바를 방문하고 후진타오주석은 푸틴대통령을 초청하면서 중국은 시베리아개발에 120억 달러를 투자할 것을 제의했다.[462)] 결국 러시아는 2008년 10월 다시 중국에 원유를 공급하는 다칭라인 복원을 공식적으로 선언함으로서 중국의 손을 들어 주었고 2010년 8월에 러시아 측 송유관이 그리고 2009년 9월에 다칭지선이 완공되었다.[463)] 그러나 이런 중국의 송유관확보는 중국이 러시아에 250억 달러 차관을 제공하는 조건으로 이루어진 것으로서 동북아 국가들의 에너지자원 확보 경쟁이 불필요한 경제적 비용을

---

461) 심경욱, "이라크전쟁 이후 변화하는 동북아 에너지안보: 중국과 일본의 '에너지경쟁'과 우리의 대응," 『국방연구』, 제48집 1호, 2004, p. 14.

462) 문화일보, 2005년 7월 11일.

463) 한겨레신문, 2009년 12월 30일. http://www.hani.co.kr/arti/international/international_general/396383.html (2014/10/12 검색)

초래함을 보여주는 것이다.[464] 특히 러시아는 중국차관을 통해 ESPO 1단계를 완공했지만 여기에 그치지 않고 송유관을 태평양 코즈미노항까지 연결하는 ESPO 2단계 공사를 2012년 12월에 완료함으로서 결국 동아시아 지역 전체로 시장을 확대하는데 성공했다.[465] 이는 중국과 일본의 과열경쟁은 또 다른 형태의 '아시아 프리미엄'을 지불하게 하는 것을 보여주는 것이다. 즉 중국과 일본은 러시아 에너지자원을 두고 추가비용을 감수하는 안보딜레마 양상의 경쟁을 전개하고 있는 것이다. 특히 소련붕괴 이후 중일 간 협력의 전략적 또는 정치적 가치가 약화되면서 '상대적 이익'에 대한 우려가 경쟁을 더욱 심화시켰다.

2. 미중 에너지자원 경쟁: CNOOC-UNOCAL 합병 실패

중일간의 에너지자원 경쟁이 소비대국 간의 러시아의 제한적 에너지자원 확보를 위한 제로섬게임적 경쟁의 성격이 강했다면 미국과 중국 간의 에너지 경쟁은 패권경쟁의 부분으로서의 의미가 크다. 즉 중일간의 에너지자원 경쟁은 충분하지 않은 자원에 대한 확보투쟁이라면 미중 간의 경쟁은 에너지자원에 대한 통제력 또는 영향력 확보 경쟁의 양상이 크다는 것이다.

로버트 길핀(Robert Gilpin)이 에너지통제권을 패권국의 필요조건 중

464) Michael Lelyveld, "Pipeline Raises Partnership Questions," *RFA*, Jan. 10, 2011. http://www.rfa.org/english/commentaries/energy_watch/oil-01102011133217.html (2014/10/20 검색)

465) 중앙일보, 2012년 12월 26일. (2014/10/23 검색) http://article.joins.com/news/article/article.asp?total_id=10261349&cloc=olink · article · default

의 하나로 지목했듯이 미국은 전 세계를 배경으로 다양한 유형의 에너지자원 확보와 통제권 유지를 국가안보와 동일시하고 있다.[466] 따라서 미국은 동북아를 포함한 세계 전 지역에서 나타나고 있는 중국의 공격적인 에너지자원 확보노력을 미국안보를 위협하는 요인으로 간주한다.[467] 즉 피크오일(peak oil)이론의 주장대로 세계 최대의 에너지소비국인 G-2로서 패권경쟁을 하는 양국의 입장에서 한 국가의 에너지 이익은 상대국가에게는 손해로 간주되는 것이다.[468]

이러한 미중관계는 다양한 이슈와 사안에 걸쳐서 에너지자원 갈등을 양산하고 있다. 중국은 짧은 기간 동안에 에너지 소비가 급증하면서 에너지안보를 확보하기 위해 다양한 방안을 추진하고 있다. 그러나 이런 중국의 노력은 기득권을 유지하고 있는 미국에게는 새로운 도전으로 작용함으로서 불가피한 경쟁과 갈등이 전개되고 있다.

첫째, 미국의 기존 에너지 공급국에 대한 중국의 접근은 제로섬게임의 경쟁을 초래했다. 중국은 세계 최대 에너지소비국으로 등장했지만 필요로 하는 에너지 공급선을 구축하는 데는 여전히 부족했기 때문에 미국이 이미 자국의 해외에너지 공급지역으로 간주하는 국가들에 대해서도 적극적으로 접근했다. 특히 미국이 '뒤 마당(Backyard)'으로 간주하는 남미국가들의 에너지자원에 대해 중국이 본격적으로 접근하면서 '고정된 파이'를 위협받는 미국은 중국을

---

466) Robert Gilpin, *War and Change in World Politics*, New York: Cambridge University Press, 1983; Members of the National Energy Policy Development Group, *National Energy Policy*, May 2001.

467) David Zweig, ""Resource Diplomacy" Under Hegemony: The Sources of Sino-American Competition in the 21st Century?" Center on China's Transnational Relations Working Paper No. 18. 2007. p. 3.

468) 장뤽 벵제르 저, 김성희 역, 『에너지 전쟁』, 서울: 청년사, 2007, pp. 85-100.

에너지안보뿐만 아니라 국가안보를 위협하는 요인으로 인식하기 시작했다.[469] 중국의 브라질, 베네수엘라 등 남미국가들에 대한 접근은 기존 수입국인 미국의회가 에너지안보를 본격적으로 우려하게 하는 요인으로 작용한 것이다.

둘째, 미국의 동맹국에 대한 중국의 접근도 양국 간 경쟁을 불러오는 효과를 보이고 있다. 중국은 호주 및 캐나다와 에너지 및 자원에 대한 협력을 강화함으로서 호주 최대의 무역상대국으로 부상했으며 캐나다에 대해서도 제3대 무역대상국이 되어 영향력을 증대시키고 있다. 호주경제의 대중국 의존도는 지속적으로 상승하고 있어 중국은 호주수출의 약 30%를 차지하고 있다. 특히 중국은 호주와의 LNG협력도 성취시킴으로써 에너지자원의 안정적 공급원을 확보했다.[470] 중국은 캐나다와도 에너지협력을 강화하려는 시도를 꾸준히 전개하고 있다. 이런 시도의 결과로 중국석유천연가스총공사(CNPC)는 중국석유화공(Sinopec)과 더불어 캐나다 최대천연가스회사인 EnCana 자산 일부를 14억 달러에 매입했으며 MEG Energy Coporation의 주식 일부도 배입하여 오일샌드 채굴권도 확보했다.[471]

이러한 중국의 미국 동맹국 호주와 캐나다에 대한 에너지자원 접근은 미국의 '상대적 이익'에 우려를 증폭시켰다. 딕 체니(Dick Cheney) 전 부통령은 캐나다의 오일샌드는 미국의 에너지안보의 부

469) Detlef Nolte, "The Dragon in the Backyard: US Visions of China's Relations Toward Latin America," *GIGA Focus*, No. 5, 2013, pp. 2-3.

470) 가스신문, 2006년 7월 6일. http://www.gasnews.com/news/articleView.html?idxno=28825 (2014/10/26 검색)

471) 중앙일보, 2006년 8월 1일. http://article.joins.com/news/article/article.asp?Total_ID=2372036 (2014/10/26 검색)

분이라고 주장하며 부정적 시각을 분명히 했으며 일부 미국 관료들도 중국-캐나다 에너지협력에 대한 우려를 표명함으로서 중국의 이익이 미국의 우려를 증대시킴을 명확히 보여줬다.[472] 이와 더불어 미국의회는 중국의 미국에너지안보 위협에 대한 청문회를 개최했으며 중국의 캐나다 오일샌드 접근과 해외자원개발정책 등에 대한 우려를 표명했다.[473] 이는 미국이 자국의 동맹국이며 에너지자원 공급국들과 중국의 협력을 자국의 에너지안보를 위협하는 요인으로 인식하고 있음을 보여주는 것이다.

셋째, 중국 국영에너지기업들의 저우추취(走出去)전략은 미국 거대에너지기업과의 경쟁을 촉발하고 있다. 미국은 중국이 국영에너지기업을 통해 해외에너지자원을 공격적으로 공략하여 자국의 에너지안보를 위협하고 있다고 간주한다. 즉 미국은 중국이 국영기업을 통해 적극적으로 해외에너지시장에 접근하여 미국이 주도하고 있는 에너지자원시장을 장악하려는 것으로 인식하는 것이다. 특히 미국은 중국이 정부가 실질적으로 개입하는 중상주의적 접근을 통해 미국에너지안보를 위협한다고 믿는 것이다. 이러한 미국의 '상대적 이익'에 대한 우려는 중국의 미국 유노컬(Unocal)사 매입을 저지하게 하는 결과를 보였다.

중국해양석유공사(CNOOC)는 185억 달러를 들여 미국 캘리포니아 기반의 유노컬사 매입에 나섰으며 이 구매 건은 미국정치권의 논란의 대상으로 비화되었다. 미국은 CNOOC가 중국최대 해외 원

472) David Zweig, *op. cit.*, p. 10.

473) Committee on International Relations, United States Senate, "Hearing on The Emergence of China Throughout Asia: Security and Economic Consequences for the U.S." June 7, 2005.
http://www.gpo.gov/fdsys/pkg/CHRG-109shrg25358/pdf/CHRG-109shrg25358.pdf (2014/1027 검색)

유 및 가스생산기업으로 유노컬과 합병할 경우 생산능력이 두 배로 늘어나 거대 에너지기업으로 부상하게 되며 특히 중국정부가 통제하는 정부출자기업이라는 점에 우려를 보였다.[474] 미국의회는 중국국영은행이 CNOOC에 유리한 조건의 융자를 제공하는 것이 유노컬 매입을 위한 중국정부의 지원으로 해석함으로서 중국기업의 '상대적 이익'과 중국정부의 중상주의적 개입에 대해 강한 우려를 표명했다.[475] 이러한 미국의 우려에 대해 CNOOC는 유노컬 매입 이후에도 모든 생산품의 미국시장 판매와 고용인원 유지 그리고 상업적 목적을 위한 매입 등임을 강조함으로서 미국의 우려를 불식시키려는 노력을 전개했다.[476]

이러한 CNOOC의 해명에도 불구하고 2005년 7월 미상원의원 바이론 도간(Byron Dorgan)은 CNOOC의 유노컬 합병을 금지하는 법안을 제출했다. 도간의원은 원유와 가스는 국가안보에 치명적 자원이며 중국정부가 70% 출자한 기업에 경영권이 있는 CNOOC가 유노컬의 전략적 자산을 중국정부에 의해 중국에 유리하게 운영할 것이고 특히 중국은 법으로 미국정부 또는 투자기관이 중국에너지 기업의 경영권을 얻을 수 없게 되어 있기 때문에 이 합병을 불허해야 한다고 주장했다.[477] 이어 미하원은 8월 8일에 사실상 CNOOC

---

474) Asia Times Online, *CNOOC Bids US$67 Per Share for Unocal*, June 24, 2005. http://atimes.com/atimes/China/GF24Ad01.html. (2014/10/27 검색)

475) National Security Dimensions of the Possible Acquisition of Unocal by CNOOC and the Role of CFIUS: Before the House Committee on Armed Services, July 13, 2005, (statement of Hon. C. Richard D'Amato, Chairman, U.S.-China Economic and Security Review Commission)

476) Press Release, CNOOC Ltd., CNOOC Limited Proposes Merger with Unocal Offering US$67 Per Unocal Share in Cash, June 23, 2005.

의 유노컬 매입을 저지하는 에너지법안을 통과시켰다. 이 법은 CNOOC의 유노컬을 합병을 추인하는 조건으로 미국방부장관과 국토안보부장관이 중국에너지 필요성과 중국의 에너지자원이 갖는 정치적, 전략적, 경제적, 안보적 의미를 분석하는 4개월 간의 연구를 통한 보고서 제출을 포함하고 있다.[478] 결국 이러한 미의회의 반대에 부딪힌 CNOOC는 유노컬 매입을 철회했다.

이러한 미상원과 하원의 CNOOC의 유노컬 매입의 사실상 거부는 두 가지 우려에 기반을 두고 있는 것이다. 우선 미의회는 CNOOC가 유노컬을 인수함으로서 미국기업과 경쟁할 수 있는 거대 에너지기업으로 부상하는 것에 대한 우려가 있었으며 더욱 중요한 것은 CNOOC의 실질적 지배자인 중국정부가 유노컬의 자산을 자국의 이익을 위해 활용할 것이며 이는 결국 미국안보를 위협하는 것이라고 판단한 것이다. 즉 CNOOC와 유노컬의 합병에 따른 중국의 '상대적 이익'이 미국의 국가안보(national security)에 부정적 영향을 줄 것이라는 우려가 미의회로 하여금 양국의 에너지기업 합병을 저지하게 한 것이다.[479]

중일 간 에너지자원 경쟁과 미중 간 갈등이 보여주듯이 한정된 에너지자원 확보를 통해 자국의 에너지안보를 달성하려는 국가들의 개별적 노력이 안보딜레마 양상의 경쟁을 불러오고 있다. 특히 에너지소비대국으로서 높은 해외에너지 의존도와 믿을 수 있는 공

---

477) Senate. 1412, 109th Congress, 2005.

478) Dick K. Nanto ET AL., China and the CNOOC Bid for UNOCAL: Issues for Congress 3, 2005.

479) Joshua, Casselman, "China's Latest "Threats" to the United States: The Failed CNOOC-UNOCAL Merger and its Implications EXON-FLORIO and CFIUS," Ind. Int'l & Comp. L. Rev. Vol. 17, No.. 1, 2007, pp. 164-166.

급원 부재는 동북아국가들로 하여금 한정된 에너지자원에 대한 제로섬게임적 갈등을 불사하게 한 것이다. 더욱이 미중 및 중일 관계와 같이 경쟁관계에 있는 국가들 사이에서 '상대의 이익'에 대한 우려는 에너지자원 경쟁과 갈등을 심화시키는 효과를 보였다.

Ⅳ. 동북아 국가들의 에너지협력 가능성 모색

동북아국가들은 안보딜레마와 같은 소모적 경쟁을 지속적으로 전개할 것인가? 유럽석탄철강공동체(ECSC)와 같은 협력은 불가능한 것인가?

앞에서 살펴본 바와 같이 동북아 국가들은 자국의 에너지안보를 위해 경쟁적 관계를 유지하고 있다. 동북아 국가들의 에너지자원 경쟁과 갈등은 '아시아 프리미엄'은 물론 러시아 ESPO 파이프라인 유치전 사례가 보여주듯이 경쟁 비용을 추가적으로 지불하고 있다. 즉 '공급독점과 경쟁적 수요과점'의 동북아 에너지시장은 구조적으로 공급자에게 유리하고 수요자는 높은 가격과 추가비용을 지불하게 된다는 것이다.[480] 특히 중일간 에너지자원 경쟁과 갈등은 영유권분쟁과 군사적 대치까지 비화될 가능성이 커지면서 협력의 필요성도 제기되고 있다. 이런 맥락에서 2014년 11월 10일 중국과 일본정상은 양국 간 갈등의 진원지인 조어도갈등 완화를 위해 '해상연락체제' 구축에 합의했다.

유사한 관점에서 미국과 중국의 에너지협력의 필요성도 강조되고 있다. 우선 세계최대 에너지소비국들로서 공급자에 대응하여

480) 박홍영b, "동북아 에너지 문제의 현황과 전망: 협력의 필요성과 갈등 요인," 『한국동북아논총』, 제38권, 2006, p. 293.

에너지가격을 안정시키기 위해서도 양국의 협력이 필요하다는 것이다. 특히 세계최대 에너지수입국인 중국이 국제에너지기구(IEA)에 가입되어 있지 않다는 것은 국제에너지가격 안정에 부정적일 수밖에 없기 때문에 다자기구를 통한 미중 간 에너지협력이 필요하다는 주장이 제기되고 있는 것이다.481)

이런 협력의 필요성에도 불구하고 동북아 국가들의 에너지협력은 낮은 수준을 벗어나지 못하고 있으며 실질적 협력보다는 정치적 미사여구 수준에 머물러 있다. 동북아 국가들의 에너지협력은 APEC의 에너지문제 검토를 위한 실무그룹이 구성된 1990년부터 시작되었지만 아직까지 실질적인 에너지협력이 성취되지 못하고 있다. 2002년 ASEAN+3 에너지장관회의에서 일본이 제기한 에너지 5대 협력제안이 채택되어 논의되고 있지만 실질적 성과는 도출되지 못하는 실정이다.

그러나 본 연구는 '국제에너지시장구조의 변화'와 '에너지경쟁의 비용'이 협력의 가능성을 증가시킨다고 평가한다. 에너지안보는 '합리적 가격' '믿을 수 있는 공급원 확보' '안전한 수송' 등이 보장되는 것이기 때문에 신자유주의 국제제도이론이 주장하는 바와 같이 국제제도가 이러한 조건들을 충족시키는 '절대적 이익'을 제공하고 상대에 대한 불확실성과 우려를 감소시키는 기능을 수행한다면 동북아 국가들의 에너지협력도 가능하다는 것이다. 첫째, 동북아 3국은 에너지소비대국이기 때문에 '동북아에너지협력기구(가칭)'를 구성하여 3국이 공동으로 대량으로 구입할 경우 구매가격 결정에 우월한 입장을 견지하여 '아시아 프리미엄'을 제거할 수 있다는 것이

481) Kenneth Lieberthal and Mikkal E. Herberg, "China's Search for Energy Security: Implications for U.S. Policy," *NBR*, Vol. 17, No. 1, April 2006.

다. 특히 동북아 국가들 사이의 소모적 경쟁이 사라지면서 동북아 국가들의 단결된 입장이 기존의 불필요한 '추가 비용' 지출을 방지할 수 있다는 것이다. 둘째, 같은 맥락에서 '동북아에너지협력기구'를 통해 에너지를 공급받을 경우 시장의 '큰 손'으로서 '신뢰도 높은 공급원'을 확보하기 수월하며 미국의 군사적 영향력이 작용하는 말라카해협 등 중국이 우려하는 에너지자원 수송의 안전성 문제도 완화시킬 수 있는 것이다. 즉 '동북아에너지협력기구'라는 국제제도의 도입은 동북아 국가들의 에너지안보를 강화시킬 수 있는 '절대적 이익'을 제공할 가능성이 높은 것이다. 더 나아가서 국제제도를 통해 동북아 국가들 각각의 에너지정책을 공유함으로서 상대에 대한 불확실성을 최소화하고 자원공동개발과 신재생에너지기술 공동개발 등을 통해 '상대적 이익' 우려를 감소시킬 수 있다는 점도 동북아 국가들의 에너지협력의 가능성을 높이는 것이다.

이러한 국제제도의 기능과 더불어 에너지 시장구조의 변화도 협력의 가능성을 높이는 요소다. 〈표 3〉이 보여주듯이 최근 발생한 '셰일혁명'은 미국을 이미 2009년에 세계최대 천연가스 생산국으로 만들었으며 2020년 이전에 세계최대 원유생산국으로 만들 전망이다.[482] 따라서 미국은 과거와 달리 수입국에서 수출국으로 전환된 것이며 이는 동북아 국가들과 보완적 관계를 만들기에 좋은 조건인 것이다. 즉 동북아 국가들은 미국산 에너지수입으로 수입선 다변화를 강화할 수 있으며 동시에 '셰일 가스 및 오일' 개발 기술협력도 추진할 수 있는 것이다. 즉 국제제도의 구성은 동북아 국가들의 '공동의 이익'을 확대시키고 불확실성을 감소시킴으로서 협력의 가능성을 높일 수

482) 이대식, "셰일혁명에 흔들리는 에너지대국, 러시아," 『SERI 경제포커스』, 제419호, 2013년 6월 4일, p. 1

있으며 미국의 '셰일혁명'으로 인한 수출국화도 이해 상충적 관계를 보완적 관계로 전환하여 협력의 기회를 높이는 것이다.

V. 결론

동북아 국가들은 에너지안보를 국가안보와 동일시하면서 한정된 자원 확보를 위해 독자적 노력을 경주했다. 이런 에너지안보를 위한 개별적 노력은 제로섬게임적 효과를 보였으며 결과적으로 경쟁과 갈등의 안보딜레마에서 벗어나지 못하고 있다. 특히 역내 경쟁국인 중국과 일본 그리고 G-2로서 패권경쟁관계인 미국과 중국은 상호 경쟁국의 정체성을 기반으로 '상대적 이익' 우려로 협력을 기피하고 경쟁을 심화시켜왔다. 이는 본 연구가 주장한대로 동북아 국가들의 에너지자원 경쟁은 경제적 요인과 더불어 외교안보적 요인이 작용한 결과인 것이다. 안보딜레마이론이 주장한 바와 같이 중국과 일본은 무정부상태에서 자국의 에너지안보 달성을 위해 가용한 모든 수단을 경쟁적으로 활용하였고 신현실주의이론이 주장했듯이 미국은 '상대적 이익' 우려에 근거하여 경쟁국인 중국에 이익을 줄 수 있는 CNOOC의 Unocal 합병을 저지하였다. 즉 동북아 국가들의 에너지자원 경쟁과 갈등은 현실주의계통 이론들에 의해 보다 적절히 설명됨을 확인하였다.

그러나 경쟁의 심화는 반대로 협력의 필요성을 증가시켰고 이런 인식은 2014년 11월 12일 미중정상회담에서 양국 정상이 일부 분야에 있어서의 협력에 합의하고 시진핑 중국주석이 공존과 상생을 강조하는 '신형대국관계론'을 주장하는 배경이 된 것이다. 중일 간 갈등의 심화도 협력의 필요성을 제기하고 있다. 이에 중국과 일본은 이에 조어도문제 악화방지를 위해 '해상연락체제' 구축에 합의한 것이다.

그러나 본 연구는 동북아 국가들 각각의 양자협력은 모든 역내 국가들의 공통적 이해관계를 수렴하지 못하기 때문에 여전히 배신과 상호 배제의 가능성이 높아 지역적 협력을 성취하는데 충분치 못한 조건이라고 평가한다. 따라서 유럽의 ECSC와 같이 에너지자원에 국한된 국제제도를 구성하여 공통의 이익을 제공하고 증진시킬 때 에너지안보를 위한 제로섬게임의 독자적 노력의 필요성과 '상대적 이익'에 대한 우려가 감소되어 에너지협력이 가시화될 수 있다는 것이다. 특히 '동북아에너지협력기구'에 '셰일혁명'을 통해 에너지자원 수출국이 된 미국이 참여하게 될 경우 수요자–공급자로서 동북아 3국과의 상호 보완성 증진은 물론 중국이 우려하는 '안전한 수송' 문제도 완화시킬 수 있는 것이다. 이러한 동북아지역의 에너지협력은 유럽협력의 단초를 마련한 ECSC와 같이 한중일 FTA는 물론 G–2의 실질적 협력의 출발점으로 활용될 수 있다는 점에서 국제정치적 의미를 가질 수 있다.

하지만 본 연구결과가 보여주듯이 동북아 국가들의 에너지협력의 가능성은 매우 낮으며 여전히 경쟁의 원리가 강하게 작용하고 있다. 특히 상대국에 대한 '경쟁자'라는 정체성 규정은 이러한 관계를 변화시키기 더욱 어렵게 하고 있다. 따라서 동북아 국가들은 '작고 쉬운' 분야에서의 협력적 상호작용의 반복을 통해 상대에 대한 신뢰를 형성하고 G–2 역량을 바탕으로 미국과 중국이 '동북아에너지협력기구' 창설을 주도하는 것이 동북아시아 에너지협력을 이끄는 시작인 것이다.

제9장

결론
: 지키는 독수리 vs 넓히는 팬더

이 책은 본격적으로 전개되고 있는 미국과 중국의 패권경쟁에 대한 이론적 논쟁과 주요 분야들에서의 경쟁 사례들에 대해 연구했다. 미중패권경쟁은 국제정치에 미치는 영향이 심대하여 과거와 현재도 중요하지만 향후 어떻게 전개되는가가 초미의 관심사가 되고 있다. 특히 역사적으로 패권경쟁은 전쟁과 같은 인류의 비극적 사건으로 귀결되는 사례가 많았기 때문에 미중패권경쟁의 진로는 학문적 또는 정책적으로 가장 중요한 연구 대상인 것이다.

이런 맥락에서 이 책은 미중패권경쟁이 어떻게 전개될 것인가를 주장하는 이론들의 논쟁에 대한 검토를 시작으로 분야별로 미중패권경쟁이 어떻게 어느 정도로 치열하게 전개되고 있는지를 살펴보았다. 즉 이 책은 미중패권경쟁의 전개양상과 경쟁 정도(degree) 그리고 방향성을 분야별로 파악함으로서 양국 간 경쟁의 실상을 규명하는데 목적이 있다. 아울러 전쟁인가? 현상유지인가? 등의 미중패권경쟁의 미래에 대한 상반된 주장들을 전개하고 있는 주요 국제정치 이론들의 적실성을 경험적 연구를 통해 평가하기 위한 학문적 목적에서 저술되었던 것이다.

이런 목적 아래 제1장은 미중패권경쟁에 대해 경쟁적인 주장을 제기하는 이론들의 논쟁에 대해 2장부터 8장까지는 미국과 중국이 치열하게 경쟁을 전개하고 있는 주요 분야들에 대해 분석했다. 제2장은 미국과 중국의 외교패권경쟁에 대해 연구했다. 양국 경쟁 관계를 가장 직접적으로 규정하는 외교분야에서 쇠퇴하는 미국은 '재균형외교' 전략을 채택하여 부상하는 중국 견제에 역량을 집중하고 있다. 미국은 중국을 실질적으로 견제할 수 있는 일본과 인도는 물론 다수의 중국 주변국과의 협력관계를 강화함으로서 중국과의 관계에서 유리한 기존 질서를 유지하는데 성과를 내고 있다. 반면 중국은 이런 미국에 대해 대등한 공존을 강조하는 신형대국관계를 주장하고 이를 위해 국제기구 창설과 '일대일로' 전략 등을 추진하고 있지만 미국 주도의 외교질서에 중대한 수준의 변화를 성취하지 못하고 있다. 즉 중국이 강력한 경제력을 바탕으로 외교경쟁을 적극적으로 추진하고 있지만 미국의 '재균형외교'가 전개되면서 외교분야에서의 미중경쟁은 '현상유지'를 벗어나지 못하고 있다.

제3장은 미중군사패권경쟁에 대한 연구다. 가장 첨예한 경쟁이 전개되는 분야이다. 미국은 기존의 미국우위의 군사관계를 유지하기 위해 아시아에 군사력을 집중하는 한편 공해전투개념 등을 바탕으로 한 '전 지역 접근전략'을 통해 중국군사력을 압도하고 있다. 이에 대해 중국은 군비 지출을 급격히 증대시키며 군사력을 강화함과 더불어 '반접근/지역거부 전략'을 채택해 미국 군사력을 견제하고 있다. 군사분야 경쟁에서 미국이 여전히 우위에 있지만 중국 주변부에서의 군사경쟁에서의 중국 군사역량은 급격히 향상되는 추세에 있기 때문에 미국이 선호하는 바를 성취하는데 점점 더 어려움이 커지고 있다. 중국이 남중국해에 인공섬 건설과 군사기지화를 추진하는데 있어 미국이 충분한 제어력을 갖지 못하고 있는 현상은 이를 증명하는 것이다.

제4장은 미국과 중국 사이의 사이버패권경쟁에 대한 연구이다. 사이버분야는 가장 새로운 분야이지만 양국의 경쟁이 가장 치열하게 전개되는 분야이다. 미국이 사이버공간에 대한 주도권을 선점하고 '사이버 자유'를 사이버 공간의 운영원리로 강조함으로서 미국의 기득권을 유지하고 있다. 반면 중국은 사이버를 통한 외부 문화와 이념의 유입을 통제하는 '사이버 주권'을 강조함으로서 미국과 중국은 사이버공간의 운영원리에 대해 갈등양상을 보이고 있다. 특히

양국은 서로 상대국이 사이버절취, 사이버해킹, 사이버공격 등을 자행하고 있다고 비난하면서 사이버안보력 강화에 집중하고 있다. 결과적으로 미중 모두 사이버안보는 물론 사이버공격력을 강화하는 안보딜레마의 군비경쟁을 전개하고 있고 따라서 사이버 분야에서는 다른 영역보다도 미중 간 역량의 격차가 적다고 평가된다. 즉 사이버공간에서는 양국 간 역량의 격차가 적으며 따라서 경쟁도 매우 치열하게 전개되고 있다.

제5장은 미중 해양패권경쟁에 대한 연구로서 결과적으로 미국이 여전히 우월한 입장을 유지하고 있지만 중국의 도전도 직접적으로 전개되고 있는 분야이다. 미국은 11개의 항모를 보유하는 '대양해군' 전략을 유지하며 말라카해협과 호르무즈해협 등 전 세계 주요 항로를 통제하고 있다. 특히 자유항해의 원칙을 근거로 중국에 인접한 서태평양해역에서도 '전진배치' '군사력투사' '해양통제권' '전지역접근' 등의 전략을 통해 중국의 해양팽창을 압박하고 있다. 반면 중국은 남·동중국해역에서의 미국의 통제력을 약화시키기 위해 핵잠수함과 항모구축 등 해군력 강화에 집중하고 있으며 미국의 접근을 저지하기 위해 '요새함대전략'과 '견제함대전략'을 채택하고 있으며 주요 항로 보호와 확보를 위해 항모를 배치하는 '대양해군' 전략도 추진하고 있다. 이는 미국의 해양패권에 중국이 분명한 도전을 전개하는 것이며 원양과 주요 항로에서는 미국이 여전히 통제권을 유지하고 있지만 중국근해에서는 중국의 미국 해군 역량에 대한 견제력이 중요한 수준으로 증대되었음을 보여준다.

제6장은 국제금융 및 통화 분야에서의 미중패권 경쟁에 대해 연구를 수행했다. 금융패권은 패권국의 필수 조건으로 간주되면서 미국은 기축통화 유지와 금융패권유지에 대한 노력하고 있지만 중

국의 도전은 다방면으로 전개되고 있다. 이에 2008년 서브프라임 모기지 사태 발생 이후 취약해진 미국금융 역량에 대해 중국은 다른 어떤 분야보다도 공격적인 도전을 전개하고 있고 미국 중심의 금융 질서를 대체할 국제제도 구축에 노력하고 있다. 미국은 중국의 요구에 따라 IMF 지배구조를 변화시켰으며 세계 경제위기 타개를 위해 기존의 G-8을 중국이 포함된 G-20로 확대시켰다. 중국의 경제적 영향력의 확대를 보여주는 것이며 중국은 AIIB와 NDB 등 새로운 국제금융기구 창설을 주도하여 미국 주도의 국제금융 및 통화질서의 변화 및 다극화를 추진하고 있다. 금융 및 통화 분야는 미국의 쇠퇴와 중국의 부상이 가장 뚜렷하게 나타난 영역이며 그만큼 양국 간 경쟁도 치열하게 전개되고 있다.

제7장은 미중 무역패권경쟁에 대한 연구로서 무역 1위국인 중국을 패권국인 미국이 오히려 견제하는 경쟁관계를 보이고 있다. 미국은 경제위기와 더불어 아시아지역에서의 경제적 영향력이 급격히 취약해졌고 반대로 중국은 장기적인 성장을 통해 경제적 구심력을 발휘하면서 미국은 무역정책을 성장 동력으로서 뿐만 아니라 중국을 견제하는 수단으로 전개했다. 이에 미국은 TPP 창설로 무역시장 확대를 통한 성장과 중국 견제를 동시에 추구하고 있다. 반면 중국은 성장 기조를 유지하고 미국 중심의 TPP에 확대에 대항하기 위해 RCEP 창설을 주도하고 있다. 따라서 국제무역 분야에서도 미국과 중국은 동등한 수준의 역량으로 치열한 경쟁을 전개하고 있다.

제8장은 미중 에너지패권경쟁에 대해 연구했다. 에너지 통제권은 패권국의 필요조건으로 간주되기 때문에 미중 간에도 치열한 경쟁의 대상이었다. 그러나 합리적 가격에 안정적으로 필요한 양을 신뢰할 수 있는 공급받는 것을 에너지안보라고 정의할 때 미국이

여전히 주도권을 확보하고 있다. 특히 미국이 셰일가스와 오일을 생산하여 에너지 순수출국이 되면서 여전히 에너지수입국의 상황에 처해 있는 중국에 대해 유리한 입장에 있다. 따라서 중국은 에너지안보를 확보하는 노력에 박차를 가하고 있고 특히 미국의 통제권 밖에서 에너지를 공급받기 위해 적극적인 자원외교를 추진하고 있지만 미국에 대한 취약성은 존재한다. 더욱이 한중일 동북아 3국이 모두 순에너지 수입국이고 이들 간의 수입경쟁이 치열하게 전개되는 상황에서 중국의 미국의 에너지통제권에 대한 도전은 제한적이다.

지금까지 제2장부터 제8장까지 여러 분야에서 전개되고 있는 미국과 중국의 패권경쟁의 결과에 대해 살펴보았다. 이 책이 다룬 모든 분야에서 미중 간 경쟁은 치열하게 전개되고 있지만 그 정도의 차이는 발견되고 있다. 이런 측면에서 미중패권경쟁은 3가지 특징을 보이고 있다. 첫째, 미중패권경쟁은 사이버공간과 같이 새로운 분야에서 더 치열하게 전개되고 있다는 것이다. 사이버공간은 유일하게 인류에 의해서 최근에 만들어진 가상공간이다. 미국이 선제적으로 사이버공간을 주도하고 있지만 다른 어떤 분야보다 제도화와 질서가 구축되지 않았기 때문에 중국의 추격도 매우 빠르게 전개되고 있고 그 만큼 경쟁도 치열하게 전개되고 있다. 특히 대부분과 국가와 사회 모든 기관과 활동이 사이버와 연계되었다는 점에서 사이버공간의 패권은 향후 패권국의 또 다른 필요조건으로 작용할 가능성이 크기 때문에 양국 경쟁이 치열하게 전개되고 있다.

둘째, 금융 및 무역과 같이 미국이 쇠퇴한 분야에서 미중 간 패권경쟁이 치열하게 전개되고 있다. 2008년 서브프라임 모기지 사태 발생으로 미국의 금융 역량이 급격히 약화되면서 중국의 도전은 매우 강력하게 전개되고 있다. 금융과 통화 분야에서의 패권적 위상과 역량은 역사적으로 패권국의 필요조건으로 작용했다는 점에서 미국은 중국에 추월을 허용할 수 없는 분야인 것이다. 하지만 중국도 기존의 국제금융과 통화 질서가 유지되는 한 미국패권에 대한 도전과 다극화는 요원하기 때문에 더욱 적극적으로 도전하고 있는 것이다. 무역분야는 중국이 이미 아시아 지역에서는 우월한 입장에 있고 미국의 영향력이 축소되고 있기 때문에 미국은 현상유지 차원에서 보다 적극적으로 경쟁을 선도하고 있다. TPP의 조속한 타결은 이러한 미국의 우려를 반영한 것이다.

셋째, 중국이 '핵심이익'으로 규정한 분야에서 미국과 중국의 경쟁이 가장 치열하게 전개되고 있다. 이는 중국이 양보할 수 없는 이익으로 규정한 사안들이지만 기존에 미국통제권에 있던 사안들이었다는 점에서 미국 중심의 기존질서를 변화시키는 '현상타파'에 해당되기 때문에 치열한 경쟁은 불가피한 것이다. 미국의 아시아지역에서의 군사패권과 해양패권에 대해 중국이 주장하는 남·동중국해역에 대한 '핵심이익' 규정은 미국의 지배권을 부인하는 것이기 때문에 경쟁은 치열한 것이며 갈등과 분쟁으로 비화될 가능성도 배제하기 어려운 것이다. 따라서 만약 미중 간 물리적 충돌이 발생한다면 미국이 수용하지 않지만 중국이 '핵심이익'으로 규정한 영역에서 발생할 가능성이 높은 것이다.

이상에서 본 바와 같이 중국은 대부분의 분야에서 미국질서에 도전하고 있음이 확인되었다. 중국은 강력해진 경제력을 바탕으로 전 분야에서 역량을 확장하고 역할도 확대하고 있다. 특정 분야에서는 미국이 추구하는 가치와 원칙과는 다르거나 배치되는 중국 고유의 가치와 원리를 추구하고 있다. 가장 분명한 것은 중국은 모든 분야에서 미국에 버금가는 초강대국의 위상과 역량 확보에 집중하고 있으며 특히 아시아지역에서의 배타적 우월성을 추구하고 있다. 즉 '팬더'가 본격적으로 영역을 확장하고 있는 것이다.

반면 미국은 2008년부터 경제위기에 직면해 있지만 중국의 부상을 억제하는데 집중하고 있다. 상대적으로 역량이 더 약화된 금융 및 통화와 무역 분야에서도 미국은 G-20와 TPP와 같은 다자적 기구를 통해 중국을 견제하고 있으며 중국의 남 · 동중국해로의 확장도 주변국과의 동맹 및 외교관계 강화 등으로 비교적 효과적으로 억제하고 있다. 다만 미국은 사이버공간에서는 중국에 대해 우월한 통제력을 확보하지 못하고 있으며 이런 추세는 더 강화될 가능성이 크다. 하지만 미국은 여전히 대부분의 분야에서 중국에 대해 우월한 역량과 위상을 견지하고 있으며 이런 역량이 급격히 약화될 가능성은 크지 않은 것으로 평가된다. 즉 '독수리'가 여전히 미국 중심의 국제질서를 지키고 있는 것이다.

문제는 향후 이런 미중패권경쟁이 어떻게 어디로 전개될 것인가를 규명하는 것이다. 이런 맥락에서 이 책이 이론적 접근법으로 제시했던 6가지 이론들을 평가한다. 미중 간 패권경쟁이 전쟁으로 비화될 것이라고 주장한 공격적 현실주의이론, 세력전이이론 그리고 패권전쟁이론과는 달리 전쟁 발발 가능성은 확인되지 않는다. 중국이 '핵심이익'을 주장하고 있긴 하지만 세력전이이론의 주장과는 달리 미국과의 공존을 강조하는, 즉 양국 간 전쟁을 회피하려는 '신형대국관계'를 주장하고 있기 때문에 도전국이 전쟁을 주도한다는 이 이론의 주장은 검증되지 않고 있다. 물론 세력전이이론이 도전국은 기존 패권국의 역량을 추월한 직후에 전쟁을 추진한다고 주장했다는 점에서 아직 미국이 우월한 역량을 유지하는 현 시점에서 이 주장을 검증하기는 어렵다. 그러나 미국이 중국의 팽창을 우려하는 주변의 다수 국가들과 동맹 및 협력관계를 강화하여 중국을 견제하고 있기 때문에 중국이 미국의 역량을 추월한다고 해도 전쟁을 주도할 조건은 충족되지 않는 것이다. 즉 세력전이이론은 단지 패권을 두고 경쟁하는 기존 패권국과 도전국과의 관계만을 고려했고 다른 제3의 국가들의 선택을 배제하고 있기 때문에 이런 상황을 설명하기 어려운 것이다.

공격적 현실주의이론도 도전국에 의한 전쟁을 주장하고 있지만 중국은 미국을 향한 공격보다는 아시아지역에서의 패권 또는 우월한 위상을 확보하는 수준에 머물러 있다. 공격적 전략이 적용되는 분야도 있지만 공격적 현실주의이론의 주장과는 달리 다수의 분야에서 국제제도와 국제협력도 활용하고 있는 것이 확인되었다. 특히 미국이 선호하는 가치와 원칙에 대해 자국이 선호하는 가치와 원칙을 강화하려는 중국의 접근과 행태는 공격적 현실주의이론의 주장과는 거리가 먼 것이다.

기존 패권국에 의한 전쟁 주도를 주장하는 패권전쟁이론도 설명력을 확보하기 어렵다. 쇠퇴하는 미국은 패권을 유지하고자 다자적 국제제도를 활용하고 중국 주변국들과의 협력을 강화함으로서 팽창을 억제하고 있지만 여전히 우월한 군사역량으로 선제적으로 중국을 공격하는 전략을 추진하지는 않는다. 오히려 최근 미국 대선 과정에서 나타난 '트럼프 현상'이 보여주듯이 쇠퇴하는 미국은 패권을 유지하기 위해 중국을 공격하기 보다는 자국의 생존에 집중하는 '신고립주의'로 회귀할 가능성이 더 큰 것이다. 이는 패권전쟁이론의 주장과는 달리 패권국이 패권을 지키기 위해 전쟁을 주도하는 불확실한 선택을 하기 보다는 패권을 포기하고 자국의 생존을 추구하는 선택을 할 수 있다는 것을 보여주는 것이다.

현상유지를 주장하는 방어적 현실주의이론, 상호의존이론, 국제제도이론 그리고 구성주의이론도 미중패권경쟁을 정확히 종합적으로 설명하는 데는 한계를 보이고 있다. 방어적 현실주의이론의 주장과 같이 미국과 중국은 각각의 안보를 지키는데 필요한 역량을 어느 정도 확보하고 있다는 점에서 전쟁이 발생할 가능성이 크지 않다. 특히 미국과 중국이 모두 다수의 핵무기를 보유하고 있어 전쟁이 발생할 경우 양국 모두 파괴가 확실하다는 점도 어느 국가도 전쟁을 선제적으로 추진하기 어려운 환경을 조성하고 있다. 즉 전쟁이라는 수단을 통해서 '상대적으로 우월한 역량'을 확보하려는 시도를 하지 않는다는 방어적 현실주의이론의 주장은 현재까지는 검증되고 있는 것이다. 그러나 방어적 현실주의이론은 미국의 쇠퇴와 중국의 부상이라는 현상의 변화에 대한 설명에는 한계가 있다. 즉 방어적 현실주의이론은 단순히 군사력을 기준으로 양국관계를 설명하고 있기 때문에 미중관계 변화의 가장 중요한 요소로 작용한 경제력 변화는 고려하지 못하는 것이고 따라서 결과적으로 현상의 변화도 설명하지 못하는 것이다.

상호의존이론과 국제제도이론은 현상유지와 더불어 미중 간 협력의 가능성을 강조했다. 하지만 미국과 중국은 협력보다는 치열한 경쟁을 전개하고 있으며 미국이 주도하는 TPP와 중국이 주도하는 AIIB 및 NDB가 보여주듯이 국제기구를 통한 협력도 상대국을 배제한 채 상대국을 견제하기 위한 차원에서 전개되고 있다. 즉 미국과 중국은 상대국과의 경쟁을 위한 차원에서 TPP, AIIB 등에서 상대국을 배제한 채 다른 국가들과의 협력을 추진하고 있으며 양국 간 협력은 제한적인 분야에서만 이루어지고 있다. 아울러 상호의존이론의 주장과는 달리 미중 상호의존도는 매우 높지만 이런 높은 의존도가 협력을 보장하지 못하고 있으며 오히려 양국 간 경쟁의 정도는 치열해지고 있다.

구성주의이론은 미중 간 정체성의 변화를 통해 양국 간 패권경쟁을 설명하고 있기 때문에 인과론적 주장을 제기하기 보다는 사후적 설명의 성격이 강하다. 하지만 구성주의이론의 주장의 일부는 검증 가능하다. 구성주의이론은 정체성을 역할정체성과 집단정체성으로 구분하고 집단정체성이 형성될 경우 협력적 관계가 형성된다고 주장한다. 역할정체성은 국가들의 역할을 규정해서 궁극적으로 그 국가들 사이의 관계를 구성하는 것이기 때문에 집단정체성 형성 이전에 선행되는 정체성이다. 여기서 역할 정체성이 충돌 할 경우 경쟁 또는 충돌이 발생할 수 있는 것이다. 이런 측면에서 미국과 중국의 정체성 변화는 적대관계에서 협력관계로 다시 경쟁관계로의 전환을 설명하는데 효과적인 것이다. 특히 중국이 자국의 정체성을 '초강대국' 또는 '규칙제정자' 등 미국과 동일한 정체성으로 규정함에 따라 양국 간 역할정체성의 충돌이 발생하여 패권경쟁이 촉진되고 있다는 점은 구성주의이론의 적실성을 확인하는 것이다. 그러나 구성주의이론은 여전히 미중패권경쟁의 미래에 대해 양국 간 상호작용과 그 작용의 결과로 구성되는 정체성에 의존하고 있다.

이 책의 미중패권경쟁에 대한 연구 결과는 특정 이론의 우월한 적실성을 확인하지 못하고 있다. 미중 간 전쟁의 가능성은 높지 않지만 현상유지라고 평가하기에는 양국 간 경쟁의 정도가 매우 치열하다. 즉 기존 이론들의 전쟁 또는 현상유지의 이분법적 접근이 미중패권경쟁에 대한 유효한 설명을 제공하는데 제약 요인으로 작용하는 것은 분명하다. 하지만 더욱 분명한 것은 미중관계가 경쟁의 심화 방향으로 전개되고 있다는 것이다. 즉 협력의 개연성보다는 대결의 개연성이 커지고 있다.

■ 참고문헌

김경순, "한 · 러관계의 안보동학," 『평화연구』, 제11권 4호, 2003.

김관옥, "상대적 이익과 국제협력이론 논쟁의 재조명: 한-미FTA와 미-인도핵협력 사례연구를 중심으로," 『대한정치학회보』, 19권 1호, 2011.

김관옥, "경쟁을 위한 협력: 미중 지역무역기구 경쟁," 『한국동북아논총』, 제19집, 제2호, 2014.

김관옥, 『동아시아 '불일치 딜레마' 외교』, 서울: 리북, 2013.

김관옥, 『갈등과 협력의 동아시아와 양면게임이론』, 서울: 리북, 2010.

김기석, "미국의 재균형정책과 동아시아 지역질서: G2 동학과 지역국가의 대응," 『21세기 정치학회보』, 제23집, 3호, 2013.

김상배, "정보화시대의 미중표준경쟁." 『한국정치학회보』, 제46집, 1호, 2012.

김상배, "사이버안보와 국제협력." 『JPI PeaceNet』, July 5, 2011.

김상원, "러시아의 에너지전략 변화와 러 · 중에너지협력," 『한국동북아논총』, 제61집, 2011.

김양규, "핵심이익의 충돌과 미중관계의 미래," 『EAI US-China Relations Briefing』, 2011년 5월 4일.

김연각, 김진국, 백창재 역, Joshua Goldstein 저, 『국제관계의 이해』, 서울: 인간사랑, 2002.

김연규, "중국 · 러시아 '편의의 에너지동맹'(Energy Axis of Convenience)과 동북아 에너지협력," 한국국제정치학회 학술회의, 한국프레스센터, 2011년 4월 22일.

김옥준, 김관옥, "상하이협력기구의 중국 국가안보전략에서의 함의," 『중국연구』 제43집, 2008.

김용민, 박창건, "일본의 TPP 참가 논의에 대한 정치경제적 함의: 어쩔 수 없는 찬성," 2012 국제지역학회 춘계학술회의 2012년 6월 2일.
김재두, 심경욱, 조관식, 『왜 에너지 안보인가?』, 서울: KIDA Press, 2007.
김태호, "중국의 해양전략과 해군력 발전 추이," 『STRATEGY 21』, 제21권, 2008.
김흥규, "중국핵심이익 연구 소고," 『동북아연구』, 제28권, 2호, 2013.
박건영 외 역, Alexander Wendt 저, 『국제정치의 사회적 이론』, 서울: 사회평론, 2009.
박상현, 조윤영, "중국과 일본의 해군력 증강과 동북아 해양안보," 『21세기 정치학회보』, 제20집 2호, 2010.
박수현, 권승혁, "TPP(환태평양경제동반자협정) 추진현황과 주요국 입장," 『해외경제포커스』, 제2013-23호, 2013년 5월 2일.
박영민, "에너지안보와 한-중 에너지협력의 발전과제," 2012 한국평화연구학회 · 복단대학교 한국학연구소 한 · 중 수교 20주년 기념 국제학술회의, 2012년 7월 17일-20일.
박영준, "동아시아 해양안보의 현황과 다자간 해양협력방안." 『제주평화연구원 정책포럼』, No. 2012-10, 2012년.
박홍영a, "동북아 에너지 문제의 현황과 전망," 김영작, 김기석 외, 『21세기 동북아공동체 형성의 과제와 전망』, 서울: 한울, 2006.
박홍영b, "동북아 에너지 문제의 현황과 전망: 협력의 필요성과 갈등요인," 『한국동북아논총』, 제38권, 2006.
배성준, "TPP에 대한 미-중전략분석과 한국의 대응방안," 『무역통상학회지』, 제12권, 제3호, 2012.
배영자, "미국과 중국의 IT 협력과 갈등: 반도체산업과 인터넷 규제사례." 『사이버커뮤니케이션학보』, 제28집, 1호, 2011.
벵제르, 장뤽 저, 김성희 역, 『에너지 전쟁』, 서울: 청년사, 2007.
서정경, "지정학적 관점에서 본 시진핑 시기 중국 외교: 일대일로전략을 중심으로," 『국제정치논총』제55집, 제2호, 2015.
설인효, "군사혁신(RMA)의 전파와 미중 군사혁신 경쟁: 19세기 후반 프러시아-독일모델의 전파와 21세기 동북아 군사질서," 『국제정치논총』, 제52집 3호, 2012.
신범식, "동북아시아 에너지안보와 다자 지역협력: 러-북-남 가스관

사업과 동북아세력망구조의 변화 가능성," 『한국정치학회보』, 제46집, 제4호, 2012년.
신성호, "19세기 유럽협조체제(The Concert of Europe)에 나타난 강대국 정치를 통해 본 21세기 중국의 신형대국관계," 『국제정치논총』, 제54집, 3호, 2014,
신욱희, "구성주의 국제정치이론의 의미와 한계," 『한국정치학회보』, 제32집 2호, 1998.
심경욱, "이라크전쟁 이후 변화하는 동북아 에너지안보: 중국과 일본의 '에너지경쟁'과 우리의 대응," 『국방연구』, 제48집 1호, 2004.
알프레드 마한, 『해양력이 역사에 미치는 영향 1』, 서울: 책세상, 1999.
양준희, "월츠의 신현실주의에 대한 웬트의 구성주의의 도전," 『국제정치논총』, 제41집 3호, 2001.
왕용, "아시아경제의 역동성을 해부한다," 제8회 제주포럼 보도자료, 2013년 5월.
우평균, "러시아극동지역의 에너지 자원을 둘러싼 일본-중국간의 경쟁과 한국의 진로," 『세계지역연구논총』, 제23집 2호, 2005.
유동원, "21세기 중국 대외전략과 핵심이익 외교," 『한중사회과학연구』, 제9권, 제2호, 2011.
이강규, "세계 각국의 사이버 안보 전략과 우리의 정책방향-미국을 중심으로." 『초점』, 23-16, 2011.
이기현 외, 『중국 18차 당대회 분석과 대내외정책 전망』, 통일연구원, 서울: 통일연구원, 2013.
이대식, "셰일혁명에 흔들리는 에너지대국, 러시아," 『SERI 경제포커스』, 제419호, 2013년 6월 4일.
이대우, "인도양 해양질서 변화: 중국의 진출과 주변국 대응," 『세종정책연구』, 세종연구소, 2012.
이성우, "아시아와 중국의 아시아: 아시아로 회귀와 신형대국관계의 충돌," 『국제정치논총』, 제54집, 2호, 2014.
이원우, "중국 · 미국의 군사전략 변화와 동아시아 안보 전망: 지역안보복합체(RSC) 관점에서," 『21세기정치학회보』, 제23집, 2호, 2013.
이재승, "동아시아 에너지안보 위협 요인의 유형화: 에너지안보의 개념적 분석을 중심으로," 『국제관계연구』, 제19권, 1호, 2014년.

이재승, “동북아 에너지협력 논의의 쟁점과 분석틀: 국제정치경제학적 의제 설정을 중심으로,” 『한국정치연구』, 제16집, 2호, 2007.
이재형, 『중국과 미국의 해양경쟁』, 서울: 황금알, 2014.
이정남, “중미관계에 대한 중국의 인식: ‘이익 상관자,’ ‘G2’와 ‘신형강대국관계’를 중심으로,” 『현대중국연구』, 제15집, 1호, 2013.
이찬근, “미국의 금융패권 전략금융화, 위기 그리고 중국,” 『무역학회지』, 제36권, 3호, 2011.
이창재, 방호경, “한중일 FTA 및 RCEP 협상의 개시와 우리의 대응방안,” 『KIEP 오늘의 세계경제』, Vol. 12, No. 24, 2012년 11월 20.
이충배, 김정환, 노진호, “한중일 동북아 3국의 석유자원개발전략과 한국의 대응방안,” 『관세학회지』, 제13권, 1호, 2012.
임학철, “유럽재정위기와 중국의 역할: 중국이 얻을 수 있는 것과 우리의 대응,” 『Chindia Journal』, 2011년 11월.
전병곤, “중국공산당 제17차 전국대표대회의 의미와 전망,” 통일연구원, 2007.
전일욱, “중일 영토분쟁의 전개과정과 분쟁구조의 특징,” 『평화학연구』, 제14권 1호, 2013.
전재성, “구성주의 국제정치이론에 대한 탈근대론과 현실주의 비판 고찰,” 『국제정치논총』, 제50집 2호, 2010.
장노순, “사이버안보와 미중관계,” 『JPI PeaceNet, Jeju Peace Institute』, 2013-11. June 14, 2013.
장노순, “사이버무기와 안보딜레마의 전이.” 『국제지역연구』. 제17집, 4호, 2014.
장노순, 한인택, “사이버안보의 쟁점과 연구 경향,” 『국제정치논총』, 제53집, 3호, 2013.
정보통신기술진흥센터, “사이버보안을 둘러싼 중국-미국간 갈등과 대응동향.” 『동향보고서, 해외ICT R&D 정책동향』, 제5권, 2014.
정상화, “에너지안보를 위한 동북아시아 협력 및 거버넌스: 패러다임의 변화와 문제점,” 김규륜 외, 『협력과 갈등의 동북아 에너지 안보』, 서울: 인간사랑, 2007.
정재흥, “중국의 부상과 해양군사전략 재편,” 『INChinaBrief』, 인천발전연구원, Vol. 253, 2013년 10월 21일.

정철호, “미국과 중국의 동아시아 해양전략과 한국의 해양안보,” 『세종정책연구』, 2012년 8월.
조양현, “일 · 중 센카쿠/댜오위다오열도 분쟁과 동아시아 지역질서,” 『주요국제문제분석』, 2010년 12월 31일.
조윤영, 나용우, 이용준, “에너지안보와 동북아 에너지협력,” 『한국시민윤리학회보』, 제23집 제2호, 2010.
조현, “동북아 에너지협력의 현황과 전망,” 『JPI정책포럼』, 2009년 10월.
중국상무부, 유럽국, May 4, 2012. (2015년 3월 7일 검색) http://ozs.mofcom.gov.cn/aarticle/date/201205/20120508104951.html
차도희, 『동아시아 미 · 중 해양패권 쟁탈전』, 성남: 북코리아, 2012.
차창훈, “중국의 신형대국관계 제기에 대한 일 고찰: 내용, 배경, 및 평가를 중심으로,” 『한국정치학회보』, 제48집, 제4호, 2014.
최영종, “G-20과 글로벌 금융거버넌스 체제의 변화,” 『국제관계연구』, 제15권, 2호, 2010.
프랑스와 랑글레 저, 이세진 역, 『제국의 전쟁: 중국 vs 미국, 누가 세계를 지배할 것인가?』, 서울: 소와당, 2012.
하도형, “중국 해양전략의 인식적 기반: 해권과 국가이익을 중심으로,” 『국방연구』, 제55권, 제3호, 2012.
한국국방연구원, 『미중 ‘소프트패권경쟁’ 시대의 한국의 전략적 선택』, 서울: 한국국방연구원, 2013.
한국해양전략연구소, 『중국해군의 증강과 한 · 미 해군 협력』, 서울: 한국해양전략연구소, 2009.
한민정, “한국의 TPP 참여전략에 관한 연구: 전자상거래를 중심으로,” 『통상정보연구』, 제15권 1호, 2013.
한석희, “중국의 다극화전략, 다자주의외교, 그리고 동북아시아 안보,” 『국제지역연구』, 제11집, 1호, 2007.
China Inside, “새로운 세계 무역질서 구축을 위해 ‘공수전환’을 준비하는 중국,” 『주간금융브리프』, 한국금융연구원, 22권 20호, 2013년 5월 11일-5월 16일.

懷成波, "怎樣理解國家核心利益," 紅旗文稿, 2011年 2期.
中国新闻社. "首轮中美经济对话:除上月球外主要问题均已谈及." 2009년 7월 29일. http://www.chinanews.com.cn/gn/news/2009/07-29/1794984.shtml. (2014/4/25 검색)
中國共產黨 第十六次 全國代表大會 報告. (2014/03/09 검색) http://news.xinhuanet.com/ziliao/2002-11/17/content_693542.htm
新华网首页, 2009년 3월 13일. (2016/3/10 검색) http://news.xinhuanet.com/video/2009-03/13/content_11005123.htm

Aaron Friedberg, "The Future of the U.S.-China Relations: Is Conflict Inevitable?" *International Security*, Vol. 30, No. 2, Fall 2005.
Ahn, Se Hyun, "Energy Security in North East Asia: Putin, Progress and Prospect," Asia Research Centre Working Paper 20, London School of Economic and Political Science, 2007.
Air-Sea Battle Office, "Air-Sea Battle: Service Collaboration to Address Anti-Access & Area Denial Challenges" May 2013. http://www.defense.gov/pubs/ASB-ConceptImplementation-Summary-May-2013.pdf (2014/4/29 검색)
Alexander, Keith to the U.S. Senate Committee on Armed Service, Washington D.C.: U.S. Government Printing Office. April 15, 2010.
Andres, Richard, "The Emerging Structure of Strategic Cyber Offence, Cyber Defense, and Cyber Deterrence," In D. S. Reveron, ed., *Cyberspace and National Security*, Georgetown University Press, 2012.
Axelrod, Robert and Robert Keohane, "Achieving Cooperation Under Anarchy: Strategies and Institutions," *World Politics*, Vol. 38, 1985.
Bachman, David, "The United States and China: Rhetoric and Reality," *Current History*, Vol. 100, Issue 647, September 2001.
Baldwin, David, *Neorealism and Neoliberalism*, Princeton, N.J.: Princeton University Press, 1988.
Batson, Andrew, "China Takes Aim at Dollar," *Wall Street Journal*, March

24, 2009. http://www.wsj.com/articles/SB123780272456212885 (2014년 12월 20일 검색)

Beckley, Michael, "China's Century? Why America's Edge Will Endure," *International Security*, Vol. 36, No. 3, Winter 2011/2012.

Bernstein Richard J. and Ross Munro, "China I: The Coming Conflict with America," *Foreign Affairs*, Vol. 76, No, 2, March/April 1997.

Bielecki, Janusz, "Energy Security: Is the wolf at the door?" *The Quarterly Review of Economics and Finance*, Vol. 42, No. 2, 2002.

Bo, Zhuo, "The Strings of Pearls and the Maritime Silk Road," *China & US Focus*, Feb. 11, 2014.

BP, *BP Statistical Review of World Energy*, June 2014. http://www.bp.com/content/dam/bp/pdf/Energy-economics/statistical-review-2014/BP-statistical-review-of-world-energy-2014-full-report.pdf

Brewer, Thomas, "The US Administration's 'Advanced Energy Initiative': New programmes and more funding or old programmes and less funding?" *CEPS Policy Brief*, No. 94, Brussels, March 2006.

Brooks, Stephen and William Wohlforth, *World Out of Balance: International Relations and the Challenge of U.S. Primacy*, Princeton, N.J.: Princeton University Press, 2008.

Brooks, Stephen and William Wohlforth, "American Primacy in Perspective," *Foreign Affairs*, Vol. 81, No. 4., July/August 2002.

Carnegie Endowment for International Peace and China Strategic Culture Promotion Association, "US-China Security Perceptions Survey, Findings and Implications," Washingron D.C.: Carnegie Endowment for International Peace, 2013. (2016/5/28 검색) http://carnegieendowment.org/files/us_china_security_perceptions_report.pdf

Casselman, Joshua, "China's Latest "Threats" to the United States: The Failed CNOOC-UNOCAL Merger and its Implications EXON-FLORIO and CFIUS," *Ind. Int'l & Comp. L. Rev.* Vol. 17, No.. 1, 2007.

Chairman of the Joint Chiefs of Staffs, *The National Military Strategy for Cyberspace Operation*, Washington D.C.: Department of Defense. 2006. http://nsarchive.gwu.edu/NSAEBB/NSAEBB424/docs/Cyber-023.pdf (2015/3/19 검색)

Chan, Steve, *China, the U.S., and the Power-Transition Theory: A Critique*. New York, NY: Routledge, 2007.

Cheng, Dean, "The China's ADIZ as Area Denial," *The National Interest*, December 4, 2013.

Chestnut, Sheena and Alastair Johnston, "Is China Rising?" in Eva Paus, Penelope Prime, and Jon Western, eds., *Global Giant: Is China Changing the Rules of the Game?* New York: Palgrave, 2009.

Chow, Edward, "Russian Pipelines: Back to the Future?" *Georgetown Journal of International Affairs*, Winter/Spring, 2004.

Clapper, James to the U.S. Senate Intelligence Committee, Washington D.C.: U.S. Government Printing Office. March 12, 2013.

Cliff, Roger, Mark Burles, Michael S. Chase, Derek Eaton, and Kevin L. Pollpeter, *Entering the Dragon's Lair: Chinese Anti-Access Strategies and Their Implications for the United States*, Santa Monica, Calif.: RAND, 2007.

Clinton, R. Hillary, Secretary of State, "America's Pacific Century," East-West Century, Honolulu, November 10, 2011.

Clinton, Hillary, "U.S.-Asia Relations: Indispensible to Our Future," Remarks at the Asia Society, New York, February 13, 2009. (2016/3/29 검색) http://www.state.gov/secretary/20092013clinton/rm/2009a/02/117333.htm

Collins, Gabriel, and William S. Murray, "No Oil for the Lamps of China?" *Naval War College Review*, Vol. 61, No. 2, Spring 2008.

Collins, Gabriel, Andrew Erickson, Lyle Goldstein, and William Murray, "Chinese Evaluations of the U.S. Navy Submarine Force," *Naval War College Review*, Vol. 61, No. 1, Winter 2008.

Copeland, Dale, *The Origins of Major War*, Ithaca: Cornell University Press, 2000.

Copeland, Dale C., "Neorealism and Myth of Bipolar Stability: Toward a New Dynamic Realist Theory of Major War," in Benjamin Frankel, ed., *Realism: Restatement and Renewal*, New York: Frank Cass & Co,, 1996.

Denning, Dorothy, Cyberterrorism Testimony before the Special Oversight Panel on Terrorism Committee on Armed Service, US House of Representatives. May 23, 2010. http://www.stealth-iss.com/documents/pdf/CYBERTERRORISM.pdf (2015/3/20 검색)

Department of Defense, "Department of Defense Strategy for Operating in Cyberspace." 2011. http://www.defense.gov/news/d20110714cyber.pdf (2014/12/26 검색)

Department of Defense, "Department of Defense Cybersecurity Policy Report." 2011. http://www.defense.gov/home/features/2011/0411_cyberstrategy/docs/NDAA%20Section%20934%20Report_For%20webpage.pdf (2015/3/16 검색)

Department of Defense, "A Cooperative Strategy for 21st Century Seapower," October, 2007.

Department of Defense, "Naval Operation Concept 2010; Implementing The Maritime Strategy," 2010.

Department of Defense, "A Cooperative Strategy for 21st Century Seapower," March 2015.

Department of the Treasury, "Dear G-20 Colleagues Letters," Oct. 20, 2010.

Department of the Treasury, Press Release, May 4, 2012.

Desheng, Lu, "US Military Looking for New Excuse To Use Force Abroad-Pentagon To Announce First Cyber Strategy." *Liberation Army Daily*. June 8, 2011.

Ding, Arthur, "China's Revolution in Military Affairs: An Uphill Endeavour." *Security Challenge*, Vol. 4, No. 4, 2008.

Doh, Hyun-Jae, "Energy Cooperation in North East Asia: Prospects and Challenges," *East Asian Reviews*, Vol. 15, No. 3, Autumn 2003.

Donilon, Tom. "America is Back in the Pacific and will Uphold the Rules," *Financial Times*, November 27, 2011.

Donnelly, Jack, *Realism and International Relations*, Cambridge, U.K.: Cambridge University Press, 2000.

Dooley, Howard, "The Great Leap Outward: China's Maritime Renaissance," *The Journal of East Asian Affairs*, Vol. 26, No. 1, 2012.

Dorian, J.P., *Energy in China: Foreign Investment Opportunities, Trends and Legislation*, London: Financial Times Energy Publishing, 1995.

Drezner, Daniel, "The System Worked: Global Economic Governance during the Great Recession," *World Politics*, Vol. 66, No. 1, Jan. 2014.

Drezner, Daniel, "China Isn't Beating the US," *Foreign Policy*, No. 184, January/February 2011.

Economy, Elizabeth, "The Game Changer: Coping With China's Foreign Policy Revolution," *Foreign Affairs*, Vol. 89, No. 6, November/December 2010.

Elegant, Simon, "Enemies at the Firewall." *Time Magazine*. Dec. 6, 2007.

Erickson, Andrew and Gabriel Collins, "China's Maritime Evolution: Military and Commercial Factors," *Pacific Focus*, Vol. XXII, No. 2, Fall 2007.

Estep, Cris, "An Agressive New Cybersecurity Strategy." *IVN*. June, 11, 2013.

Fact Sheet Creation of the U.S.-China Strategic Economic Dialogue, September 20, 2006.

Farley, Robert, "What Scares China' Military: The 1991 Gulf War," *The National Interest*, November 24, 2014.

Fergusson, F. Ian, William H. Cooper, Remy Jurenas, and Brock R. Williams, "The Trans-Pacific Partnership Negotiations and Issues for Congress," *CRS Report for Congress*, Congressional Research Service, June 17, 2013.

Findlay, Christopher and Andrew Watson, "Economic Growth and Trade Dependency in China," in David Goodman and Gerald Segal, eds., *China Rising: Nationalism and Interdependence*, New York: Rougtledge, 1997.

Friedberg, Aaron L. "The Future of U.S.-China Relations: Is Conflict Inevitable?" *International Security*, Vol. 30, No. 2, Fall 2005.

Gallup, "Americans see benefits of close U.S.-China relations," April, 17, 2012. (2016/5/27 검색) http://www.gallup.com/poll/153911/AmericansBenefitsCloseChinaRelations.aspx

Gartzke, Erik, "The Myth of Cyberwar: Bringing War in Cyberspace Back Down to Earth." *International Security*. Vol. 38, No. 2, 2013.

Gilpin, Robert, *War and Change in World Politics*, New York: Cambridge University Press, 1981.

Gilpin, Robert, *U.S. Power and The Multilateral Corporation*, New York: Basic Books, 1975.

Gilpin, Robert, *The Political Economy of International Relations*, Princeton: Princeton University Press, 1987.

Glaser, Charles, "A U.S.-China Grand Bargain?: Hard Choice between Military Competition Accommodation," *International Security*, Vol. 39, No. 4, Spring 2015.

Glaser, Charles. "The Security Dilemma Revisited." *World Politics*, Vol. 50, No. 1, 1997.

Glaser, Charles and Chaim Kaufmann. 1998. "What is Offence-Defense Balance and Can We Measure It?" *International Security*. Vol. 22, No. 4, 1998.

Goldstein, Lyle and William Murray, "Undersea Dragons: China's Maturing Submarine Force," *International Security*, Vol. 28, No. 4, Spring 2004.

Goodman, Will, "Cyber Deterrence: Tougher in Theory than in Practice." *Strategic Studies Quarterly*. Vol. 4, 2010.

Grieco, Joseph, "Anarchy and the Limits of Cooperation" *International Organization*, Vol. 42, 1988.

Grieco, Joseph, "China and America in the World Polity," in Carolyn W. Pumphrey, ed., *The Rise of China in Asia*, Carlisle Barracks, Pa.: Strategic Studies Institute, 2002.

Haggard, Stephen and Beth A. Simmons. "Theories of International Regimes" *International Organization*, Vol. 41, 1987.

Hanemann, Thilo, "The EU-China Investment Relationship: From a One-Way to a Two-Way Street," *Rhodium Group*, Jan. 28, 2013.

Helliener, Eric, *States and reemergence of global finance: From Bretton Woods to the 1990s*, New York: Cornell University Press, 1994.
Holmes, James, "A 'Fortress Fleet' for China," *Whitehead Journal of Diplomacy and International Relations*, Summer/Fall 2010.
Hopf, Ted, "The Promise of Constructivism in International Relations Theory," *International Security*, Vol. 23, No. 1, 1998.
House Committee on Science, Space, and Technology Subcommittee on Investigations and Oversight, Hearing on NASA Cybersecurity: An Examination of the Agency's Information Security, Testimony of Inspector General Paul Martin. 112th Congress. 2nd Session. Feb. 29, 2012.
Hu Jintao, "Promote Win-Win Cooperation and Build a New Type of Relations Between Major Countries," Address by H.E. Hu Jintao, President of the People's Republic of China, At the 4th Round of The China-U.S. Strategic and Economic Dialogue, Beijing, May 3, 2012. http://www.china-embassy.org/eng/zmgx/t931392.htm (2016/4/5 검색)
Ikenberry, John, "Democracy, Institutions, and American Restraint," in Ikenberry, John, ed., *American Unrivaled: The Future of the Balance Power*, Ithaca, N.Y.: Cornell University Press, 2002.
Ikenberry, John, *After Victory: Institutions, Strategic Restraint, Rebuilding Order after Major Wars*, Princeton, NJ: Princeton University Press, 2001.
Ikenberry, John "From Hegemony to the Balance of Power: The Rise of China and American Grand Strategy in East Asia," *International Journal of Korean Unification Studies*, Vol. 23, No. 2, 2014.
Information Office of the State Council of the People's Republic of China, "China's National Defense in 2008," 2009. (2014/12/30 검색) http://www.china.org.cn/government/whitepaper/node_7060059.htm
Information Office of the State Council, White Paper on China's Peaceful Development, Beijing, September 2011.

IMF, March 10, 2015. (2015년 3월 10일 검색) http://www.imf.org/external/np/sec/memdir/members.aspx

Itzkowitz Shifrinson, Joshua R., "Correspondence: Debating China's Rise and U.S. Decline," *International Security*, Vol. 37, No. 3, Winter 2012/2013.

Jervis, Robert, "Cooperation under the Security Dilemma," *World Politics*, Vol. 30, 1978.

Joffe. Josef, "The Default Power: The False Prophecy of America's Decline," *Foreign Affairs*, Vol. 88, No. 5, September/October 2009.

Johnston, Alastair, "How New and Assertive is China's New Assertiveness?" *International Security*, Vol. 34, No. 7, Spring 2013.

Kagan, Robert and William Kristol, "The National Humiliation?" *Weekly Standard*, Vol. 16, April 23, 2001.

Kaplan, Robert, "The Geography of Chinese Power: How Far Can Beijing Reach on Land and at Sea," *Foreign Affairs*, Vol. 89, No. 3, May/June 2010.

Kearn, David, "Air-Sea Battle and China's Anti-Access and Area Denial Challenge," *Orbis*, Winter 2014.

Keohane, Robert, "The Theory of Hegemonic Stability and Changes in International Economic Regimes, 1967-1977," In Holsti, Ole, et eds, *Change in the International System*, Boulder, Colo: Westview Press, 1980.

Keohane, Robert, *After Hegemony: Cooperation and Discord in the World Political Economy*, Princeton: Princeton University Press, 1984.

Keohane Robert and Joseph Nye, *Power and Interdependence: World Politics in Transition*, Boston: Little Brown & Co., 1977.

Keohane Robert and Lisa Martin, "The Promise of Institutional Theory," *International Security*, Vol. 20, No. 1, 1995.

Keohane Robert and Joseph Nye, "Power and Interdependence Revisited," *International Organization*, Vol. 41, No. 4, 1987.

Kello, Lucas, "The Meaning of the Cyber Revolution." *International*

Security, Vol. 38, No. 2, 2013.
Kindleberger, Charles, The World in Depression, 1929–39, Berkeley: University of California Press, 1973.
Kindleberger, Charles, "Dominance and Leadership in the International Economy: Exploitation, public Goods, and Free Rider," *International Studies Quarterly*, Vol. 25, 1981.
Kirk, Ronald, *2011 Trade Policy Agenda*, Office of the United States Trade Representative, March 2011.
Krasner, Stephen, "State Power and Structure of International Trade," *World Politics*, Vol. 28, April 1976.
Krekel, Bryan, *Capability of the People's Republic of China to Conduct Cyber Warfare and Computer Network Exploitation*, McLean, Virginia: Northrop–Grumman, 2009.
Kugler, Jacek and A.F.K Organski, *The War Ledger*, Chicago, Il.: University of Chicago Press, 1980.
Kugler, Jacek and A.F.K Organski, *Power Transition: A Retrospective and Prospective Evaluation Handbook War Studies*, Boston: Unwin Hyman, 1989.
Layne, Christopher, "The Waning of U.S. Hegemony– Myth or Reality? A Review Essay," *International Security*, Vol. 34, No. 1, Summer 2009.
Layne, Christopher, "Unipolar Illusion: Why New Great Powers will Rise," *International Security*, Vol. 17, 1993.
Levy, Jack S., "Declining Power and Preventive Motivation for War," *World Politics*, Vol. 40, October 1987.
Lewis, James, "Cyber War and Competition in the China–U.S. Relationship," *CSIS*. May, 2010.
Li, MingJiang, "Cooperation for Competition: China's Approach to Regional Security in East Asia," *RSIS Working papers*, No. 134, July 2007.
Liao, Xuanli, "The petroleum factor in Sino–Japanese relations: beyond energy cooperation," *International Relations of the Asia–Pacific*, Vol. 7, 2007.

Lieberthal, Kenneth, and Mikkal E. Herberg, "China's Search for Energy Security: Implications for U.S. Policy," *NBR*, Vol. 17, No. 1, April 2006.

Liff, Adam and John Ikenberry, "Racing toward Tragedy?: China's Rise, Military Competition in the Asia Pacific, and the Security Dilemma." *International Security*, Vol. 39, No 2, 2014.

Lim, Wei Tai, *Oil and Gas in China: The Energy Superpower's Relations with its Region*, Singapore: World Scientific Publishing, 2010.

Lipson, Charles, "International Cooperation in Economic and Security Affairs" *World Politics*, 37, 1984.

Liu, Liping, "China can hardly Rule the World," *Contemporary International Relations*, Vol. 21, No.1, Jan/Feb 2011.

Liu, Qianqian, "China's Rise and Regional Strategy: Power, Interdependence, and Identity," *Journal of Cambridge Studies*, Vol. 5, No. 4, 2010.

Luttwak, Edward, "The Declinists, Wrong Again," *American Interest*, Vol. 4, No. 2, November/December 2008.

Lynn–Jones, Sean, "Realism and America's Rise: A Review Essay," *International Security*, Vol. 23, No. 2, 1998.

Mandiant, "APT1: Exposing One of China's Cyber Espionage Units." Feb. 2013.

Manyin, Mark, Stephen Daggett, Ben Dolven, Susan Lawrence, Michael Martin, Ronald O'Rouke, and Bruce Vaughn, "Pivot to the Pacific? The Obama Administration's "Rebalaning" toward Asia," *CRS Report for Congress*, March 28, 2012.

Mastanduno, Michael, "System Maker, Privilege Taker: U.S. Power and the International Political Economy," *World Politics*, Vol. 61, No. 1, 2009.

Matthews, John, "Current Gains and Future Outcomes," *International Security*, Vol. 21, No. 1, 1996.

Mattoo, Aaditya and Arvind Subramanian, "China and the World Trading System," *The World Economy*, Vol. 35, No. 12, Dec. 2012.

Mearsheimer, John. "China's Unpeaceful Rise," *Current History*, April

2006.

Mearsheimer, John, "Clash of Titans," *Foreign Policy*, January/February, 2005.

Mearsheimer, John, "The False Promise of International Institutions" *International Security*, Vol. 19, 1994/5.

Mearsheimer, John J., *The Tragedy of Great Power Politics*, New York: Norton, 2001.

Mearsheimer, John J., "The Rise of China Will Not Be Peaceful at All," *The Australian*, November 18, 2005.

Members of the National Energy Policy Development Group, *National Energy Policy*, May 2001. http://web.ornl.gov/sci/propulsionmaterials/pdfs/National-Energy-Policy-2001.pdf

Ministry of National Defense of the People's Republic of China, "Defense Ministry spokesman Geng Yansheng's preference on Feb. 28, 2013." March 5, 2013.

Modelski, George, "The Long Cycle of Global Politics and the Nation-State," *Comparative Studies in Society and History*, Vol. 20, 1978.

Morgenthau, Hans, *Politics Among Nations: The Struggle for Power and Peace*, New York: Knopf, 1966.

Morrison, Wayne and Marc Labonte, "China's Currency Policy: An Analysis of the Economic Issues," *CRS Report for Congress*, July 22, 2013.

National Institute for Defense Studies (NIDS) ed., *East Asian Strategic Review 2010*, Tokyo: The Japan Times, 2010.

National Intelligence Council, *Global Trends 2025: A Transformed World*, Washington D.C.: NIC, 2008.

National Security Dimensions of the Possible Acquisition of Unocal by CNOOC and the Role of CFIUS: Before the House Committee on Armed Services, July 13, 2005.

Nguyen, Phuong, "China's Charm Offensive Signals a New Strategic Era in Southeast Asia," *CSIS*, Oct, 17, 2013.

Nolte, Detlef, "The Dragon in the Backyard: US Visions of China's Relations Toward Latin America," *GIGA Focus*, No. 5, 2013.
Nye, Joseph, "Neorealism and Neoliberalism," *World Politics*, Vol. 40, No. 2, 1988.
Nye, Joseph, "Power and National Security in Cyberspace." in Kristin Lord and Travis Sharp eds., *America's Cyber Future: Security and Prosperity in the Information Age*. Vol. II, Center for a New American Security. June, 2011.
Nye, Joseph, "Nuclear Lessons for Cyber Security." *Strategic Studies Quarterly*, Vol. 5, No, 4, 2011.
Nye, Joseph, *The Future of Power*, New York: Perseus, 2011.
Obama, Barack, *The Audacity of Hope: Thoughts on Reclaiming the American Dream*, New York: Random House, 2006.
"Obama in India: India, US renew defense framework pact for next 10 years," India, Jan. 25, 2015. http://www.india.com/news/india/obama-in-india-india-us-renew-defence-framework-pact-for-next-10-years-260348/ (2016/4/29 검색)
Office of the Secretary of Defense, "Military and Security Developments Involving the People's Republic of China 2010." Annual Report to Congress. 2010. http://www.defense.gov/pubs/pdfs/2010_CMPR_Final.pdf (2015/3/28 검색)
Office of the Secretary of Defense, *Annual Report to Congress: Military and Security Developments Involving the People's Republic of China 2013*. Washington D.C.: Department of Defense, 2013.
Organski, A.F.K., *World Politics*, New York: Alfred Knopf, 1968.
Organski, A.F.K., *Power Transition: Strategies for the 21st Century*, New York: Chatham House, 2000.
Owens, William, Kenneth Dam, and Herbert Lin. eds., *Technology, Policy, Law, and Ethics Regarding U.S. Acquisition and Use of Cyberattack Capabilities*, Washington D.C.: National Academic Press, 2009.
President Obama's State of the Union Address, Jan. 20, 2015.

https://medium.com/@WhiteHouse/president-obamas-state-of-the-union-address-remarks-as-prepared-for-delivery-55f9825449b2 (2015/1/21 검색)

Rachman, Gideon, "American Decline: This Time It's for Real," *Foreign Policy*, No. 184, January/February 2011.

Rice, Condoleezza, "Campaign 2000: Promoting National Interest," *Foreign Affairs*, January/February 2000.

Richardson, James L., "Asia-Pacific: The Case for Geopolitical Optimism," *National Interest*, No. 38, Winter 1994/1995.

Rogin, Josh, "NSA Chief: Cybercrime Constitutes the 'Greatest Transfer of Wealth in Histoty." *Foreign Policy: The Cable*, July 9, 2012.

Rollins, John and Anna Henning, "Comprehensive National Cybersecurity Initiative: Legal Authorities and Policy Considerations." *CRS Report for Congress*, March 10, 2009. http://www.fas.org/sgp/crs/natsec/R40427.pdf (2015/3/20검색)

Ross, Robert, "China's Naval Nationalism," International Security, Vol. 34, No. 2, Fall 2009.

Rozman, Gilbert, *Misunderstanding Asia*, New York, NY: Palgrave MacMillian, 2015.

Rozman, Gilbert ed., *National Identities and Bilateral Relations: Widening Gaps in East Asia and Chinese Demonization of the United States*, Stanford, Cal.: Stanford University Press, 2013.

Russett, Bruce and John Oneal, *Triangulating Peace: Democracy, Interdependence, and International Organization*, New York: W.W. Norton, 2001.

Sanger, David, and Mark Landler, "U.S. and China Agree to Hold Regular Talks on Hacking." *New York Times*, June 1, 2013.

Saull, Richard "Rethinking Hegemony: Uneven Development, Historical Blocs, and the World Economic Crisis," *International Studies Quarterly*, Vol. 56, 2012.

Schwarz, Benjamin, "Managing China's Rise," *Atlantic Monthly*, June, 2005.

Schweller, Randall, "Domestic Structure and Preventive War: Are Democracies More Pacific?" *World Politics*, Vol. 44, January 1992.
Scobell, Andrew and Andrew J. Nathan, "China's Overstretched Military," *Washington Quarterly*, Vol. 35, no. 4, Fall 2012.
Shelin, Hou, "Actively Occupy the Cyber Ideological and Cultural Position." *Zhanyou Bao*(戰友報), May 2, 2013.
Sheng ⓐ, Zhong, "Joint efforts needed to improve cyber space rule." *People's Daily*, July 12, 2013.
Sheng ⓑ, Zhong, "Blackening China Can Hardly Conceal the Evil Behavior of the 'Hackers' Empire," People's Daily, May 8, 2013.
Sheng, Zhong, "To Defend 'Freedom', or to Defend Hegemony," *People's Daily*, Jan. 26, 2010.
Shixue, Jiang, "The European Debt Crisis in a Chinese Perspective," Working Paper Series on European Studies Institute of European Studies Chinese Academy of Social Science, Vol. 6, No. 3, 2012.
Shlapak, David et al., *A Question of Balance: Political Context and Military Aspects of the China-Taiwan Dispute*, Santa Monica: RAND Corporation, 2009.
Snyder, Scott, "Obama's Asia Rebalance In His Own Words," *Forbes*, Nov. 24, 2014. http://www.forbes.com/sites/scottasnyder/2014/11/24/obamas-asia-rebalance-in-his-own-words/#514aaa7933d4 (2016/4/7/ 검색)
Spade, Jason, "China's Cyber Power and America's National Security," In Jeffrey Caton. ed. *Information As Power*, Barracks: PA. U.S. Army War Collage, 2012.
Stilliom, John, "Fighting Under Missile Attack," *Air Force Magazine*, Aug. 2009.
Strange, Susan, 2nd ed. *States and Markets*, London: Pinter, 1994.
Subramanian, Arvind, "The Inevitable Superpower: Why China's Rise is Sure Thing," *Foreign Affairs*, Vol. 90, No. 5, September/October, 2011.
Swaine, Michael, "Perceptions of an Assertive China," *China Leadership*

Monitor, No. 32, May 2010.
Swaine, Michael, and Ashley J. Tellis, *Interpreting China's Grand Strategy: Past, Present, and Future*, Santa Monica, Ca.: RAND, 2000.
Swaine, Michael, "China's Assertive Behavior: Part One: On Core Interests," *China Leadership Monitor*, Vol. 34, 2011. http://carnegieendowment.org/files/CLM34MS_FINAL.pdf (2016/4/7/ 검색)
Symantec, "Hidden Lynx- Professional Hackers for Hire," September 17, 2013.
Taliaferro, Jeffrey, "Security-Seeking Under Anarchy: Defensive Realism Revisited," *International Security*, Vol. 25, No. 3, Winter 2000/2001.
The Economist, "Cyber-warfare: Hype and fear," Dec. 8, 2012.
The White House, *The National Security Strategy of the United States*, September 2002.
The White House Office of the Press Secretary, "Remarks By President Obama to the Australian Parliament," November 17, 2011.
The White House, Remarks by the President at the Senate Democratic Policy Committee Issues Conference, February 3, 2010.
"Trends in World Military Expenditure 2014," *SIPRI Fact Sheet*, April 2015.
The White House, "National Security Strategy," Feb. 2015.
The White House, Office of the Press Secretary, "President Barack Obama's Inaugural Address," January 21, 2009. (2016/3/29 검색) https://www.whitehouse.gov/blog/2009/01/21/president-barack-obamas-inaugural-address
The White House, "The National Strategy to Secure Cyberspace," Feb. 003. https://www.us-cert.gov/sites/default/files/publications/yberspace_strategy.pdf (2014/12/26 검색)
The White House, "The Comprehensive National Cybersecurity Initiative." an. 2008. (2014/12/26 검색) http://www.whitehouse.gov/sites/default/files/cybersecurity.pdf
The White House, Office of the Press Secretary, "Fact Sheet: Executive

Order Blocking the Property of Certain Persons Engaging in Significant Malicious Cyber-Enabled Activities," April 1, 2015. https://www.whitehouse.gov/the-press-office/2015/04/01/fact-sheet-executive-order-blocking-property-certain-persons-engaging-si (2015/4/2 검색)

The White House, Office of the Press Secretary, "Remarks by President Barack Obama at Suntory Hall," November 14, 2009. https://www.whitehouse.gov/the-press-office/remarks-president-barack-obama-suntory-hall (2016/3/29 검색)

The White House, Office of the Press Secretary, "U.S.-China Joint Statement," November 17, 2009, Beijing, China. (2016/4/7/ 검색) http://www.whitehouse.gov/the-press-office/us-china-joint-statement

The White House, Office of the Press Secretary, "The Highlights of President Obama's Visit to India," January 26, 2015. (2016/3/29 검색) https://www.whitehouse.gov/blog/2015/01/26/highlights-president-obamas-visit-india

The White House, Office of the Press Secretary, "Remarks of President Barack Obama-Address to Joint Session of Congress," February 24, 2009. https://www.whitehouse.gov/the-press-office/remarks-president-barack-obama-address-joint-session-congress (2016/4/20 검색)

The White House, Office of the Press Secretary, "Fact Sheet: Advancing the Rebalance to Asia and the Pacific," November 16, 2015. https://www.whitehouse.gov/the-press-office/2015/11/16/fact-sheet-advancing-rebalance-asia-and-pacific (2016/4/20 검색)

Thomborough, Nathan, "The Invasion of the Chinese Cyberspices: An Exclusive Look at how the Hackers called TITANRAIN are stealing U.S. secrets," *Time Magazine*, Sep. 5, 2005. (2015/3/28 검색) http://courses.cs.washington.edu/courses/csep590/05au/readings/titan.rain.htm

U.S. Department of Defense, *The United States Security Strategy for the East Asia–Pacific Region*, 1995.
U.S. Department of State, Joint Closing Remarks for the Strategic and Economic Dialogue, May 10, 2011.
http://www.state.gov/secretary/rm/2011/05/162969.htm
U.S. Department of Defense, "Quadrennial Defense Review 2014," March 4, 2014.
USTR, "Outline of the Trans–Pacific Partnership Agreement," November 12, 2011.
USTR, "Joint Statement from Trans–Pacific Partnership Ministers Meeting on Margins of APEC in Big Sky, Montana," press release, May 2011.
VornDick, Wilson, "The Real U.S.–Chinese Cyber Problem," *National Interest*, July 30, 2013.
Wallace, Kelly, "Bush pledges whatever it takes to defend Taiwan," *CNN.com*, April, 25, 2001.
Walt, Stephen, *Taming American Power: The Global Response to U.S. Primacy*, New York: W.W. Norton, 2005.
Waltz, Kenneth, *Theory of International Politics*, New York: Random House, 1979.
Waltz, Kenneth, "Structural Realism after the Cold War," *International Security*, Vol. 25, 2000.
Wang, Jianwei, "Managing Conflict: Chinese Perspectives on Multilateral Diplomacy and Collective Security," in *In the Eyes of the Dragon: China Views the World*, ed. by Yong Deng and Fei–Ling Wang, New York: Rowman & Littlefield, 1999.
Wei, Zonglei and Yu Fu, "China's Search for an Innovative Foreign Strategy," *Contemporary International Relations*, Vol. 21, No. 3, May/June 2011.
Wendt, Alexander, *Social Theory of International Politics*, Cambridge: Cambridge University Press, 1999.
Wendt, Alexander, "Anarchy is What States Make of It," *International*

Organization, Vol. 46, No. 2, 1992.

Wendt, Alexander, "Identity and Structural Change in International Politics," in Yosef Lapid and Friedrich Kratochiwil ed., *The Return of Culture and Identity in IR Theory*, Boulder: Lynne Reinner, 1996.

Williams, Brock, "Trans-Pacific Partnership (TPP) Countries: Comparative Trade and Economic Analysis," *CRS Report for Congress*, June 10, 2013.

wohlforth, William, "The Stability of Unipolar World," *International Security*, Vol. 24, 1999.

Wortzel, Larry, *The Dragon Extends its Reach: Chinese Military Power Goes Global*, Washington D.C.: Potomac Books, 2013.

Xi Jinping, "Speech by Vice President Xi Jinping at Welcoming Luncheon Hosted by Friendly Organizations in the United States, February 15, 2012. http://www.china-embassy.org/eng/zmgxss/t906012.htm (2016/4/5 검색)

Xi, Jinping, Vice President Xi Jinping Attends the Welcome Luncheon Hosted by the U.S. Friendly Groups and Deliver a Speech, February 16, 2012. http://www.china-embassy.org/eng/zmgxss/t906012.htm

"Xi-Obama Summit Opens New Chapter in Trans-Pacific Cooperation," 『신화통신』, 2013년 6월 9일. (2016/4/9 검색) http://news.xinhuanet.com/english/china/2013-06/09/c_132444094.htm

Xinhua News, "Chinese Premier rejects allegation of China, U.S. monopolizing world affairs in future," 2009/5/21. (2016/4/7/ 검색) http://news.xinhuanet.com/english/2009-05/21/content_11409799.htm

Xinhua News, "China-EU relationship has potential of further development," 2009/05/21. (2016/4/7/ 검색) http://news.xinhuanet.com/english/2009-05/21/content_11409944.htm

Yergin, Daniel, "Ensuring Energy Security," *Foreign Affairs*, Vol. 85, No. 2, March/April, 2006.

Zakaria, Freed, T*he Post-American World*, New York: W.W. Norton, 2008.

Zakaria, Fareed, *From Wealth to Power: The Unusual Origins of America's World Role*, Princeton, N.J.: Princeton University Press, 1999.

Zhang, Li, "A Chinese Perspective on Cyber War," *International Review of the Red Cross*. 94-886 Summer, 2012.

Zweig, David and Bi Jianhai, "China's Global Hunt for Energy," *Foreign Affairs*, September/October, 2005.

Zweig, David, ""Resource Diplomacy" Under Hegemony: The Sources of Sino-American Competition in the 21st Century?" Center on China's Transnational Relations Working Paper No. 18. 2006.

전쟁인가 현상유지인가
: 미중패권경쟁의 논쟁과 실상

초판1쇄 발행일 • 2016년 6월 30일

지은이 • 김관옥
펴낸이 • 이재호
펴낸곳 • 리북
등　록 • 1995년 12월 21일 제406-1995-000144호
주　소 • 경기도 파주시 광인사길 68, 2층(문발동)
전　화 • 031-955-6435
팩　스 • 031-955-6437
홈페이지 • www.leebook.com

정　가 • 16,000원

ISBN 978-89-97496-38-9